ATÉ O ÚLTIMO HOMEM

COLEÇÃO
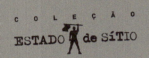
ESTADO de SÍTIO

**FELIPE BRITO E
PEDRO ROCHA DE OLIVEIRA** (orgs.)

ATÉ O ÚLTIMO HOMEM

VISÕES CARIOCAS DA ADMINISTRAÇÃO
ARMADA DA VIDA SOCIAL

Copyright © Boitempo Editorial, 2013

Coordenação editorial
Ivana Jinkings

Editores-adjuntos
Bibiana Leme e João Alexandre Peschanski

Assistência editorial
Alícia Toffani e Livia Campos

Coordenação de produção
Juliana Brandt

Assistência de produção
Livia Viganó

Preparação
Mariana Echalar

Revisão
Mariana Tavares

Capa
Antonio Kehl
sobre fotografia de Bruno Itan, "Vista do alto do morro do Alemão"

Diagramação
Livia Campos

CIP-BRASIL. CATALOGAÇÃO-NA-FONTE
SINDICATO NACIONAL DOS EDITORES DE LIVROS, RJ

A885

Até o último homem : visões cariocas da administração armada da vida social / organizadores Felipe Brito e Pedro Rocha de Oliveira. - São Paulo : Boitempo, 2013.
 (Estado de sítio)

ISBN 978-85-7559-287-8

1. Violência - Rio de Janeiro (RJ) 2. Rio de Janeiro, Região Metropolitana do (RJ) - Condições sociais. 3. Rio de Janeiro, Região Metropolitana do (RJ) - Condições econômicas. I. Brito, Felipe II. Oliveira, Pedro Rocha.

12-5409.
CDD: 307.76098161
CDU: 316.334.56(815.6)

31.07.12 08.08.12
037774

É vedada a reprodução de qualquer
parte deste livro sem a expressa autorização da editora.

Os direitos autorais deste livro foram doados ao Movimento dos Trabalhadores Sem-Teto (MTST)

1ª edição: junho de 2013; 1ª reimpressão: fevereiro de 2025

BOITEMPO
Jinkings Editores Associados Ltda.
Rua Pereira Leite, 373
05442-000 São Paulo SP
Tel./fax: (11) 3875-7250 / 3872-6869
editor@boitempoeditorial.com.br | boitempoeditorial.com.br
blogdaboitempo.com.br | youtube.com/tvboitempo

SUMÁRIO

Prefácio 11
A crítica do valor bate à sua porta
  Marildo Menegat

1. Golpes de vista 23
   Pedro Rocha de Oliveira

2. Considerações sobre a regulação armada
   de territórios cariocas 79
   Felipe Brito

3. O Exército nas ruas: da Operação Rio
   à ocupação do Complexo do Alemão.
   Notas para uma reconstituição da exceção urbana 115
   Marcos Barreira e Maurilio Lima Botelho

4. Cidade Olímpica: sobre o nexo entre reestruturação
   urbana e violência na cidade do Rio de Janeiro 129
   Marcos Barreira

5. Crise urbana no Rio de Janeiro: favelização
   e empreendedorismo dos pobres 169
   Maurilio Lima Botelho

6. Será guerra? 215
   Felipe Brito, André Villar e Javier Blank

7. Complexo dos relatos 239
   Pedro Rocha de Oliveira

Os autores agradecem a Pepenha, Márcia Honorato, Zezinho e, em especial, a Luiza Rocha, pelo carinho, generosidade e dedicação com que nos auxiliou em nossas pesquisas.

A população pode ficar tranquila, porque a ordem será mantida. Vamos cumprir nossa missão constitucional até o último homem.

Roberto Precioso, ex-secretário de Segurança Pública do Estado do Rio de Janeiro

PREFÁCIO
A crítica do valor bate à sua porta

Marildo Menegat

Creio ser específica da modernidade a sensação de que o tempo urge e mostra-se no espaço como um espírito criador de realidades. É essa noção abstrata da unidade de uma temporalidade que dá à percepção da história um lugar inconteste: ou estamos nela – e não importa se contra ou a favor –, ou estamos fora dela. Fazer parte do espírito do tempo é estar conectado com um conjunto de práticas sociais que emprestam substancialidade às criações e dinâmicas objetivas do mundo. Quando essas práticas perdem sua capacidade de oferecer matéria ao processo de metamorfose em que as coisas, emancipadas do governo dos homens, movem-se, tal espírito tem grandes chances de se tornar sombrio e assustador. Nesse caso, a percepção da história se contorce entre a real sensação de impotência dos indivíduos e o desaparecimento da perspectiva de um vir a ser minimamente previsível. Enquanto o trabalho social pôde ser o suporte dessa dinâmica, expandindo-se por todo o planeta como fundamento da sociedade, sucessivas gerações mobilizaram o melhor de suas energias e inteligências para que seu desenvolvimento beneficiasse a todos. Generosos e heroicos sacrifícios escreveram páginas belas e intensas da história de indivíduos, classes sociais e nações. Fazer história tinha um pouco disto: sem ir completamente contra o espírito do tempo, tentar que suas conquistas mais auspiciosas – algo que girou em torno do papel que o desenvolvimento das forças produtivas desempenha na sociedade burguesa – fossem distribuídas, direcionar o espírito desse tempo para um fim emancipatório, cujos critérios de definição, em parte, vinham desse mesmo espírito.

Os nem tão jovens autores deste livro são uma resposta ao tédio que acompanha a percepção de estar fora da história. Aquilo que Calvino definiu certa feita como "uma defasagem em relação à história, um sentir-se excluído com a consciência de que tudo mais se move"[1], agora se desloca diante do vão de um abismo que a todos arrasta. Suas energias não encontraram mais as instituições e os espaços sociais em que as expectativas de futuro outrora se produziam. Como sabemos, o tédio é um estado corrosivo da forma passiva do niilismo. No caso de nossos autores, ele foi substituído pelo exercício da crítica social, que é um bom antídoto contra este mundo, cujo prazo de validade findou e deixou-os desavisadamente sem chão.

A verdade é que, no vácuo em que a sociedade burguesa é tragada, quase tudo conspira contra o exercício de uma crítica radical. Diante de uma situação difícil, em que os limites da sociedade são sentidos, mas nunca enunciados – seja pela mediocridade em que a teoria social se enredou nos últimos decênios, seja por um instinto perverso de sobrevivência –, a regra é exigir de quem pensa um tipo de reflexão "responsável", misturada com sugestões eficientes de resolução dos problemas. Em outros termos, numa época de triunfo dos especialistas do nada, literalmente prontos a servir uma lista de normas para iludir a forma que já desvaneceu, dedicar-se à crítica é quase dar um tiro no pé. Por isso, quando o desejo dominante na academia é que a tradição crítica brasileira bata em retirada, e a força de um embate de posições na esquerda volta-se mais para lutas intestinas do que para a compreensão da realidade, manter acesa a crítica é um exercício para gente grande. Ainda mais quando essa realidade se apresenta em arranjos novos e surpreendentes por seu caráter regressivo.

Há mais de três décadas que a cidade do Rio de Janeiro deixou de ser a "velha caixa de ressonância nacional", em que se jogavam lances decisivos da política do país, e tornou-se um implacável labo-

---

[1] Italo Calvino, *Eremita em Paris: páginas autobiográficas* (São Paulo, Companhia das Letras, 2006), p. 30-1.

ratório de gestão da barbárie. Nos anos de chumbo da ditadura civil-militar, por exemplo, foi no Rio que surgiram algumas das mais expressivas manifestações de oposição ao regime. Ainda nos anos 1980, na campanha das Diretas Já, a mobilização de massas em comícios como o da Candelária contribuiu para que o pêndulo dos indecisos país afora se inclinasse pelas posições mais avançadas. Mas era um efeito retardado. Por razões diversas, a mudança de função de uma cidade, que deixou de ser a capital da República em meio ao esgotamento de um processo de desenvolvimento autoritário e subordinado, fez com que o Rio começasse a antecipar um caminho que em breve o país inteiro conheceria macabramente. Fechamento de fábricas, esvaziamento da economia local com a perda de consumidores em razão da transferência da administração federal para Brasília, diminuição da massa de dinheiro em circulação, entre outros. Muito rapidamente, uma multidão viu-se na estranha situação de ser um sujeito monetário sem condições objetivas de sustentar sua existência. A informalidade que sempre caracterizou as relações de trabalho de grandes contingentes das classes subalternas foi acrescida do colapso antecipado da ex-capital. No desenho dos planejadores de plantão, a transferência da capital para Brasília seria parte de um processo de interiorização do desenvolvimento que permitiria ao Rio refazer seu lugar econômico. No entanto, faltou combinar com a história do capitalismo. Em muitos sentidos, Brasília é uma cidade fantasma, uma espécie pervertida de obra gigantesca inconclusa. Não foram suas formas de concreto que ficaram sem um ponto final, mas a perspectiva histórica do processo social do qual elas recebiam seu influxo que parou no meio do caminho. O Rio foi o primeiro sintoma de que o desenvolvimentismo ufanista do Brasil nos anos 1950-1960 não poderia ir além do fracasso de sua própria autoimagem: um país do futuro em ruínas. Ruínas novas, modernas: um ultraje à ordem do tempo, em que o fim e o início se perseguem em círculo, como um cachorro louco girando em torno do próprio rabo.

Enquanto São Paulo e outras importantes regiões metropolitanas do país somente sentiram que o desenvolvimentismo era um tigre de papel no andar das décadas perdidas, surgidas da crise da dívida externa que encerrou o último ciclo da intervenção militar na política, o Rio já entrava nos anos 1980 antecipando a agenda que, nos 1990, foi se tornando comum a todas as grandes cidades: favelas em expansão, desemprego em níveis insuportáveis e explosão da violência. Antes que os profissionais do "sempre foi assim" entrem em ação, é necessário sublinhar que houve uma mudança quantitativa e qualitativa nesses processos, em particular da violência. A violência do Estado contra os de baixo não tem mais o senil papel de impedir que formas mais razoáveis de distribuição da riqueza na modernidade em expansão se efetivem, mas de conter o processo de dissolução de uma modernidade em fim de linha. E a violência da própria sociedade é uma nítida manifestação de seu processo de dissolução.

Para as gerações que viveram o período da transição democrática no calor de novas possibilidades de intervenção política e, em especial, que se entusiasmaram com a formação do Partido dos Trabalhadores (PT) e da Central Única dos Trabalhadores (CUT), era impossível imaginar que a história lhes negaria pela enésima vez o "direito" de reescrevê-la a seu favor. Passados os primeiros governos civis, foi possível constatar, no entanto, que o fio da meada com o outro tempo, aquele das vésperas do golpe de 1964, não podia mais ser reatado. O país andara em marcha acelerada nesse período, milhões de camponeses foram arrancados da terra e jogados nas margens das grandes cidades. Eles engrossaram o exército incansável de trabalhadores que construiu obras monumentais e um respeitável parque industrial. Ao fim, o Brasil tornou-se, a despeito de sua condição periférica, uma nação monstruosamente moderna, urbana e industrial.

Nesse período, porém, o parafuso dessa forma sistêmica de sociedade que é a burguesa deu mais uma volta, apertando o cerco das condições de competição mundial. O espírito do tempo se acelerou, deixando nações inteiras a ver navios. Nos anos 1980, aquela quantidade imensa de braços que o processo de modernização do país aglomerou em centros urbanos logo perdeu qualquer função com as novas tecnologias produtivas. A bem da verdade, o imponente parque industrial recém-inaugurado já dava sinais de obsolescência, perdendo rapidamente competitividade ante os produtos da indústria de outros países. Nas duas décadas seguintes, não foram poucos os empresários que vestiram o pijama e foram cuidar de seus jardins e bibliotecas – não sem antes investir capital no cassino dos ganhos financeiros da dívida pública. Enquanto isso, massas de ex-operários vagavam desesperadas pelas calçadas abarrotadas das cidades, vendendo quinquilharias importadas.

Não foi apenas o registro político que se alterou. Dito em outros termos, é muito simplificador pensar que o PT e a CUT se tornaram os esteios de uma ordem social horrorosa apenas por motivações morais. Só existiria traição de uma causa se as condições para sua realização continuassem operando. Nas primeiras eleições diretas para a Presidência da República, em 1989, tanto a intenção de reatar o fio da meada do pré-1964 quanto o programa de distribuição de riqueza ficaram expostos em suas limitações. O leitor não terá dificuldade de lembrar que o colapso do Leste Europeu, que era uma das experiências que inspiravam esse programa, não foi produzido por um embargo econômico, tampouco por uma invasão militar: ele desmoronou em seus fundamentos. A classe trabalhadora brasileira, por seu turno, já não tinha força, unidade e condições objetivas, no início dos 1990, para dar outra direção ao espírito do tempo. Algo muito significativo estava mudando. Se cabe aqui uma avaliação moral das escolhas tomadas por importantes máquinas de organização de massas, ela deve ser feita ao fato de terem desistido de aprofundar a crítica ao capitalismo e pensar novas alternativas, mesmo que significassem o abandono de antigas crenças e caminhos. Mas isso também poderia ser visto por muitos como um abandono de posições, na medida em que uma crítica radical a essa sociedade não produz ainda movimentos de massa.

Hoje está claro que nas novas bases técnicas do processo de produção, impostas pela lógica competitiva da produção de valor, realizada em escala planetária, o trabalhador coletivo não se forma mais a partir de um exército industrial de reserva. Sem que este deixe de ter sua função, a ele acrescenta-se uma massa que apenas um raciocínio delirante pode imaginar que um dia venha a ser empregada. Tal perspectiva é uma impossibilidade lógica. Não há condições para uma expansão dessa ordem no atual estágio e nível de acumulação do capital. A capacidade de transformar valor em mais valor chegou a um limite que somente pode ser transposto – e, mesmo assim, momentaneamente – por meio de destruições. Boa parte das forças produtivas atuais são nitidamente forças de destruição, como o pacote tecnológico utilizado na produção agrícola. Além disso, há também um limite ambiental. A impossibilidade de manter a extração dos recursos naturais para a existência da humanidade numa forma social predatória como o capitalismo já é bastante visível. Contudo, isso não significa que a sobrevivência de 7 bilhões de seres humanos seja inviável. Significa apenas que, nesse modo de produção da vida social, a sobrevivência da humanidade e a vida no planeta estão em risco.

São alguns traços particulares dessa conjuntura histórica que tornaram a invasão militar das favelas do Complexo do Alemão emblemática. Primeiro, porque a população daquele território, uma geração atrás, tinha "alguma" perspectiva de melhora de vida. Parte significativa dos moradores era de empregados de um cinturão industrial localizado nas imediações da região. O colapso da cidade começou antes e aparentemente por outros motivos, e seu ritmo se acelerou quando o processo de modernização do Brasil entrou em crise. Daí em diante, os dois movimentos se retroalimentaram, dando a impressão de que o Rio era um caso particular e perdido. Contudo, ele apenas deixou de ser a "caixa de ressonância" política do país para ser a antecipação de sua imagem em ruínas. Segundo, porque a crise iniciada nos anos 1980 com a insolvência da dívida externa não foi consequência de um mero erro de gastos exorbitantes e megalomaníacos – o que também houve –, mas da impossibilidade de um retorno rentável desses investimentos. As condições de prolongação de um crescimento acelerado, sustentado pela superexploração do trabalho, haviam chegado a um ponto de saturação. A inserção do país na divisão mundial do trabalho, nas novas condições de competitividade criadas com a terceira revolução tecnocientífica, fazia com que o esforço anterior de emparelhamento com os países centrais se transformasse numa obsolescência antes de seus resultados terem sido aproveitados.

Em terceiro lugar, essa situação tornou ineficazes os meios de pressão e luta das sociedades modernas. Em sua fase expansiva, havia correspondências possíveis entre a criação de novos postos de trabalho e a constituição de direitos. Tal correspondência fez da "luta de direito contra direito" (nas palavras de Marx) um poderoso fator de melhoramento social. Foi nessa luta que as classes subalternas apostaram para ampliar suas perspectivas de bem-estar. Agora que a criação de novos postos de trabalho produtivo exige somas vultosas – e, em contrapartida, seu retorno é lento e pode se tornar obsoleto antes do fim, fazendo com que o capital procure instintivamente caminhos de valorização mais fáceis, ainda que fictícios –, a força do trabalhador coletivo é sua própria fraqueza. Lapidando o que foi dito, a concorrência entre os trabalhadores por um posto de trabalho decente, cada vez mais escasso, faz deles a encarnação do indivíduo abstrato representante de si mesmo. Com isso, as formas de solidariedade de classe sucumbem ante a personificação reificada da função que a classe exerce. Essa escolha foi imposta pelas novas condições do mundo do trabalho, criadas pelas necessidades do capital.

Seria desnecessário dizer que esse quadro faz parte de uma crise brutal não apenas para as classes subalternas, mas para toda a sociedade burguesa. Suas condições de reprodução são inviabilizadas pela impossibilidade de sua estrutura continuar seu curso. O espírito do tempo não tem mais como esconder sua cabeça de Medusa. Assim, as massas que vivem no Complexo do Alemão são o resultado mais dramático desses impasses e podem projetar para si, dentro dessa forma social, pouco mais do que o desejo de que as coisas não piorem.

De outro ponto de vista, a invasão militar do Complexo do Alemão é emblemática por revelar o *modus operandi* de como se faz a gestão do desmoronamento da sociedade brasileira. Nesse sentido, no episódio esteve em jogo a verdade do exercício do poder político deste período. Ele será o paradoxo da persuasão por meios bélicos. Exceção escancarada. Por isso, não foi a causa que esteve em jogo, mas a forma. Não será demasiado observar que a mesma forma valeu para a desocupação do Pinheirinho, em São José dos Campos, no Estado de São Paulo. Aparentemente, o argumento da guerra contra um bando armado de comerciantes de drogas ilícitas tem uma força legitimadora maior. No entanto, quando decomposto na realidade social que produz essa situação, tal argumento acaba por revelar o que não queria deixar visível. A facilidade com que esse tipo de comércio arregimenta meninos de treze ou catorze anos é assustadora. Os discursos que procuram explicar essa escolha como uma "busca de poder e glória", uma "cultura do ilícito" etc., mal conseguem esconder sua má-fé. É necessária a bestialização de todo o *páthos* racional para se remeter a tal situação sem perceber que crianças têm idade para brincar e aprender a crescer, e não para representar Aquiles nos morros cariocas em colapso. Inferir delas esses "sentimentos universais" é uma perspicácia erudita que ofende qualquer bom senso. Mas esse é apenas um dos aspectos. O mais importante é observar que o desemprego entre os jovens é enorme no mundo inteiro. Expostos a condições precárias de reprodução de vida, sem o amparo de políticas sociais consistentes e oriundos de famílias pobres, qualquer oferta de ocupação remunerada é para eles um senhor penhor. Christophe Dejours, num livro dos anos 1980, já descrevia certas características subjetivas não diretamente ligadas à ocupação que certas profissões requerem como uma estratégia inconsciente para elidir o perigo a que estavam expostas[2]. Assim,

---

[2] Ver *A loucura do trabalho: estudo de psicopatologia de trabalho* (São Paulo, Cortez-Oboré, 1992), p. 70-3, em que o autor discorre sobre as formas do que ele chama de *ideologias defensivas* em profissões permanentemente expostas ao risco, como as da indústria química e da construção civil. Poderíamos aproveitar a seguinte passagem sobre esta última para entender o caso aqui em discussão: "A consciência aguda do risco de acidente, mesmo sem maiores envolvimentos emocionais, obrigaria o trabalhador a tomar tantas precauções individuais que ele se tornaria ineficaz do ponto de vista da produtividade.

aqueles jovens, em sua maioria negros, que engrossam essa atividade de risco que é o comércio de drogas ilícitas são muito mais uma manifestação do limite das possibilidades lícitas de existência de sujeitos monetários numa sociedade em fim de linha do que qualquer tara ou perversão individual – sem prejuízo da manifestação até mesmo destas.

Então qual é a diferença das ações bélicas no Complexo do Alemão e no Pinheirinho? Como explicar que em ambas a legalidade é uma forma imposta a realidades sociais que a transbordam, sem outra alternativa senão voltar à margem da lei? A existência dessas massas não pode mais se efetivar dentro das normas e da legalidade da sociedade. Tudo indica que, tanto lá como cá, as populações envolvidas em formas desesperadas de sobrevivência são cartas fora do baralho para a continuidade dessa forma social. A única diferença é que, na ocupação do Pinheirinho, a população resiste ativamente e procura se inscrever no processo social de modo coletivo. No Alemão, a moçada do comércio de drogas ilícitas resiste individualmente, o que é um modo passivo de viver o desmoronamento da sociedade. Um pouco de tino no liberalismo arrasa-quarteirão cultivado nas classes dominantes poderia ver ali centenas de empreendedores. Diferentemente do Pinheirinho, o que ocorre nos morros do Rio é uma troca de valores que, ao que parece, é constitutiva da sociedade – ou não? Afinal, a história hoje tantas vezes revisada, que encontra empreendedores na Idade da Pedra e em festejados piratas como *sir* Francis Drake[3],

---

[...] As atitudes de negação e de desprezo pelo perigo são uma simples inversão da afirmação relativa ao risco. Mas essa atitude não é suficiente. Conjurar o risco exige sacrifícios e provas das mais absolutas. É por isso que os trabalhadores às vezes acrescentam ao risco do trabalho o risco das performances pessoais e de verdadeiros concursos de habilidade e bravura" (ibidem, p. 70). Sobre "os jovens inscritos no tráfico de drogas", ver M. Ferffermann, *Vidas arriscadas: o cotidiano dos jovens trabalhadores do tráfico* (Petrópolis, Vozes, 2006), em especial cap. 4.

[3] Ver N. Ferguson, *Império: como os britânicos fizeram o mundo moderno* (São Paulo, Planeta, 2010). Segundo um dos mais renomados historiadores da Grã--Bretanha, professor em Harvard e frequentador festejado dos encontros anuais

por que *finesse* teórica não encontra o mesmo em figuras como Elias Maluco?

Os autores deste bem-vindo e denso livro também são um resultado emblemático dessa conjuntura histórica. Todos brincavam de amarelinha na década de 1980 e, anos depois, quando entraram na puberdade, pouco restava da instigante cena de luta social do período anterior. Não se entregaram, por isso, a acariciar seus umbigos. Ainda que suas histórias não sejam homogêneas, ao menos a metade deles possui uma trajetória de anos de estudos disciplinados em releituras do marxismo que lhes permite pensar uma crítica anticapitalista capaz de enfrentar esta época em que a forma social dá evidentes sinais de gangrena. Todos são tipos esquisitos de doutores. Para defender suas teses, dependeram de brechas cada vez menos comuns na academia. Mas, invariavelmente, fizeram bom uso do dinheiro público de suas bolsas de estudos. Poderiam ser apresentados, sempre ressalvadas as diferenças, como uma promissora fornada de jovens intelectuais de esquerda que buscam outras bases teóricas para produzir uma crítica social, sem se prender à letra, tampouco abandonando o essencial dos clássicos dessa tradição. Penso que eles não são

---

de Davos: "Foi o ouro que atraiu *sir* Richard Greville à ponta mais austral da América do Sul [...]. Três anos depois foi a mesma 'esperança de ouro e prata' – sem mencionar 'especiarias, drogas e cochonilha' – que inspirou a expedição de *sir* Francis Drake à América do Sul" (ibidem, p. 30). Por fim, completando a epopeia em que heróis piratas se transformam em respeitáveis empreendedores, diz o autor sobre *sir* Morgan, outro escroque dessa "nobre linhagem": "O surpreendente, porém, é o que Morgan fez com as peças de ouro saqueadas. *Poderia ter optado por uma aposentadoria confortável* em Monmouthshire, como 'filho de um cavaleiro de boa qualidade' que ele afirmava ser. Em vez disso, investiu em terras na Jamaica, adquirindo 836 acres de terra no vale do rio Minho (hoje em dia, vale Morgan). [...] O Império havia começado com o roubo de ouro: *progrediu com o cultivo de açúcar*" (ibidem, p. 35; grifos meus). É preciso que se note que a plantação de açúcar com trabalho escravo em larga escala tornava-se uma alternativa à pirataria não por sua legalidade ou por busca de respeito de um rufião de vida duvidosa que queria se tornar aceitável aos olhos da rainha, mas por sua rentabilidade. Motivo, aliás, que era muito apreciado, segundo dizem os historiadores, pela própria rainha.

um acaso, mas uma injunção de fatores, indicando que, nesse processo de crise em que mergulhamos, algumas intuições e formulações teóricas estão se repetindo, o que significa que elas passaram a fazer parte de certa evidência comum. No Rio, ao menos, esses jovens intelectuais de esquerda já somam pouco mais de seis nomes, se bem que alguns mais velhos, outros mais novos.

Por fim, cabe registrar que parte deles tem a intenção explícita de transformar suas formulações num ponto de encontro de movimentos sociais anticapitalistas. Ou seja, estão fora da história de uma sociedade que chegou ao fim, mas estão na primeira linha da construção de outra história. Esta ou será diferente de tudo, ou não terá quem a conte. Pelo visto, tão cedo de tédio eles não morrerão!

1
GOLPES DE VISTA

Pedro Rocha de Oliveira

Rio de Janeiro, sexta-feira, 26 de novembro de 2010. No transporte público, nos bancos das praças, nos restaurantes, pelas ruas onde há semáforo, asfalto, números nas casas, censo e água encanada, estava instaurada uma estranha comunidade. Os habitantes *dessa* cidade são indivíduos atômicos isolados, típicos da sociedade contemporânea barbarizada, fundada na competição, perpetuamente cientes da precariedade das condições de sua existência e agarrados a ela com unhas e dentes. Desviam-se uns dos outros na calçada da rua Uruguaiana ou de Madureira, empurram-se nas portas do metrô para conseguir onde sentar, são entulhados como detritos nos trens superlotados, atacam-se detrás dos volantes, não se reconhecem como gente. Trocam palavras com os demais habitantes para manifestar uma reclamação requentada na fila do banco que não anda ou comentar sobre o tempo com aquela expressão constrangida usual que, no elevador do condomínio, significa um pedido de desculpa ao vizinho pela própria existência. Naquele dia, entretanto, o vizinho da Zona Sul não precisava de constrangimento, um desconhecido puxou assunto com outro no metrô, o transeunte também, enquanto o sinal não abria; todo cidadão de respeito conhecia seu próximo. Quem saiu de casa foi convocado por aquela loquacidade unânime que reflete o verdadeiro entranhamento popular de uma matéria de pensamento e de um ponto de vista compartilhado, o que geralmente só acontece no Rio de Janeiro quando há jogos da seleção brasileira de futebol, já que qualquer último resquício de sentimento de comunidade, nessa cidade como em toda parte, já foi desintegrado há décadas pelos antagonismos sociais do cotidiano no capitalismo tardio. Mas justamente esses antagonismos se tornaram agora princípio de socialização. Pois a matéria compartilhada socializante era um apelo assassino: "Tem que matar". Era isso que estava na boca de todos, tornando-os velhos conhecidos pela primeira vez na vida. Como no caso dos jogos da seleção, o referente desse mantra, aquilo de que falava, para o que apontava e de onde provinha, era um referente midiático, imagens e sons transmitidos pelos organismos privados de fabricação e transmissão de imagens e sons: a cena, veiculada inúmeras vezes no dia anterior, que mostrava traficantes em fila cruzando o mato baixo entre a Vila Cruzeiro e o Complexo do Alemão, fugindo da ocupação promovida pela Polícia Militar (PM) com auxílio das Forças Armadas. Como no caso dos jogos da seleção, a compatibilidade mútua dos indivíduos atomizados tinha teor exclusivamente cultural: uma semana depois, tendo sido reduzida em intensidade a exibição de imagens, o ímpeto de participação na razão comunicativa já não estava mais dado. Como no caso dos jogos da seleção, essa integração cultural era produto de um processo análogo à produção de mercadorias, em que consumo e produção estão dissociados: por mais que a demanda por seleção de futebol e violência policial já esteja entranhada no coração do carioca, não é o carioca que produz a seleção de futebol e a violência policial. Ele não os escolhe, não precisa despender energia para realizá-los, embora esteja preparado para recebê-los e, durante a Copa do Mundo, adquira com entusiasmo toda a indumentária que não produziu, nem inventou, nem pediu. Esse entusiasmo passivo e frenético, semelhante àquele estimulado pelo comercial que ensina o sorriso que se deve ter na cara quando se agarra um Big Mac ou pelos cartazes que ordenavam que se festejasse e fizesse barulho ("*Make noise!*") em Joanesburgo, na África do Sul, durante a Copa do Mundo de 2010 (como quem diz "*Achtung!*" ou "*I want you!*"), esse entusiasmo produzido produziu, por intermédio da mobilização repressiva do aparato estatal, a partir da coleção arbitrária e indiferente de pessoas zangadas e infelizes que moram no Rio, o carioca.

Na manhã de segunda-feira, 29 de novembro de 2010, o noticiário sobre carros queimados, ataques a PMs, confrontos armados com o Batalhão de Operações Policiais Especiais (Bope), tanques de guerra, mulatos mortos e presos, que vinha em escalada há duas semanas, foi substituído por um convite bestial à tranquilidade. Um exemplo desse convite era a tela inicial d'*O Globo* online, que dizia: "Vida no complexo de favelas volta ao normal". A grande fotografia retangular mostrava a esquina de uma ladeira, um fio de esgoto cruzando perpendicularmente o asfalto detonado, uma pilha de lixo à esquerda, os casebres acavalados no fundo, por trás de uma teia de fios. Se o leitor do jornal cibernético fosse obrigado a pensar que teria de viver ali, aquela seria a imagem do inferno, mas a manchete sugeria, ao contrário, que o panorama era reconfortante. Era o nirvana ao qual apelavam os mantras da sexta-feira. Era a "paz" das carolas que, no fim de semana, vestiram-se de branco e subiram ao Cristo Redentor para aparecer diante das câmeras[1]. A máxima "Tem de matar", universalizada na sexta-feira, teve sua finalidade prática explicitada na segunda. Aqueles sujeitos que apareceram arrastando-se no mato tinham de ser mortos, eles e todos aqueles como eles; a violência radical tinha de ocorrer para que as coisas voltassem à violência ordinária, ao inferno em fogo brando que é a vida normal no Rio de Janeiro. Tal desfecho estritamente conservador revelava a qualidade estética daquela sede de sangue compartilhada e socializante: obviamente, manifestar com furor o desejo de morte, inspirado na programação televisiva, não envolvia a mobilização dos cidadãos de bem num fascismo armado, num movimento social de direita. Aquilo era só ritual. Era apenas a torcida, obedientemente organizada nas datas estipuladas pela administração, olhando a pelada jogada pelos outros. Terminado o carnaval, esperava-se que tudo voltasse a ser exatamente como antes.

---

[1] No dia 28 de novembro de 2011, uma centena de pessoas participou de uma missa no Cristo Redentor. O *RJTV*, da Rede Globo, dedicou uma longa reportagem ao "pedido de paz" dos fiéis e do padre. Disponível em <http://g1.globo.com/rio-de-janeiro/rio-contra-o-crime/noticia/2010/11/cristo-redentor-tem-missa-pelos-conflitos-no-alemao.html>; acesso em abr. 2013.

É verdade que o espírito deste tempo tem, em seu conteúdo, um lugar reservado para algo que parece ser mais do que a simples conservação, manutenção e reafirmação da realidade como se encontra. Mas isso nem mesmo chega a significar que alguma coisa no ideário de espectador assassino, produzido em torno das operações policiais de novembro, almeja um futuro melhor, que seria desmentido por aquilo que a tela d'*O Globo* expressava na segunda-feira de maneira tão eloquente. O futuro contido naquele ideário está bichado, não é uma verdadeira transcendência, mas nem por isso chega a ser uma transcendência falsa. É algo da esfera da representação, da imaginação, da irrealidade suficiente. Por exemplo: parte constitutiva da implantação das Unidades de Polícia Pacificadora (UPP) é a imagem UPP, a marca UPP, a ideia de que usar a polícia para "combater o crime" é fazer algo inteiramente novo. E essa ideia cai como uma luva no milenarismo vigente, essencialmente mesquinho, para cuja composição o desenvolvimentismo latino-americano requentado, combinado ao monetarismo latino-americano também requentado, é ciceroneado pela frase "nunca antes neste país", a constante autocongratulação triunfalista emitida em um contexto global de estagnação econômica e concentração de riqueza. No que diz respeito às UPPs, o selo de aprovação, ou a inclusão explícita da estratégia imanente no milenarismo mesquinho, foi dado pelo então presidente da República Luiz Inácio Lula da Silva em 7 de outubro de 2010, quando, em campanha eleitoral, ele sinalizou as novidades e vantagens das UPPs: "Não vamos mandar polícia apenas para bater. A polícia vai para lá bater em quem tem que bater. Proteger quem tem que proteger"[2]. A escolha de palavras, talvez acidental, exatamente por isso não deixa de ser especialmente expressiva. O cerne da repressão ao crime é a truculência oficial: não é para fazer carinho que os funcionários de segurança nos Estados democráticos de direito carregam armas, mas espera-se

---

[2] Disponível em: <http://oglobo.globo.com/eleicoes-2010/no-rio-lula-diz-que-agora-policiabate-em-quem-tem-que-bater-brinca-que-vai-colar-faixa-presidencial-na-barriga-4986473>; acesso em 26 mar. 2013.

que essa truculência seja direcionada apenas contra os elementos daninhos. Isso não é novidade nenhuma. O que Lula está dizendo é: "Finalmente, o de sempre", lema adequado à tradicional consciência do atraso, antigamente um componente da cultura de elite, depois da cultura de classe média e hoje da cultura de quem assiste à televisão. Só agora somos o que o Primeiro Mundo exemplar já é, sempre foi, e o que sempre deveríamos ter sido. Nosso milenarismo é um milenarismo para trás, mas nem por isso deixa de conter uma ideia de salvação coletiva, a qual, entretanto, tem seu conteúdo esgotado em sua própria enunciação, já que é apenas o cumprimento de uma norma. Mas é importante notar que não se pode falar de um *pretenso* cumprimento da norma. A imagem hipócrita, servida em embalagem escandinava, de um Estado com luvas de pelica não está presente: o Estado bate mesmo, é isso que ele faz e ponto.

Declarações públicas formalmente idênticas a essa são típicas do Ocidente democrático contemporâneo. São traço constitutivo do discurso emitido de um lugar de poder tão seguro e inexpugnável que não precisa mais se preocupar em mentir, já que tem controle direto sobre aqueles que escutam os informes. Estes servem sobretudo para colocar em seu lugar aquele que os escuta: é o simples informado, o espectador, o consumidor das declarações. A autoridade que administra a sociedade lembra constantemente seus integrantes atomizados de seu papel de mero objeto dessa administração. E quando José Mariano Beltrame, secretário de Segurança do Estado do Rio de Janeiro, afirma sem meias palavras, a respeito das ocupações policial-militares das favelas, que "mesmo morrendo crianças, não há outra alternativa. Esse é o caminho"[3], ou que "No momento que vidas são terminadas obviamente que nós não podemos dizer que foi bom... mas dentro do nosso ponto de vista operacional e dentro daquilo que nós vínhamos planejando, [a operação] conseguiu sem dúvida ne-

---

[3] A declaração foi feita em 17 de outubro de 2007, depois que uma operação da Polícia Civil nas favelas da Coreia e do Taquaral, na Zona Oeste do Rio, deixou doze mortos, dos quais duas crianças. Disponível em: <http://noticias.terra.com.br/brasil/interna/0,,OI1998832-EI5030,00.html>; acesso em abr. 2013.

nhuma desarmar grande parte do grupo que atuava naquela área"[4], ele está mostrando que o funcionamento do aparato social administrado, especificamente em sua seção repressiva, dá-se a despeito da vida de qualquer um em particular. O Estado explicita de bom grado a reificação envolvida em qualquer procedimento de administração: "A Polícia Militar é o melhor inseticida social"[5].

A categoria do mostrar é fundamental para entender o sentido objetivo dessas declarações. O poder bem estabelecido é o poder que se mostra como tal. Ele esclarece a respeito de si mesmo, principalmente de suas más intenções: seus funcionários de alto escalão interpretam de forma acertada para a sociedade as ações violentas do Estado. Mostrar simplesmente, indiferentemente, é um ato autocrático. Aqueles que são esclarecidos são convocados apenas para isto mesmo: esclarecer-se a respeito da natureza e da amplitude do poder estabelecido. Sendo assim, quando os espectadores esclarecidos se entusiasmam com as ações do poder estabelecido que lhes é esfregado continuamente na cara, estão manifestando a afinidade constitutiva entre convicção subjetiva e imposição objetiva na sociedade de espectadores que é a democracia ocidental contemporânea. Essa afinidade, por sua vez, é expressão do esquema de produção capitalista, em particular do setor de cultura industrializada. A mesma mídia que dá espaço para o processo de esclarecimento acima mencionado também mostra – por via das dúvidas – a reação desejada por parte dos esclarecidos, seja no tom duro e na frieza facial da âncora do RJTV, seja na entrevista com as donas de casa que, embora agachadas dentro de casa, atordoadas com o matraquear das metralhadoras, confessam para as câmeras que não tem outro jeito. Para garantir, quando as imagens mostram os moradores da zona ocupada sacudindo panos brancos na janela depois de um dia inteiro no meio

---

[4] *O Globo*, Rio de Janeiro, 17 out. 2007, p. 14.

[5] As palavras são do coronel Marcus Jardim e foram ditas em 16 de abril de 2008, quando ele ainda era comandante do policiamento de área da Baixada Fluminense. Disponível em: <http://www1.folha.uol.com.br/folha/cotidiano/ult95u392620.shtml>; acesso em 26 mar. 2013.

do confronto armado, o jornalista sugere que se trata não do medo de morrer, mas "de um pedido de paz, que é o mesmo de toda a população do Rio"[6], inclusive das carolas de classe média que subiram ao Cristo. De modo que o que há de violento nas imagens não é só o conteúdo que elas mostram, mas o fato mesmo de serem mostradas, na forma como são mostradas. O espectador que elas projetam é o sujeito que não tem saída senão se deixar projetar por elas, visto que não tem acesso nem ao controle sobre a produção de imagens nem ao aparato de repressão social sobre o qual elas versam, e ele sabe disso, porque vive sua vida sob a rígida divisão social do trabalho capitalista. Trata-se daquilo que se chamava antigamente alienação, porém acrescido de um caráter destrutivo que, embora já embutido nesse conceito, não está expresso materialmente na indiferença que ele veicula. Essa indiferença descrevia uma negatividade abstrata, a autonomia do funcionamento social diante dos componentes da sociedade. Hoje, no entanto, a indiferença é positiva: é a indiferença prática do destruidor diante daquele que é destruído, a aniquilação em si.

A alienação social, em sua forma contemporânea, não é mais um deixar perecer, mas um fazer perecer. Complementada pela exibição despudorada e abundante da riqueza material de atores de novela, *socialites* e jogadores de futebol nos mesmos "meios de comunicação", e também pelo denuncismo constante que não esconde a naturalização do crime dentro do aparelho repressivo e nos altos escalões da administração, a exibição esclarecedora da violência instrui aos empurrões o habitante comum da última sociedade alienada a respeito da precariedade de suas condições de vida, de quão marginal é sua existência para o esquema geral das coisas. O resultado é uma comunidade de reféns que se mantém coesa, de um lado, pela ponta do fuzil e, de outro, pelo mecanismo que a psicanálise chama de identificação com o agressor: aquele habitante entende na carne, por intermédio do *bullying* cultural, que a sociedade democrática ocidental é violenta e intolerante, e que aqueles que desrespeitam a

---

[6] *RJTV*, 26 nov. 2010.

lei dessa sociedade, na qual ele mesmo tem poucas chances, devem ser tratados com a maior severidade, isto é, devem ser vitimados pela violência que ele passa boa parte de sua vida tentando evitar. Qualquer mínimo sinal de que os direitos democráticos valem mesmo para os pequenos delinquentes é percebido como um relaxamento da opressão universal, o que deixa revoltada a "gente de bem" que nunca relaxa, encarcerada em suas relações de trabalho aviltantes e em seu apartamento pago em oitenta prestações, vigiado por seguranças mulatos mal remunerados. É assim que, em toda parte, a comparação entre os gastos estatais por vaga no sistema penitenciário e os gastos por vaga no sistema de ensino resulta não só na recomendação da instituição da pena de morte, mas na apreciação da utilidade do aumento proporcional do número de autos de resistência diante das vozes de prisão: não basta defender a violência oficial, é preciso institucionalizar a violência oficiosa.

A impregnação do público por essa brutalidade, longe de ser o convencimento por meio de um discurso de direita difundido por uma mídia de direita, é a consciência de direita que emerge como reação às condições reais de organização do mundo, o que inclui não tanto o conteúdo da mídia, mas o próprio fato de que ela, o veículo universal dos informes, existe. Do outro lado dessa mídia, está um público de espectadores. Essencialmente alienado no sentido mais fundamental, isto é, afastado da capacidade de empregar o desenvolvimento das forças produtivas no sentido da garantia certa e tranquila da satisfação das necessidades, esse público não poderia ser transformado pelo consumo passivo das imagens corretas. Assim, ele não é vítima de uma ideologia falsa, mas refém de sua percepção acertada, incutida a bordoadas, do lugar histórico-social horroroso em que se encontra e que foi preparado, entre nós, por vinte anos de ditadura militar. Esse público é diferente daquele que assistiu à ascensão do fascismo, caracterizado de modo tão loquaz por uma etérea fotografia no memorial de Auschwitz, na qual uma das vítimas, uma menina judia de cerca de quinze anos, loura e com um vestido coberto de tule, aparece em termos perfeitamente compatíveis com o modelo de beleza ariana pequeno-burguesa. Hoje, já não se trata da classe média equivocada que crê nas promessas erradas e, com cruel inocência, adota para si os valores que acabarão por vitimá-la tragicamente. Não há inocência no gesto espiritual de consentimento com que o público dos mais diferentes padrões de consumo adere ao discurso manufaturado da institucionalização da violência, tampouco há mentira no discurso que, sem rodeios, promete bater. Também não pode haver ilusões no progressivo cerceamento das chamadas liberdades civis que está embutido no projeto dessa institucionalização, ainda que, quanto a isso, seja difícil dizer qual consciência é mais adequada: se a da classe média que acredita que o ônus cairá principalmente sobre os pobres ou se a dos pobres que veem pouca vantagem nas costumeiras liberdades civis.

As armas e os barões assinalados

Em sua edição de 24 de novembro de 2011, o jornal *Extra* – versão mais barata d'*O Globo* cujo público-alvo é o "povo" do Rio – foi às bancas com um encarte adicional para comemorar um ano de ocupação da Vila Cruzeiro e do Complexo do Alemão. Foi intitulado "O fim – o dia em que a bandidagem do Rio perdeu a fama de valente", e é uma história em quadrinhos.

O desenho, embora muito menos sofisticado do que o dos quadrinhos vendidos hoje na chave "cult", tem mais ou menos o nível esperado pela sensibilidade de alguém familiarizado com esse ramo da indústria cultural. Utiliza os recursos herdados do cinema já incorporados pelo gênero: enfoques angulosos, *closes*, mudanças de plano. E emprega três abordagens para retratar o rosto dos personagens. Os mocinhos – altos funcionários do poder Executivo, desde o coronel da PM até o presidente da República – são desenhados com traços finos e realistas, mostrando rugas e sulcos da face, formato das sobrancelhas e do nariz, tipo de cabelo etc. Para os figurantes – soldados do Exército e da Aeronáutica, policiais e uns raros populares perdidos na confusão –, empregou-se aquele tipo de traço típico das revistinhas que ensinam a desenhar quadrinhos: misturando a caricatura e o realismo, limitam o rosto a boca, nariz e olhos. Já os traficantes foram desenhados como uma caricatura completa e detalhada: olhos enormes, beiços pendurados, narizes ora minúsculos, ora gigantescos, orelhões.

Tecnicamente, então, a coisa não deixa a desejar. Mas as escolhas técnicas dizem pelo menos duas coisas. A primeira é que o tema abordado pelos quadrinhos é um tipo de experiência que torna esse tabloide barato, popular e local – mercadoria de segunda, que trata do crime da esquina e é comprada barato por quem não tem nem muito dinheiro nem muito tempo para ler – comensurável com formas estéticas cosmopolitas, internacional e comercialmente estabelecidas. Com isso, os quadrinhos repetem formalmente o que vem aparecendo nos discursos do prefeito, do governador, do presidente e do secretário de Segurança: o Rio, por intermédio da intervenção armada, torna-se uma cidade mundial, pronta para as Olimpíadas e para a Copa do Mundo. A segunda é que a técnica expressa e fixa para esse olhar o discurso maniqueísta empregado pelos tabloides e pelos programas televisivos de polícia: de um lado, o bem, sério e humano; de outro, o mal, ridículo.

Esse simplismo moral, quando traduzido em termos estéticos, tem alguns resultados mórbidos. O primeiro é que, isolados em seus diferentes tipos de desenho, os personagens ficam estanques, congelados em seus universos e, por isso, mais fracos e sem profundidade que o normal. Os heróis decidem, os figurantes executam ou ficam olhando e os bandidos levam tiro ou fogem (um é preso); é só isso, ao longo de toda a narrativa. A história é ruim, chata. Assim, por mais que, visualmente, o nível técnico seja razoável, é impossível supor que alguém vá ler essa história e se divertir como quem se diverte lendo *X-Men* ou *Turma da Mônica*. Formalmente, a narrativa de "O fim" está muito mais próxima daquelas epopeias da Antiguidade ou da Idade Média em que se louva o herói mítico, a grossura de seu braço, o peso de sua espada, o brilho de seu cinturão, o número de seus soldados ou o montante de ouro que ele gastou para armá-los, e depois se canta como o inimigo foi instantaneamente destruído, mede-se a pilha de cadáveres com uma precisão impossível e fala-se *en passant* do uivo das viúvas. Para um leitor contemporâneo, acostumado a tramas de novelas e filmes norte-americanos, essa narrativa sem idas e vindas, sem conflito, é insossa. Desde o título e a capa, que reproduz a cena famosa da fuga no dia 25 de novembro, "O fim" já começa resolvido. Assim, culturalmente, fica aquém até do filme de violência, o gênero brasileiro do século. Para que então foi feito?

Essa narrativa insossa conta de modo resumido os acontecimentos dos dias fatídicos. A invasão é preparada, realizada e concluída com sucesso. Começa com o secretário de Segurança do Rio de Janeiro ligando de seu celular para o então comandante-geral da PM, Mário Sérgio Duarte, e avisando: "Mário, estão incendiando o Rio de Janeiro"[7]. A maneira como os figurões do Executivo tratam-se informalmente chama a atenção: contrasta com o vazio de todas as demais relações estabelecidas entre os outros personagens e reafirma a conversão da separação social entre os pobres e seus administradores armados em uma separação cósmica entre dois universos. Há, de um lado, relações informais entre pessoas que, no entanto, estão muito acima das demais; de outro, não há relações, só há gente fugindo, enganando, intimidando ou então olhando e obedecendo. Pode-se sugerir que essa informalidade cumpre a função de humanizar esteticamente o administrador social, aproximando-o do leitor do jornal barato. Mas a configuração final que a informalidade assume acaba tendo o efeito contrário por causa de dois importantes episódios da trama capenga.

O primeiro é quando, em 28 de novembro, o então chefe da Polícia Civil, Allan Turnowski, liga para o delegado Rodrigo Oliveira, estacionado na avenida Itararé, e diz que "os blindados" vão atrasar[8]. De colete, com o celular no ouvido, a cara de mau sob a careca facilmente reconhecível e rodeado de homens de fisionomia menos perceptível, mas com armas bem visíveis, Rodrigo "não recebeu muito bem a notícia do atraso" e disse para seu superior: "Foda-se!

---

[7] "O fim – o dia em que a bandidagem do Rio perdeu a fama de valente", *Extra*, Rio de Janeiro, 24 nov. 2011, p. 3.
[8] Ibidem, p. 11.

Foda-se! Eu vou entrar às oito horas!"[9] (os palavrões, em todos os diálogos em que aparecem, são grafados com letra inicial seguida das usuais cobras, lagartos e caveirinhas das histórias em quadrinhos). Turnowski responde: "Boa sorte!". A página termina com um enquadramento de baixo para cima: Rodrigo Oliveira, com seus homens portando fuzis e protegidos por grossos coletes, todos com cara de mau, sob um helicóptero negro voando alto. Explica-se no canto, entre aspas: "Quando deu oito horas, o helicóptero passou por cima da cabeça da gente dando tiro para tudo quanto é lado. Era a senha para a gente entrar"[10]. No alto da página seguinte – cujo centro é adornado com a figura de um mulato de costelas à mostra e camisa na cabeça, caindo para trás em meio ao "Pou! Pou! Pou! Pou!" –, Oliveira aparece ao lado do "delegado Márcio". Ambos têm um sorriso mau no rosto, e Márcio diz: "O mundo inteiro preocupado com a gente, e a gente aqui, feliz da vida"[11].

Aqui, a humanidade, a subjetividade dos personagens têm o sinal trocado. Seu conteúdo é rigorosamente o da perversão. Por estarem fechados no simplismo moral da história e na brutalidade crua da solução militar, os personagens só podem se tornar gente quando se identificam com a situação que estão vivendo, encontrando em seu âmago o prazer do horror. Esse prazer é o da superioridade bélica, organizacional, social, financeira, legal: é o prazer do sádico. O personagem se movimenta num cenário habitado por gente mais escura que ele, de ruas caindo aos pedaços, carros desmontados, latões de lixo rolando a esmo, e só pode se sentir bem ali porque depois vai embora – deixando "corpo no chão", como diz a canção do Bope. Assim, os traços de informalidade nos policiais extrapolam a humanização e apontam para uma sobre-humanização: por ser gente, naquele contexto, eles se tornam muito maiores do que as outras pessoas, que são ou meros empregados, ou vítimas da destruição trazida por eles, ou então espectadores assustados. Na teoria social, o nome dessa sobre-humani-

---

[9] Idem.
[10] Idem.
[11] Ibidem, p. 12.

zação marcada pela informalidade e associada a funcionários do poder Executivo é estado de exceção. Só que a ação não acontece no plano social, mas no subjetivo, o que dá à coisa toda uma atmosfera que, se não fosse a leveza e o humor do desenho, teria de evocar diretamente as ações, as canções e os discursos sinistros dos fascistas, que afirmavam sua vocação e alegria no trabalho de purificar a Europa.

Enquanto a Polícia Civil se lambuza, as "autoridades assistem à operação de um telão"[12]. O segundo episódio a causar o efeito contrário é quando, concluída a operação, sentado entre Turnowski e Duarte, o governador Sérgio Cabral vê a famosa cerimônia de hasteamento da bandeira, na qual aparece o resultado da estripulia desobediente de Rodrigo Oliveira: ao lado da bandeira do Brasil, a da Polícia Civil, que chegou primeiro ao alto do morro. Enquanto combatem o crime, nossos heróis ainda têm tempo de competir entre si para ver qual corporação terá papel mais fundamental. A reação do governador é a de um tirano indignado: "Que porra é essa, Turnowski? Hastearam a bandeira da Polícia Civil?"[13]. Mas ninguém perde a pose. Estão todos de terno ou farda impecável, os dedos cruzados sobre os joelhos, o rosto tranquilo e profissional. A administração é limpa e eficiente. Então o que é o envolvimento emocional dos administradores, sua vocação, sua implicação subjetiva? Deve ser o resultado dessa limpeza e eficiência – mais uma vez, marca da experiência sádica, da plenitude subjetiva dos que estão por cima, no comando da destruição alheia.

Daí pode partir a sugestão para a utilidade dessa história em quadrinhos, cuja trama ruim não poderia, em nenhuma hipótese, atrair qualquer leitor: ela é instrumento de propaganda de um Estado que quer ser visto como estado de exceção – os oficiais que falam palavrões e brincam de guerra, o coronel Mário Sérgio, que "se emocionou ao ver os blindados" e grita um lema em latim para os soldados repetirem em sentido, mas com os dentes à mostra e as goelas visí-

---

[12] Ibidem, p. 13.
[13] Idem.

veis[14], o presidente Lula, que, de seu avião escoltado por caças, aprova o emprego das Forças Armadas em território nacional com um simples e sucinto "Conte comigo!"[15], e o governador Sérgio Cabral, que, rindo até não poder mais, grita ao telefone depois de concluída a operação: "Golaço, Lula! Golaço, Lula! Foda!"[16]. A emoção e o palavrão, coisas de domínio público, são aqui prerrogativa de quem domina. Trata-se de um tipo de propaganda que não visa o convencimento e a identificação, mas a intimidação.

Essa propaganda é entremeada de casos do cotidiano da violência: o soldado Wallace, que "foi atingido na mão por estilhaços"[17], o cabo Genta, que "falou com a mulher ao telefone" às cinco horas da manhã[18], e o coronel Millan, que saiu de seu carrão para "atender a um motorista baleado"[19]. Apelando para o senso comum do jargão corporativo que parte da mente dos psicólogos e se espraia pela indústria cultural sob o epíteto de "relações públicas", pode-se sugerir que a função dessas cenas seja trazer os funcionários do estado de exceção para o mesmo universo dos consumidores do jornal, avisando-os: "Vejam, esses caras também têm mãe e esposa, são gente como nós". Mas, uma vez mais, a própria humanidade é transformada em privilégio: os que se machucam ou têm família são, via de regra, os que também têm feições humanas e contrastam com os outros, isto é, com os que estão sempre fugindo, os mulatos caricaturais, com balangandãs no pescoço, pistolas metidas na calça, ossos à mostra, bocas entreabertas de pânico, queixos ora pronunciados, ora inexistentes, os olhos invariavelmente deformados, redondos, enormes. Sob o estado de exceção, ser gente não é para todo mundo.

Para completar a exibição das ferramentas do estado de exceção – os lacaios uniformizados e mais ou menos indistintos, funcionando

---

[14] Ibidem, p. 4.
[15] Idem.
[16] Ibidem, p. 14.
[17] Ibidem, p. 5.
[18] Idem.
[19] Ibidem, p. 4.

na narrativa sempre como um bloco obediente e eficiente –, as páginas 8 e 9 do encarte fornecem uma exibição da técnica empregada na "retomada da Vila Cruzeiro e do Complexo do Alemão". Um mapa mostra a sagacidade tática do plano: figurinhas apontando fuzis representam os homens da Polícia Civil, da Polícia Militar ou do Bope, conforme a cor, e espalham-se pelas ruelas, com setas que indicam sua trajetória. Textos pendurados ao redor das figurinhas informam o nome das ruelas, a população da favela, a função das tropas e um ou outro episódio significativo. Mas a maior parte da dupla página é ocupada por fotografias de blindados, helicópteros e soldados com o rosto apagado, ao lado dos quais flutuam cifras (seis blindados desse tipo, quatro do outro, sete helicópteros etc.) e detalhes sobre os armamentos (comprimento, peso, espessura da blindagem, velocidade máxima etc.). A diagramação das páginas, a disposição dos homens uniformizados e armados e dos meios de transporte, os detalhes curiosos – tipo de informação veiculada, bem como o formato empregado para isso – não foram escolhidos para fazer o leitor identificar-se com os que planejaram a ação, contemplando o "teatro de guerra" de cima, da distante intimidade dos que detêm o controle. A quantidade de gente envolvida, a bizarra descoberta de que existem vários tipos de blindados (embora todos pareçam iguais), a enxurrada de espessuras, velocidades e calibres podem até fazer os olhos do leitor brilhar como os de uma criança diante de uma vitrine cheia de bonecos semi-humanos, com armas saindo de todos os ângulos do corpo, mas, ao lado da cronologia da ação, dos nomes das favelas e da foto lateral dos traficantes sem camisa e de bermuda colorida, o efeito é de intimidação mística, uma intensificação da distância entre o leitor e o aparato repressivo por meio do inusitado e acachapante esclarecimento do cidadão comum sobre esse aparato. O leitor não é convidado a participar da experiência sádica, mas a pensar nela, imaginá-la, contemplá-la.

Esse conteúdo intimidador da propaganda do estado de exceção se completa com os pitacos de autocrítica insinuados ao longo da história, condescendendo em aludir a episódios de conhecimento comum. A página 14 dedica um canto a mostrar como, "após a ocupação, o Alemão se transformou num garimpo. Policiais da banda podre voltaram sorrateiramente à noite para cavar dinheiro, drogas e armas, o chamado espólio de guerra". A última página faz alusão ao confronto entre policiais e moradores, às mortes a facadas que vêm ocorrendo nas comunidades e ao uso de força excessiva num episódio que ficou famoso: "Talvez nem seja o caso de chamar o Exército por causa da música alta"[20]. Essa autocondescendência absolutiza cognitivamente o estado de exceção: ele é a fonte dos excessos e também a régua moral que vai julgá-los. A oposição entre estado de direito e estado de exceção é resolvida numa unificação. Com isso, transmite-se a ideia de uma administração continuada e onisciente que, com o tempo, vai cuidar de tudo: "Um ano depois, estamos apenas no começo"[21]. Mas, ao mesmo tempo, essa administração é a dos oficiais que gritam "foda-se" e brincam de pique-bandeira. É verdade que, em outros produtos culturais, há um esforço específico para criar e manter uma separação entre esse tipo de arbitrariedade travessa e aqueles comportamentos que dão testemunho de um colapso mais profundo do aparato de repressão armada, como é o caso do mito do policial incorruptível propagado pelo filme *Tropa de elite*, o negativo do conceito de "banda podre" da polícia. No entanto, uma realidade bem conhecida e divulgada já desmentiu essa separação inúmeras vezes, de modo que, no fim das contas, entre "o bom e o mau policial" não sobra nenhuma distância comparável, em termos de importância cognitiva, àquela esteticamente fixada pelo encarte ilustrado do *Extra*: o poder Executivo armado de um lado e o resto da sociedade de outro. Basta recordar a história recente de alguns dos heróis de "O fim": Mário Sérgio Duarte pôs no comando do Batalhão de São Gonçalo Cláudio Luiz Silva de Oliveira, suspeito de mandar assassinar a juíza Patrícia Acioli, que investigava as milícias da região; Duarte pediu exoneração em setembro de 2011. Allan Turnowski, homem de confiança do secretário de Segurança,

---

[20] Ibidem, p. 16.
[21] Idem.

foi indiciado pela Polícia Federal em fevereiro de 2011 por vazar informações para proteger pessoas investigadas na Operação Guilhotina, que visava esquemas de corrupção dentro das polícias, extorsão a traficantes, pactos com milicianos e venda de armas apreendidas. Não importa tanto o fato de que nenhum dos dois tenha sido condenado; histórias como essa fazem parte de uma cultura de escândalo que reafirma a todo momento o que já é de conhecimento público: é mais fácil quebrar a lei a partir de dentro. E isso é parte constitutiva da propaganda do estado de exceção, do medo e da intimidação que são seu conteúdo.

Quem inventou o mundo[22]

A coleção compartilhada de imagens, jargões, símbolos, juízos, memórias específicas que permite a expressão a respeito de um real que todo mundo já conhece, ou que fundamenta a constituição de uma cultura sobre a violência, tem origem industrial: é produzida de um lado e consumida de outro. Fundamental para a implantação do tipo de produção cultural voltado para a formação de uma cultura da violência – de um grupo que pensa, sente, experimenta e fala da violência de uma determinada maneira – foi o surgimento de um produto cultural endógeno mais ou menos novo, o filme de violência. O tema da violência não esteve ausente do cinema nacional nas décadas anteriores, mas uma produção de 2002 foi uma guinada visível em seu tratamento: *Cidade de Deus*, de Fernando Meirelles. A partir desse filme, tornou-se possível, de um só golpe, divertir-se e consumir crítica social como nunca antes. As potencialidades e os limites intrínsecos do gênero foram, como ocorre na cultura industrializada, destilados, separados, refinados e repetidos.

Um exemplo característico dessas potencialidades e limites é o *Salve geral*, de Sérgio Rezende, lançado em 2009. *Salve geral* tem algo de um *thriller* policial, mas permeado de abundantes elementos de

---

[22] A maioria das ideias expostas aqui foi formulada em debates entre o autor e Anna Esteves, Felipe Brito, Gipsy Roque, Javier Blank e Mariela Becher.

crítica social: um equilíbrio interessante entre a expectativa e a má consciência. A presença desses elementos é um traço esperado e comum, se pensarmos no cinema que parte dos países "em desenvolvimento" para conquistar plateias internacionais – e esse é cada vez mais o caso do cinema brasileiro, que já é alvo de investimentos diretos de gigantes da indústria, por exemplo a Sony, que distribuiu *Salve geral* – ou então plateias nacionais com o distanciamento e o imaginário da elite periférica, disposta a olhar para seu próprio país de um ponto de vista internacional. Em *Salve geral*, esses elementos da crítica social e do *thriller* não se misturam de maneira artificial, mas brotam como que organicamente do próprio tema, ou do conteúdo realista ao redor do qual a narrativa se desenrola: a participação de um jovem de classe média decadente em um assassinato, sua prisão e seu posterior envolvimento, dentro do sistema carcerário, com a organização de tráfico de drogas Primeiro Comando da Capital (PCC), o Partido. O epíteto "realista", quando aplicado a esse conteúdo, deve ser entendido em sentido estético rigoroso: o filme narra fatos fictícios que têm toda a aparência de que poderiam ser reais, e faz isso dentro de uma estrutura compatível com a narração de fatos reais ou com a experiência cotidiana. Desde os momentos iniciais, quando o jovem vai preso, essa estrutura se organiza em três planos que, à medida que o filme progride, misturam-se até serem confundidos pela urgência da ação. Esses três planos são os seguintes: a experiência da mãe com o Partido; a experiência do jovem encarcerado com o Partido; a relação entre o Partido e a sociedade, representada sobretudo pela polícia, pela mídia e pelos políticos. Duas dimensões do filme – uma sociológica e outra estética – exigem a presença desses três planos, e ambas se devem à abordagem realista.

Segundo a dimensão sociológica, o que a essência realista de um filme exige é que pelo menos alguns traços que o espectador reconhece como reais estejam presentes no filme e funcionem como condição de possibilidade de sua apreensão. Em *Salve geral*, a dimensão sociológica é preenchida pelos problemas e conflitos inerentes ao contato de membros da classe média com o espaço conflituoso e violento em que os pobres estão inseridos. No filme, o que ocasiona esse contato é, em parte, uma causa social: conforme Lúcia narra convenientemente para refrescar a memória do filho Rafa, meio alienado e entediado, a empresa do marido faliu e depois ele morreu, deixando-os sem dinheiro e obrigando-os a se mudar para um bairro pobre da periferia de São Paulo. É aí que, numa noite em que brincava de fazer estripulias com um carrão emprestado de uma oficina mecânica, o jovem Rafa se envolve numa briga. Ao reagir, mata sem querer – com uma arma encontrada no porta-luvas do veículo – uma moça que, no meio da pequena multidão, entre cerveja, música ruim, jeans apertados, cabelos pintados e cordões de ouro, observava a barbárie à qual já estava só um pouquinho mais acostumada do que o garoto.

Duas observações importantes podem ser feitas a respeito do conteúdo dessa dimensão social. A primeira é que ele entra no filme por uma via dramática em sentido estrito, ou seja, o espaço dos pobres e sua violência aparece no filme por intermédio de um problema pessoal do protagonista Rafa, uma espécie de acidente ou uma série de circunstâncias especiais e extraordinárias. É verdade que se trata de um acidente banal, uma batida de carros, uma briga entre jovens valentões e uma troca de tiros – coisa que acontece todos os dias. É verdade também que aquilo que antecede o acidente – a mudança da família da zona rica para a pobre – está longe de ser um fato isolado: como possibilidade social, deve ser, ao contrário, um pesadelo constante e universal para famílias de empresários em dificuldades, numa época de capitalismo-cassino e crise contínua. Não obstante, para os personagens, esses eventos têm peso de acidente extraordinário, de coisas que "mudam sua vida para sempre", e isso é crucial para a estrutura dramática do filme. Essa é uma exigência da dimensão estética, determinada pela forma de drama. Aquilo que a lógica da narração dramática consegue fazer é apresentar sofrimentos pessoais e dificuldades especiais e intensas. O movimento de câmera próprio para sustentar filmicamente essa lógica é o *close*, aquele estímulo à curiosidade do espectador em registrar agonia e êxtase no rosto dos personagens; sem essa curiosidade, não existe drama. E, de dentro da lógica do drama, não é possível mostrar o sociológico sociologicamente: fazer enxertos de teoria econômica, mostrando a necessidade da falência periódica de médias empresas sob um capitalismo que tende necessariamente à concentração, ou dar profundidade histórica ao fenômeno complexo da criminalização da juventude na periferia urbana. Partindo do drama, o social só pode aparecer na medida em que tem impacto pessoal, isto é, em seus efeitos, e, por isso, em contextos em que os fatos tomam a aparência de golpes aleatórios do destino, experimentados por personagens que até que iam muito bem antes da desgraça (o que, evidentemente, é falso; neste mundo, só vamos muito bem em comparação com as desgraças inusitadas que acometem os personagens dos dramas). Na lógica dramática, o social não pode aparecer em suas causas últimas, porque estas constituem fenômenos históricos incompatíveis com as estruturas da experiência pessoal que regem aquela lógica.

A segunda característica do conteúdo da dimensão social é que ele tem a marca do olhar da classe média. Tanto a protagonista Lúcia quanto o diretor e o espectador projetado são de classe média, e a própria estrutura narrativa também põe o espectador sempre na posição dessa classe de consumidores passivos e espectadores ansiosos de uma realidade que lhes passa ao largo. O olhar da classe média está no pequeno pesadelo da mudança para a periferia, na destruição – anterior ao momento em que o filme começa – daquele mundo que, para essa classe, está protegido e distante "da realidade". O olhar da classe média também está no aspecto extraordinário da violência, em seu poder de, vinda de fora da normalidade, alterar o conteúdo da vida para sempre – algo que, de um ponto de vista sociológico, é incompatível com a experiência de pessoas que experimentam a violência não como epifenômeno ocasional, mas como elemento do cotidiano.

A presença desse olhar não faz um pacto ideológico de classe nem nada: simplesmente torna o que acontece no filme reconhecível pelo espectador em termos de um universo simbólico socialmente disponível, ou de um senso comum ao qual necessariamente é preciso lançar mão para comunicar o que quer que seja. Na medida em que é difícil duvidar das boas intenções e do progressismo do diretor e roteirista (que, de qualquer forma, estão manifestas em suas declarações no site oficial do filme)[23], é razoável afirmar até mesmo que o uso do ponto de vista da classe média faz parte do mecanismo formal da crítica. Não seria forçado sugerir que o interesse de diversas situações do filme está justamente na maneira como esse olhar de classe média, uma vez encarnado na desventurada Lúcia, é voltado repetidas vezes para além de seu alcance corriqueiro: os intestinos das periferias, as saletas dos fundos dos pontos de venda de drogas, os vestíbulos dos presídios onde as mães dos presos são submetidas a revistas humilhantes, o interior opressivo, superlotado e insalubre das celas. Uma vez que, nesse sentido, o filme é uma provocação ao espectador de classe média, ele pretende ter um efeito esclarecedor: mostra aquilo que, segundo o senso comum, o espectador típico do cinema nacional, o consumidor de produtos com conteúdo intelectualizado, normalmente não vê – pelo menos quando está fora das salas de projeção, onde essas cenas são cada vez mais comuns.

A essa perspectiva esclarecedora do conteúdo imediatamente aparente – a exibição de imagens não experimentadas no cotidiano pelo espectador projetado – soma-se outra, que poderia ser qualificada de naturalista (mais uma vez, em sentido estrito): trata-se do fato de que os personagens com olhar de classe média, uma vez atirados (por um destino mais ou menos aleatório) para fora de seu campo visual de praxe, começam a funcionar segundo uma lógica diferente. Aí não está em jogo algo que pode ser percebido de imediato ou exibido em cena, mas algo que exige uma mediação temporal em que ocorre um jogo de causa e consequência e a apresentação, ao longo do filme, de um efeito de atmosfera. Pouco a pouco, Rafa e Lúcia entram no esquema do universo marginal em que penetram, adaptando-se à autoridade, à racionalidade e à funcionalidade do Partido e até buscando-a como ferramenta para resolver seus problemas. A perspectiva naturalista esclarecedora parece oferecer algo menos imediato do que a imagem, algo que quase pode constituir, junto com ela, um elemento épico: um comentário

---

[23] Disponível em: <https://www.sonypictures.com.br/Sony/Cinema/MoviesDetails.SonyPictures?id=71014268&Detail=director>; acesso em 28 mar. 2013.

distanciado sobre a inviabilidade do ponto de vista de classe média e do universo sustentado pela narrativa dramática ou, em última instância, sua dissolução em uma realidade mais ampla[24]. A essência desse comentário é dada pela personagem Ruiva – agente de mediação do Partido que atua com um pé dentro da clandestinidade e outro fora – quando, reagindo a uma acusação de Lúcia, diz em *close*: "Não fui eu que inventei o mundo. Eu já encontrei assim". Objetivamente, essa fala é uma espécie de álibi crítico para os pobres, fornecido pelo diretor progressista: a culpa não é deles, há algo no crime e no caos que vai além da responsabilidade pessoal e das escolhas. O filme diz que todos fomos engolfados por essa merda e, se você estivesse lá, agiria da mesma forma – vide Lúcia e Rafa, que são como você e terminam como *eles*. Para além da vida pessoal e de seus problemas, a perspectiva naturalista esclarecedora proporciona ao espectador a iguaria da consciência sobre um estado de coisas, e mais: a consciência de que há estados de coisas, de que há uma dimensão sócio-histórica. O efeito dessa dimensão na vida privada dos personagens é palpável.

De fato, na medida em que aponta para uma espécie de condicionamento da ação do sujeito, o drama se autossabota; no entanto, faz isso de dentro de si mesmo. Esse álibi proferido por um personagem específico – no caso, um representante dos pobres com poder mínimo de elaboração – poderia ser usado por qualquer outro, inclusive pela mídia mentirosa ou pelos políticos corruptos que o filme, sempre muito crítico, não deixa de mostrar. "Não fui eu que inventei o mundo" é uma máxima que poderia fazer parte de um compêndio de expressões de pessimismo de fila de banco, ao lado de sentenças como

---

[24] Nas palavras do diretor Sérgio Rezende: "Acredito que, mais do que contar uma história, o cinema tem a obrigação de revelar o que há por trás dela. Nesse sentido, percebi que precisava ter muitos personagens, porque tinha uma trama multifacetada, que retrata a sociedade como um todo" (idem). Uma crítica mais clara e mais direta à inviabilidade da narrativa dramática enquanto tentativa, por parte de personagens de classe média, de dar soluções ao mundo com sua iniciativa pessoal é feita por *Proibido proibir*, de Jorge Durán. Nesse filme, entretanto, a adaptação dos jovens de classe média à lógica dos pobres é impossível e resulta explosiva.

"os banqueiros só querem lucrar" ou "isso aqui não tem jeito mesmo". No fim das contas, e a despeito das melhores intenções, o que o filme afirma é uma consciência histórica conservadora: não se trata de contar a história, de entrever seus processos largos, longos e complexos, mas simplesmente de dizer que existe uma história – dizer, no fundo, que o que existe tem necessidade de existir[25]. É o aparecimento da história em retrospecto, apenas como justificadora do existente, e não como fruto de eventos histórico-sociais que, justamente por serem histórico-sociais, poderiam ter resultado em outra coisa. A história, aí, não tem esse papel de abrir para a consciência da mutabilidade do mundo, para a possibilidade de uma reinvenção.

Algo análogo poderia ser dito sobre a pretensão de efeito esclarecedor do ato de mostrar. Na melhor das hipóteses, o olhar de classe média do espectador é levado a experimentar, da segurança de sua poltrona, um conteúdo social feio e problemático, que ele não está acostumado a observar longamente, mas está cansado de saber que existe. É a tal invisibilidade visível do cotidiano das grandes cidades: a favela constantemente no perímetro do para-brisa, o catador de latinhas com meio corpo metido na lata de lixo, visões que já não surpreendem ninguém – quem nunca viu[26]? Talvez seja verdade que uma experiência social de classe média preferisse evitar essas cenas, mantê-las na periferia do campo visual. O filme as coloca demoradamente diante dos olhos do espectador, obrigando-o a encará-las. Mas qualquer um com um pouco de imaginação e uma noção me-

---

[25] Algo semelhante acontece nos filmes de Sérgio Bianchi, *Cronicamente inviável* e *Quanto vale ou é por quilo?*.

[26] A percepção de que a vida da classe média está cada vez mais misturada à dimensão clandestina que usualmente era o espaço próprio dos pobres não escapou ao *Globo*, como exemplifica a seguinte enquete, encontrada na seção "Participe" da versão online do jornal: "Opine: Você conhece alguém que seja usuário de crack e teve sua vida toda transformada? Conte para a gente" (disponível em: <http://oglobo.globo.com/rio/opine/default.asp?op=3238&ed=4; acesso em fev. 2012). É preciso entender em que está baseada essa curiosidade mórbida pela decadência geral e qual é seu significado social. O filme crítico sobre a violência não está no mesmo plano da enquete, mas compartilha com ela uma disposição simbólica geral.

diana do sistema carcerário brasileiro – aquela que poderia ser adquirida até mesmo por intermédio do noticiário mais conservador, que o filme não deixa de criticar e, portanto, pretende superar, mostrando uma verdade mais verdadeira – pode imaginar as humilhações, as desumanidades, a sujeira, a feiura e a violência de um cárcere. Nesse sentido, é preciso dizer que o filme não mostra nada de novo: ninguém – nem mesmo nossos jornalistas arquiconservadores, com sua exigência diária de violência penal – acha que a cadeia é boa, e ninguém ficaria surpreso se, ao pôr os pés pela primeira vez em uma cela superlotada, cheia de marginais suados e maltratados, o garoto de classe média fosse, por exemplo, estuprado com brutalidade, algo de que o diretor higienicamente nos poupa. Se a exibição que o filme empreende não proporciona acréscimo cognitivo ao fazer o olho mirar demoradamente aquilo que ele evita de costume[27], deve-se concluir que o teor da experiência de esclarecimento pela imagem é o compadecimento. Quando analisada, a própria estrutura do filme mostra que a classe média assiste ao cinema crítico sobre violência para sentir pena dos pobres e reconhecer quanto a situação geral do ambiente em que eles vivem – o qual está em contiguidade com o da classe média, embora essa contiguidade não seja direta, ou o filme não faria falta – é horrível e brutalizante.

A imagem que proporciona compadecimento é melhor talvez do que a do filme norte-americano policial clássico, em que os bandidos são maus. É preferível que a classe média tenha pena dos pobres do que raiva deles. Também está claro que a consciência a respeito do nível sociológico proporcionado pela perspectiva naturalista esclarecedora pode despertar reflexões ulteriores de teor eminentemente crítico: na medida em que os presídios são buracos horríveis, não há relação direta entre recrudescimento da repressão ao crime e encarceramento, de um lado, e diminuição da violência, de outro. É ver-

---

[27] Já dizia o velho Kant, um dos principais ideólogos das facções bem-comportadas da burguesia e fundador da estética moderna como disciplina filosófica rigorosa: "Enquanto estivermos em segurança, tal espetáculo é tão mais atraente quanto mais lhe seja próprio suscitar o medo" (Immanuel Kant, *Crítica da faculdade do juízo*, Rio de Janeiro, Forense Universitária, 2008, p. 107).

dade que oportunidades para reflexões críticas como essa não abundam na mídia, cujo conteúdo consiste em alguma coisa que aparece entre um intervalo comercial e outro e, portanto, serve aos interesses reacionários dos anunciantes, ao mesmo tempo que, não obstante, não abandonou abertamente a pretensão de informar. Já que a mídia mente, e a mídia que conta mentiras é representada algumas vezes no filme, este se torna comparativamente melhor. Mas, nesse sentido, sua pretensão fundamental é a mesma da mídia: informar, mostrar a verdade, a vida como ela é, como são as coisas. E, conforme revela a análise formal, a verdade do filme e a mentira da mídia tornam-se equivalentes em virtude desse caráter de produto cultural esclarecedor amparado nas estruturas da experiência cotidiana – destilada cinematograficamente na forma de drama –, que são avessas à profundidade histórica. A mentira última que, a despeito da ética do diretor, o filme promove necessariamente é sua eficácia cognitiva: trata-se de um produto cultural que promete, para aquele que vai consumi-lo, um acréscimo em termos de consciência, e ele realiza essa promessa pelas imagens desagradáveis e pela exibição da realidade cruel. Mas como o lugar do consumo é a poltrona, e como o público-alvo a ser provocado é a classe que consome filmes, o acréscimo de consciência fica no plano da experiência subjetiva – o compadecimento –, já que tal espectador está pronto para aderir à proposta dramática, embarcar nela e aceitar como recibo de seu ingresso a confirmação da má consciência que ele já tinha antes de entrar na sala. O veículo maior dessa confirmação é – para empregar um termo favorito do diretor – a "revelação" da dimensão sociológica, o mundo que todos já encontraram assim e que, portanto, ninguém inventou. O álibi que é oferecido para os pobres, no fim das contas, só pode ser usado pela classe média. A repetição daquilo que todo mundo já sabia, sob a forma de novidade, e, portanto, a conversão do velho mundo ruim em imagem nova e sagaz – a repetição do mundo como ideologia – é o conteúdo do cinema de violência com pretensões críticas que a classe média progressista vai assistir. Devido ao papel explosivo nulo da classe média – desse setor hoje adequadamente definido sobretudo em termos de sua capacidade de consumo –, o efeito da repetição é a satisfação da crítica consigo mesma.

Assim, é preciso rejeitar o progressismo de marca da ambição esclarecedora do filme de violência – esse gênero que hoje está bombando – e entendê-la não como gesto político, mas como produto cultural cuja viabilidade comercial ou cujo apelo ao público é sintoma do fato de que a classe média está se dispondo a refletir sobre os pobres e sua realidade. Aquele que aceita essa interpretação vê-se diante do problema das limitações impostas a essa disposição pelos limites da forma de drama – da perspectiva subjetiva e da ideologia centrada no indivíduo, que estrutura a experiência do cotidiano da sociedade capitalista – e pode querer levantar os olhos para uma solução formal – que talvez tivesse muito a aprender com a épica brechtiana –, capaz de romper com a lógica narrativa do registro da experiência cotidiana e mergulhar na profundidade histórica dos problemas. O objetivo final desse mergulho seria cutucar com vara curta a pergunta sobre quem inventou o mundo e respondê-la. Evidentemente, essa resposta não pode ser obtida com a boa intenção de um compromisso com a verdade, mas exige um posicionamento político que, muito além da simpatia com os pobres, contenha – entre outras coisas ainda menos simpáticas – momentos de antipatia profunda por seus inimigos, bem como aberturas para perspectivas de abolição da pobreza, mas também da riqueza. Um filme que quisesse falar da pobreza desse ponto de vista teria de trazer à tona as razões por que, sob o capitalismo, a pobreza não é um acidente, mas uma necessidade histórica, e a violência policial não é só uma má política, mas a única forma de manter estáticas as contradições sociais explosivas, conter a deterioração das possibilidades da acumulação capitalista e administrar os consequentes desemprego estrutural galopante e criminalização endêmica. É evidente que nada disso pode ser narrado de um ponto de vista dramático: é impossível manter o interesse do espectador atado à subjetividade – manter seus olhos vidrados nas rugas de preocupação do ator ou nas lágrimas sentidas que escorrem pelo rosto da atriz de olheiras maquiadas – e, ao mesmo tempo, abordar eventos, assuntos e mecanismos históricos que extrapolam unidades de tempo e espaço compatíveis com a experiência pessoal – e, portanto, não são passíveis de *close*[28].

Um filme assim, tanto por seu conteúdo verdadeiramente repulsivo quanto por sua forma amplamente distinta da narrativa cinematográfica esperada, talvez seja impossível de ser vendido. Por outro lado, o espectador que ele projeta não é realmente um consumidor. Em razão daquilo que este mundo é, a descoberta dos detalhes de sua invenção não se rende à contemplação estética desinteressada. Nosso filme invendível supõe um público cujas necessidades cognitivas não estão amparadas por uma vocação constitutiva para o consumo de imagens, mas pela perplexidade visceral e cognitivamente emancipadora de quem, sem dispor do espaço seguro das poltronas, está se organizando para inventar outro mundo.

Pega um, pega geral

Na quinta-feira, 7 de abril de 2011, um ex-aluno entrou numa escola em Realengo, Zona Norte do Rio, e matou a tiros várias crianças. Uma testemunha, uma menina de cerca de dez anos, narrou em entrevista à televisão como manteve os olhos afastados do assassino. Segundo suas palavras, foi uma precaução: ela explica que, se não visse o homem, ele não estaria obrigado a matá-la[29]. Essa sabedoria, saída da boca de alguém tão jovem, sugere que, nesta sociedade, somos preparados desde cedo para ser esmagados pela violência; só esperamos o assassino. Quando a mídia utiliza todos os recursos técnicos disponíveis para esmiuçar o acontecido dos inúmeros ângulos possíveis, ela também evidencia isto: uma predisposição de nosso aparato cognitivo para absorver os níveis mais extremos de horror. Essa disposição é socialmente produzida e tem uma história. Um de

---

[28] Interessantes ensinamentos sobre a profundidade histórica e sua incompatibilidade com o foco no sujeito e a narrativa dramática podem ser extraídos dos filmes da fase francesa de Costa-Gavras, especialmente *Estado de sítio*. A importação de elementos da forma de documentário também é patente aí.

[29] Disponível em: <http://oglobo.globo.com/rio/video/2011/22969/default.asp>; acesso em fev. 2012.

seus capítulos, já octogenário, é fornecido por Robert Musil, em seu *O homem sem qualidades*:

> Moosbrugger havia matado uma mulher, uma prostituta do mais baixo tipo, de uma maneira horripilante. Os repórteres descreveram em detalhe uma ferida de faca no pescoço, da laringe até a nuca, e também as duas feridas no peito, que penetraram o coração, e as duas no lado esquerdo das costas, e a forma como ambos os seios haviam sido retalhados de tal modo que quase se podia levantá-los e desprendê-los. Os repórteres expressaram sua repugnância diante disso, mas não pararam até contarem trinta e cinco facadas no ventre e explicarem o corte profundo que ia do umbigo até o sacro, continuando nas costas sob a forma de numerosos cortes menores, enquanto a garganta exibia marcas de estrangulamento. Partindo de tais horrores, os repórteres não conseguiam encontrar o caminho de volta para o rosto afável de Moosbrugger, embora eles mesmos fossem pessoas afáveis que haviam, não obstante, descrito aquilo de maneira factual e especializada, e também, evidentemente, com excitação ofegante.[30]

É assim que *O Globo* online fornece, sobre o caso de Realengo, uma página com atualizações "em tempo real"[31], um "infográfico"[32] e espaço para "relatos de leitores"[33] e para o envio de "uma mensagem pelas vítimas do massacre"[34]. Da distância do sofá – seja em Realengo, seja na Barra da Tijuca –, depois do trabalho ou quando não se tem um, durante o jantar, antes da novela, mas também entre um clique e outro, depois da charge do dia e do vídeo no YouTube, no terminal da

---

[30] Robert Musil, *O homem sem qualidades* (Rio de Janeiro, Nova Fronteira, 1989), p. 51.
[31] Disponível em: <http://oglobo.globo.com/rio/mat/2011/04/07/acompanhe-as-ultimas-informacoes-sobre-ataque-em-escola-de-realengo-924179563.asp>; acesso em 28 mar. 2013.
[32] Disponível em: <http://oglobo.globo.com/rio/info/massacre-realengo/>; acesso em 28 mar. 2013.
[33] Disponível em: <http://oglobo.globo.com/participe/mat/2011/04/07/leitores-relatam-tragedia-em-escola-municipal-de-realengo-zona-oeste-do-rio-924179547.asp>; acesso em 28 mar. 2013.
[34] Disponível em: <http://oglobo.globo.com/rio/info/massacre-realengo/vitimas/>; acesso em 28 mar. 2013.

lanchonete, no palmtop no metrô, no escritório, no quarto das crianças, assim como no jornal de setenta centavos, é possível conhecer cientificamente, por diversos ângulos, o massacre. A sala de estar, o quarto das crianças e a lanchonete são compatíveis com o massacre.

Coisa semelhante aparece num elemento do filme *Tropa de elite 1*, grande sucesso de público e crítica, dirigido por José Padilha. Importante para a organização do filme, bem como para seu enredo, é a vida dupla do personagem principal e narrador, o capitão Nascimento. Ele quer largar o Bope e se concentrar na criação de seu filho recém-nascido, e o filme é um relato breve de sua busca por alguém que pudesse substituí-lo na "corporação". Ele é a vítima de um drama de consciência clássico: de um lado, o soldado do conflito armado urbano cotidiano; de outro, o pai de família. Mas, a despeito da subjetividade que organiza o filme, o que marca a história não é o contraste entre os dois lados, mas sua compatibilidade. Com o telefone celular na mão direita, Nascimento pede à mulher que o deixe escutar o coração do filho; com a mão esquerda, segura um binóculo com o qual observa policiais militares que vendem armas para traficantes e contra os quais vai ordenar ao atirador: "Senta o dedo nessa porra". No que quer que esteja baseada a intenção do diretor de nos emocionar com esse suposto contraste, está claro que essas bases já ruíram e só funcionam como uma memória distante, um dispositivo estético. O resultado é o riso sádico do adolescente sabido que assiste à cena com maldade e diz baixinho: "É isso mesmo!". Assim como a cultura ocidental, o humanismo, os valores e as instituições não conseguem deter guerras mundiais, campos de concentração e bombas atômicas, estruturas tradicionais como educação, ética e família não podem deter a barbarização do indivíduo. Como também aparece no filme, essas instituições são o lugar dessa barbarização: depois de saber que um dos seus foi morto por traficantes, Nascimento chega em casa estressado e avisa aos berros à mulher que "quem manda nesta porra" é ele. O machismo jamais foi incompatível com a família, nem a família com o machismo; essa infiltração da violência social na esfera privada, que já estava lá em germe desde sempre, completou-se: é possível festejar o nascimento do filho em meio aos cadáveres ainda quentes dos "vagabundos". Diante disso, seria possível se perguntar por que é, afinal, que Nascimento quer deixar o Bope. Mas não precisamos nos esforçar para buscar no íntimo moral essa nesga de humanidade que ainda treme diante da morte e quer evitar intimidade com ela, porque, em *Tropa de elite 2*, descobrimos que Nascimento continua no Bope e continua amando seu filho.

Assim, a completude da infiltração da vida privada e psicológica pela sociedade horrível aparece em *Tropa de elite* e constitui até mesmo um tema do filme, organizando-o por trás do enredo por uma espécie de naturalismo sociológico, forma típica dos filmes de violência que parece dizer: "Os indivíduos são um produto de seu meio". Num primeiro nível, essa tese aparece em formulações simples, como a emitida pelo narrador Nascimento a respeito do chefe do tráfico Baiano: "Deve ter tido uma infância fodida. Virar traficante pode ter sido a única opção do cara". Mas esse naturalismo não tem limites: ao mesmo tempo que justifica a existência do traficante, justifica que ele seja morto no fim: "O curso do Bope prepara os policiais para a guerra, e não adianta me dizer que isso é desumano. O Rio de Janeiro é uma cidade em guerra". Há uma violência geral que produz naturalmente uma violência institucional e uma violência individual. Outrora, com o naturalismo da virada do século XIX para o XX, essa lógica imanentista tinha efeito contestador, como ficou condensado na famosa cena do *Germinal*, de Zola, em que a mãe faminta e estropiada chega com os filhos igualmente famintos e estropiados à adorável casa do dono da mina onde seu "homem" trabalha. Ali, a brutalidade da família de mineiros, sua sexualidade bestial, sua fúria desorganizada e o fechamento literalmente niilista empreendem, para o leitor burguês, um juízo sobre o mundo burguês, a família burguesa, seus valores, sua beleza, seu gosto, que é como o do verme pelo queijo apodrecido. Mas, no século XXI, esse juízo foi feito previamente até pelas meninas de dez anos. O naturalismo requentado de *Tropa de elite* tem assim um efeito meramente reafirmador: em termos objetivos, a única coisa contra a qual esse naturalismo se volta é a esperança vã de uma dose menor de brutalidade, como a de Baiano, que, como último pedido, implora que não o executem com um tiro na cara. Na medida em que exibe, para indivíduos mais ou menos corrompidos, a brutalização total do policial idealista Matias, a quem o pedido é feito, o filme é o tiro na cara da consciência social.

Ao mesmo tempo, é esse imanentismo que o torna sucesso de público e crítica. O filme capta, resume e serve com pipoca o espírito do tempo, realizando, em pleno século XXI, os altíssimos conceitos de arte e reconciliação que animavam os debates dos séculos XVIII e XIX. Além disso, esse serviço reconciliatório tem extrema utilidade na sociedade que perece enquanto tal, sob o caos econômico do capitalismo tardio. O atestado extremo disso é a menina de Realengo, para quem se provou ser muito útil estar acostumado à ideia de ser aniquilado. No entanto, a consciência sobre a brutalidade vigente já está suficientemente inculcada em nós para que devamos, constantemente, buscar nos informar melhor, a fim de obter uma "performance" razoável na catástrofe comedida dos dias em que os massacres não se abatem sobre nós. De maneira didática, fazendo uso não de raciocinações extrínsecas, mas de seu próprio entendimento, o sujeito procura se familiarizar com o horror e extirpar de si mesmo os últimos traços de incompatibilidade com ele, de modo que não o façam tremer em algum momento crucial, o que pode lhe custar o salário, a vida ou os dois.

Essa lógica faz com que os brutais treinamentos do Bope exibidos no filme possam oferecer lemas para *coaches* empresariais distribuírem nas baias das repartições e, em última instância, alça Nascimento a "primeiro super-herói brasileiro"[35]. Esse sujeito, por um lado, é "incorruptível"[36], mas, por outro, não hesita em quebrar as regras quando se trata de assassinar bandidos sem julgamento ou submeter seus prisioneiros à tortura sexual, sempre na perspectiva explicitamente assumida do jeitinho brasileiro, sem o qual nem a justiça funciona. Como ressalta uma das canções entoadas pelos soldados em

---

[35] Capa da revista *Veja*, ano 43, n. 45, 10 nov. 2010 (edição publicada duas semanas antes da ocupação da Vila Cruzeiro).
[36] Idem.

treinamento, "Brasil" rima com "fuzil". Nascimento não só é "um dos nossos", como condensa um aspecto fundamental de nossa experiência social. O que o torna igual ao cidadão comum "de bem" é que, quando ele ordena a um subalterno que abaixe as calças do prisioneiro e pega uma vassoura velha em um monte de entulho, entendemos de imediato o que está prestes a acontecer. O que o torna nosso herói é que o espírito imanentista-naturalista do filme demonstra como nós temos de ser assim como somos. A violência que já é tão íntima de todos é sancionada não apenas pelo poderoso aparato cinematográfico: este sempre fala a partir da posição do privilégio de classe e da divisão de trabalho, já que quase todo mundo pode assistir ao filme, mas só uma minúscula elite pode produzi-lo.

Assim, numa sociedade em que a coação econômica determina a experiência social, o cinema fala com a voz da autoridade econômica. Mas tal posição de privilégio tem o reforço do argumento naturalista do filme, de tal modo que aquilo que deveríamos de qualquer maneira aguentar é untado com uma vaselina cultural: não é preciso preservar a má consciência diante do horror, ou melhor, é inútil fazê-lo. Quando Matias, o policial bem-intencionado que estudava direito e queria mudar a sociedade, de tanto viver horrores acaba executando o traficante com um tiro de escopeta na cara, o narrador Nascimento comemora aquilo como um sinal de que "ganhou o coração" de Matias. Usando as categorias morais e estéticas a que estamos acostumados, a única objeção que poderia ser feita a essa lógica seria a falaciosa tentativa de dar dimensão dramática ao processo, como se – de maneira idêntica ao que se passa com Luke Skywalker ou Batman – o que estivesse em jogo fosse a degeneração subjetiva do personagem. A falácia aí está no fato de que antes, quando era um rapaz correto e acreditava no sistema, Matias estava claramente enganado, porque, como mostra o filme, o sistema é podre. Assim, seus sentimentos profundos não estavam implicados. O coração e a dimensão moral só aparecem para que haja algum lugar onde guardar o ódio profissional, que resulta, aliás, do processo da narrativa naturalista, da reflexão social e do contato com o real.

Assim, a despeito dos festejos de direita da revista *Veja*, o que a forma do filme nos revela é que não se trata de um personagem cuja figura estética de herói carrega um ideal de personalidade contemporânea – o que já seria mau o suficiente. O que esse herói objetivamente faz é nos eximir de ideais de personalidade e reservar à subjetividade o papel de produto adequado, bem-comportado, do meio. A importância do alívio que isso proporciona a indivíduos submetidos à pressão insuportável de já não possuir nem mesmo o refúgio da vida privada é expressa na difusão alcançada pelo imaginário ligado ao personagem Nascimento na experiência sociocultural. Esse imaginário se tornou brinquedo de criança[37], tema de escola de samba no carnaval de 2011 – a rainha de bateria, além das plumas e paetês de sempre, estava "coberta de caveiras do Bope"[38] – e fez o ator ser escolhido por nove entre dez mulheres para garoto-propaganda de vestuário feminino[39]. Se o filme é culpado de dar voz à obsolescência da subjetividade moral e produzir industrialmente a sanção a essa obsolescência, o grau de difusão das imagens propostas por ele sugere que o motor dessa difusão é a identidade, o reconhecimento, e não a novidade.

A constatação dessa obsolescência da subjetividade moral aparece no discurso de Rodrigo Pimentel, roteirista dos dois *Tropa de elite*, comentarista especial de "questões de segurança" no RJTV – em que é convidado a dar sua douta opinião ora sobre a ocupação de favelas, ora sobre a Viúva Negra assassina de maridos – e referente real do personagem capitão Nascimento. Numa entrevista, Pimentel

---

[37] "Dia das crianças tem 'caveirão' de brinquedo no Rio", *G1*, 7 out. 2010. Disponível em: <http://g1.globo.com/especiais/dia-das-criancas/noticia/2010/10/dia-dascriancas-tem-caveirao-de-brinquedo-no-rio.html>; acesso em 28 mar. 2013.

[38] Disponível em: <http://carnaval.bol.uol.com.br/2011/03/07/coberta-de-caveiras-do-bopeviviane-araujo-diz-estar-no-seu-momento.jhtm>; acesso em 28 mar. 2013.

[39] Disponível em: <http://oficialwagnermoura.blogspot.com/2008_03_01_archive.html>. Trata-se da rede Marisa, que foi autuada por trabalho escravo em março de 2010 (disponível em: <http://www1.folha.uol.com.br/folha/dinheiro/ult91u708557.shtml>; acesso em 28 mar. 2013).

denuncia a total falta de sentido da "guerra" constante no Rio; por outro lado, expressa o profundo orgulho de ter estado "com aqueles homens" no Bope[40]. Esse paradoxo permeia os dois filmes e dá margem à coexistência entre a interpretação de direita que o torna o queridinho da *Veja* e a interpretação de esquerda que o próprio diretor José Padilha defende pelo Brasil afora. Essa coexistência tem um interesse cognitivo próprio. Como é possível "matar de forma honrada", como diz Nascimento no filme? Como é possível ter orgulho dos soldados de uma guerra sem sentido?

A resposta pode ser buscada em um zilhão de produtos culturais contemporâneos, entre eles um filme norte-americano de 2011 sobre garotas indefesas que estão presas num hospício e fogem da realidade opressiva para um universo imaginário, no qual lutam contra o mal com espadas e metralhadoras (*Sucker Punch*, de Zack Snyder)[41]. O trailer, todo explosões e computação gráfica, tem apenas um par de frases, e uma delas é dita por um personagem mais velho para a Lolita violenta e sonhadora (que decerto usa *lingerie* rosa de rendas, mas com estampa de caveiras): "Se você não defender alguma coisa, qualquer coisa pode subjugá-la". No melhor estilo de classe média, o que esse chavão quer dizer é que, num mundo hostil, é preciso apegar-se a algo, não importa o quê. O aparente moralismo – vago e falso, porém onipresente – de *Tropa de elite* está enraizado numa lógica idêntica, não fictícia, mas real: é o próprio roteirista que a expressa, quando fala de sua vida na "guerra" – vida sem sentido, porém estetizável. Pimentel sente orgulho do Bope exatamente *porque* a guerra não tem sentido. O sentido subjetivo é continuação da falta de sentido objetivo. Esse tipo de ideologia liberal requentada, segundo a qual o sujeito vai salvar o existente a partir de sua própria densidade moral interna – a ideologia que atribui valor à valentia gratuita diante da adversidade, quando seria preciso recusar-se ter-

---

[40] Entrevista concedida a *UOL Notícias*. Disponível em: <http://www.youtube.com/watch?v=dbYBV7d8TlE&NR=1>; acesso em 28 mar. 2013.

[41] O título do filme é o nome de um golpe considerado covarde pelas regras do boxe, mas aqui ele é celebrado por seu efeito surpresa.

minantemente a aderir à adversidade –, é a única versão de heroísmo que os habitantes do capitalismo tardio estão capacitados a aceitar. Por meio dela, a obsolescência do sujeito, da moral, do sentido, aparece como fundamento do sujeito, da moral, do sentido. Formalmente, ela consiste numa desculpa para aceitar as coisas como são, sem reclamar, custe o que custar. A rigor, portanto, não se trata de ideologia, mas do grito de desespero resignado com que o Rambo expõe seus músculos protuberantes e suados aos tiros dos inimigos, de modo a poder metralhá-los melhor. Diluído, trata-se do teor essencial da literatura de autoajuda, para a qual a força do *self* deve ser mobilizada para que as condições dentro das quais o *self* age apenas precariamente (ou não precisaria de ajuda) não precisem ser criticadas. Por isso, apesar de não ser ideologia, esse liberalismo requentado é falso; mas, por outro lado, sua essência é um dar de ombros para a própria falsidade.

Esse movimento é inteiramente estético. Trata-se de um ritual, de uma cerimônia mágica coletiva na qual os atores são também os espectadores e, portanto, todos sabem que a magia é só show. Nesse mundo, uma habitante de Realengo, depois do "massacre", põe-se diante das câmeras e diz: "O perigo está perto de você, e você não vê"[42]. Jogado na merda mais completa, o indivíduo encontra, dentro de si, sentenças que, por um lado, soam totalmente industrializadas e artificiais, mas, por outro, são escolhidas para expressar sua experiência pessoal e fazem isso de forma adequada, afinal essa experiência também é artificial, é produto da imposição formal e autoritária de uma forma de vida, a sociedade capitalista, que, despojada da roupagem humanista de outrora, vai produzindo humanidade como nunca.

É difícil falar de opressão nesse caso, porque se trata de algo muito pior. O discurso industrializado, manufaturado pelo monopólio comunicativo da elite, por intermédio da rígida divisão de trabalho e da propriedade privada dos meios de produção, é adequado à vida industrializada e totalmente submetida à violência do poder explíci-

---

[42] Disponível em: <http://oglobo.globo.com/rio/video/2011/22980/>; acesso em 9 abr. 2011.

to. A menina de dez anos já está preparada para ser massacrada; o jovem autor do massacre encontra com facilidade, onde vive com as pessoas de bem, os meios para se armar e se vestir todo de negro como um "caveira"; a senhora de sessenta anos já está estruturada para dizer às câmeras o que as câmeras estão preparadas para registrar. Não há, em nenhum ponto da "tragédia", o terror mudo e estupefato, apenas o susto prático. Isso está antecipado na cultura dessa sociedade, em que todo terror é apresentável e, quando não, é dedutível pelo esquematismo do indivíduo realmente aterrorizado, como no caso da insinuação de estupro anal com um cabo de vassoura no filme de José Padilha. A indústria cinematográfica como um todo está marcada por isso, e tudo que tememos, tudo que nos deixa apavorados, assustados, nervosos, é inteiramente demonstrável. O cinema "catástrofe" ou de "terror", que reproduz esteticamente o estresse ou o medo, não tem novidades para nos contar. Aquela incerteza cruel e paralisante que marca a experiência da criança com o escuro ou, como consta, a das sociedades ditas primitivas diante do mundo espiritual difuso não é eliminada por nossa sociedade adulta: é realizada materialmente e naturalizada.

Nossa incapacidade costumeira para uma forma de pensamento que vá além da realidade social imediata é a marca desta época, em que a produção capitalista já chegou a todos os recônditos da subjetividade. Mas justamente o fato de que essa produção mobiliza hoje enormes quantidades de recursos e energia – sob a forma de qualquer porcaria customizável, de todos os formatos, cores, odores e sabores – significa que se adequar a uma realidade brutal envolve um nível de esforço gigantesco. Esse esforço dá um testemunho mudo, ou grunhido, da continuada produção histórica da humanidade.

A voz do povo

A crítica tem muito mais sentido, e é bem mais fácil, quando pode assumir não só uma posição intelectual, mas também uma posição sociopolítica clara. É o que acontece quando se qualifica de discurso "da classe dominante" aquele que dá voz à violência sistemática oficializada e é emitido do lugar da produção monopolizada do espetáculo, com o que a crítica ficaria do lado dos dominados. Mesmo quem, por um lado, sabe que falar assim é chamar as coisas pelo nome vem tentando fazê-lo sempre, apesar das confusões fenomênicas que resultam do espraiamento enraizado de uma cultura industrializada de massa numa época em que as gigantescas contradições entre as forças produtivas e as relações de produção são tornadas instrumentalmente flagrantes pela exibição constante e popularizada do desperdício e da ostentação, com efeito objetivamente intimidador.

O esquema clássico de uma ideologia burguesa reconciliadora que contribuiria para frear a transformação de setores sociais potencialmente explosivos em classes dispostas à luta é insuficiente até mesmo como ponto de partida: a reconciliação foi substituída pelo *bullying* universal. Mas o *bullying* só funciona num ambiente difusamente homogêneo, em que a oposição entre aquele que intimida e o intimidado ocorre na intimidade violenta, cultivada desde cedo nas salas de aula, depois exercida com perícia nos ambientes de trabalho, onde todos são potenciais inimigos de todos, e sedimentada, nesse meio-tempo, pela prática passiva diária da atenção aos informes televisionados sobre o destino do país e os humores do mercado. É nessa intimidade que o conteúdo de classe da opressão social contemporânea desaparece *enquanto tal* da experiência consciente, embora continue sendo sua causa remota, já que é a competição infernal derivada da contradição entre as forças produtivas e as relações de produção que nos empurra para a violência constante.

Por outro lado, ainda há manifestações socioculturais nas quais aquela causa remota, sob a forma do interesse explícito dos dominantes em sua conservação enquanto tais, aparece com a luminosidade ofuscante de uma fornalha genocida. É verdade que a intimidade com a violência – desde a picuinha universal, o treinamento escolar para a "competição no mercado" e a competição no mercado propriamente dita até a cisão social intransponível entre ricos e pobres e a militarização da vida – já tornou essa luminosidade um lugar-comum, e o fato de que ela está direcionada para os olhos de quem convive com ela não a torna especialmente esclarecedora. Mesmo assim, é importante separar essas manifestações culturais das demais: elas são, a um só turno, o sinal da superação histórica das categorias tradicionais do senso comum crítico da esquerda – já cooptadas pela correção política e pelos espetáculos inócuos do cotidiano – e a evidência de que as contradições que alimentaram a formação dessas categorias não foram historicamente superadas. Os fenômenos de que se trata nesse caso são os momentos em que as forças do monopólio produtor de coisas formidáveis voltam-se para os pobres com toda a aparência de, em vez de intimidá-los, querer presenteá-los compreensivamente, porém sem cair no esquema passado de reconciliação, visto que a dádiva arbitrária, dispensada a conta-gotas pelo sistema de produção luxuoso que poderia satisfazer todas as necessidades materiais, é simultânea à intimidação explícita.

Em certo sentido, isso caracteriza a cultura popular contemporânea como um todo, talvez mesmo na alvorada de sua industrialização, à qual estão ligadas, para nós, as imagens nostálgicas de Pelé jogando com a camisa amarela na TV em preto e branco ou o carnaval do Rio antes da construção do Sambódromo. É apenas em referência a esse universo, objetivamente extinto pela segregação econômica dos abadás e pelo discurso abertamente empresarial dos administradores dos times de futebol, que a expressão "cultura popular" guarda um sentido positivo para a mentalidade de esquerda. A colonização desses espaços por modalidades turísticas de empreendimento comercial é que determinou, desde o início, sua caracterização como "cultura". Assim como a cultura de esquerda das décadas de 1960 e 1970 era, para a maioria das pessoas que se entusiasmaram por ela, a forma como figuras completamente alijadas dos processos políticos podiam participar deles enquanto meros consumidores, também era consumindo de fora o verdadeiro samba (inclusive sob a forma de mercadoria) que uma bem-intencionada elite intelectualizada se aproximava, em imaginação, do povo pobre. Em um período mais ou menos recente, enquanto funcionou apenas nessa esfera de intercâmbio fundamentalmente comercial, a empreitada de uma formação cultural que se encarregasse de eliminar o fosso entre o povo e a esquerda foi tolerada, mas foi rapidamente massacrada quando, transbordando a imaginação estética, começou a servir de inspiração para a atuação política real, como observou Roberto Schwarz[43].

Os sobreviventes aturdidos desse massacre existem em um mundo em que a distância entre a cultura e o povo – a qual se havia tentado costurar, construindo uma cultura metropolitana, mas com conteúdo provindo do povo periférico, ou então com as formas do povo periférico e conteúdos importados[44] – é preenchida pela volumosa e repetitiva enxurrada de produtos que guardam certas semelhanças externas com suas origens distantes e estimulantes, mas cuja forma de produção e propagação (herdada com total sucesso da cultura metropolitana) deturpa-as completamente[45]. O povo, que na melhor das hipóteses teria sido um sujeito oprimido cuja expressão deveria ser estimulada e auxiliada culturalmente, passa a alvo de um processo automático de empanzinamento por uma cultura construída, planejada, calculada de cima.

É óbvio que o fundamental a respeito de tais produtos culturais é que eles devem ser consumíveis com lucro para quem os produz, ou não existiriam. O mesmo aparato tecnológico-administrativo que faz canetas, hambúrgueres, batedeiras, camisetas, frangos e carros ao menor preço possível e serve-os à massa à vista ou a prazo (cada vez mais a prazo) empanturra o povo com imagens volumosas

---

[43] Roberto Schwarz, "Cultura e política, 1964-69", em *O pai de família e outros estudos* (Rio de Janeiro, Paz e Terra, 1978).

[44] Ver os apêndices de Heloísa Buarque de Hollanda, *Impressões de viagem: CPC, vanguarda e desbunde – 1960/1970* (Rio de Janeiro, Rocco, 1992).

[45] Ocorre aqui algo que Guy Debord, beberrão inveterado, observa quanto a suas queridas cervejas: "A maioria dos vinhos, quase todos os álcoois e a totalidade das cervejas cuja lembrança evoquei perderam hoje em dia inteiramente seus sabores, primeiro no mercado mundial e depois localmente; devido aos progressos da indústria, e também ao movimento que conduz ao sumiço ou à reeducação econômica das classes sociais durante muito tempo independentes da grande produção industrial; e graças, por conseguinte, à aplicação dos diversos regulamentos estatais, que doravante proíbem quase tudo o que não for fabricado industrialmente. As garrafas, para continuarem sendo vendidas, fielmente conservaram os rótulos, assim expondo nessa exatidão a garantia de poderem ser fotografadas tais quais eram; mas não a de bebê-las" (Guy Debord, *Panegírico*, São Paulo, Conrad, 2002, p. 36).

e constantes que preenchem sua experiência em todos os seus recessos, de tal modo que o povo acaba tornando-se imagem delas – e elas, imagens do povo; com a ressalva de que a própria palavra "povo" só pode ser aplicada com certa adequação quando essa produção simbólica de uma população de espectadores vem complementar de vez a passividade material da alienação natural ao capitalismo e à democracia burguesa. Por um lado, está em jogo um alargamento de todos os tipos de consumo, acompanhado de formas flexibilizadas de inclusão econômica, num sistema em que a alienação dos meios de produção transforma o dinheiro em condição para a vida e, portanto, torna a exclusão impossível ou sinônima de destruição. Isso promove, já há décadas, uma mudança na qualidade da pobreza – mesmo da miséria absoluta, que se torna comparativamente mais hedionda. Por outro lado, tal mudança não fecha o caminho para um discurso sobre a privação material, visto que pelo menos metade da humanidade ou está faminta, ou tem problemas para conseguir alimentar-se. Isso quer dizer que, por baixo das montanhas de embalagens descartadas, o fosso continua aberto, dando um testemunho dos cernes ancestrais da violência econômica capitalista: a propriedade privada sobre os meios de produção e a divisão do trabalho. A cultura que outrora era privilégio dos ricos tornou-se uma espécie absurda de privilégio generalizado, de participação popular sublimada na abundância material. E o papel explicitamente central que isso que se chama de cultura vem desempenhando nos processos de inclusão econômica – sob a forma de uma indústria precarizada de artesanato, música regional, turismo, com tudo que isso traz a reboque, como o tráfico de drogas e a prostituição, sem falar no caráter cultural que se prega a *todas* as coisas por meio dos investimentos colossais em propaganda – ou à margem deles – como os "projetos culturais" que mantêm ocupadas as populações marginais, sem perspectiva nenhuma de inclusão econômica – demonstra que as imagens do povo pobre para o povo pobre constituem o povo pobre, porém "incluído" enquanto imagem. É essa função socioeconômica que se espera da cultura que, ao mesmo tempo que tenta costurar o fosso, fala abertamente dele, jogando os elementos da ideologia reconciliadora clássica contra a intimidação social.

Essa mescla de tendências pode ser encontrada sem dificuldades nos mais diversos elementos do comportamento cultural contemporâneo, mas parece ser gritante em aparatos ideológicos da estirpe do periódico *Meia Hora*, um desses tabloides de preço baixo pertencentes a editoras que publicam também jornais um pouco mais caros – nesse caso, *O Dia*. Para começar, a linguagem que o *Meia Hora* emprega é um testemunho claro da cisão social e do fato de que a sutura dessa cisão se dá como uma operação meramente cultural. Explorando seu nicho comercial característico, as manchetes do *Meia Hora* são redigidas numa linguagem informal, popularmente afiada pela lida constante com a precariedade e carregada de construções e sonoridades de uma vida de improviso. Na capa, as manchetes dizem respeito em geral a acontecimentos esportivos ou a eventos envolvendo crimes e ações policiais. As celebridades, em especial as femininas e com pouca roupa, formam, com o esporte e o crime, a tríade de assuntos priorizados pelo jornal. Uma manchete típica, portanto, soa mais ou menos assim: "Enfermeiro fazia limpa em velhinhos"[46]. Contudo, na reportagem em si está sempre presente uma tradução para a linguagem formal, na qual o eloquente colorido da linguagem informal é cuidadosamente eliminado: "Contratado para cuidar de idosos, ele abusava da confiança e furtava cartões". Outro exemplo típico (aliás, todos os exemplos, nesse caso, são típicos, já que são produzidos com cuidado para realizar um conceito comercial preciso): "PM quebra um em São Gonçalo"[47]. Em português oficial, conta-se que um "criminoso reagiu atirando à abordagem" e seus comparsas "arremessaram uma granada" contra os policiais, "mas o artefato não explodiu e teve de ser desativado pelo Esquadrão Antibomba da Polícia Civil". No meio da operação,

---

[46] *Meia Hora Online*, 6 maio 2011. Disponível em: <http://one.meiahora.com/noticias/enfermeiro-fazia-a-limpa-em-velhinhos_2885.html>; acesso em 28 mar. 2013.

[47] *Meia Hora*, Rio de Janeiro, ano 6, n. 1872, 22 nov. 2010, p. 7.

um "suspeito" foi morto (!). Os casos em que a linguagem real, informal, penetra no corpo da reportagem não são inexistentes, mas são muito raros. De qualquer maneira, mesmo quando essa penetração ocorre, fica bem demarcada a separação entre as duas formas de escrever – ou melhor, a separação entre a linguagem falada colocada sob forma escrita, na qual a eloquência expressiva da vida social aparece com ainda mais força, e a forma propriamente escrita.

Isso significa que a língua popular, que não tem dono e é produzida e empregada na rua, mesmo quando plasmada no artefato industrial que não é produzido na rua, embora seja consumido nela, permanece segregada: tem seus limites tão bem, e autoritariamente, delimitados, dentro da realidade social total, quanto a favela do morro Dona Marta, na Zona Sul do Rio, cercada de "ecolimites" – as muralhas de contenção de três metros de altura. O discurso produzido como mercadoria emprega a forma da expressão popular viva como etiqueta do produto vendido a preços populares. O processo total é, em sua lógica, semelhante ao da formalização como produto turístico do carnaval: o samba, separado das temáticas cotidianas que o alimentavam originariamente, envolto em temas típicos dos produtos da indústria midiática – inclusive temas que não têm nenhum enraizamento na experiência social brasileira ou apenas o têm na medida em que se transformaram em mercadorias de grande consumo e servem, portanto, para se comunicar com o turista internacional (Batman, Homem-Aranha, engenharia genética, viagem no tempo etc.) – e adornado com doses homeopáticas de pele negra especialmente selecionada, desfila dentro de um espaço delimitado, num tempo delimitado, seguindo regras rígidas, em fantasias que custam às vezes milhares de reais, de modo a movimentar milhões de dólares.

Mas isso é absolutamente óbvio. O abismo cruzado pela passagem da linguagem real para a formal, dentro da publicação, é evidente para qualquer um, sobretudo para quem fala a linguagem real. Seria dar muito pouco crédito à inteligência dos leitores aplicar sobre eles aquela versão mais simplória do conceito de ideologia, descrevendo-os como enganados, ludibriados, atraídos pela linguagem popular como um peixe pela isca processada no anzol ("contém carne de minhoca") e induzidos por ela a comprar um produto tão industrializado e pouco popular quanto todos os demais cuja produção é planejada em algum escritório. Ao mesmo tempo, é inadequado predicar aos fabricantes desse jornal de setenta centavos a intenção de, com sua mistura planejada de linguagem real e linguagem escrita, convencer o consumidor, por um lado, e uma (rarefeita) opinião pública bem-intencionada, por outro, de que ali, sim, é produzido algo para o povo e a partir do povo, ou seja, empregando sua forma de pensar e de se expressar (embora esteja fora de questão para qual setor econômico o jornal se destina). A segregação da linguagem popular é demasiado patente para que esteja em jogo um esforço de reconciliação desse tipo. É tão evidente, de fato, que o significado do artefato cultural que a exibe deve ser procurado justamente nessa segregação, na afirmação da separação entre os dois mundos, marcados pelas duas formas de usar a língua.

Vale observar que, se esses dois mundos estão *marcados* por duas formas diferentes e irreconciliadas de usar a língua, não são *determinados* por elas, já que o que está em jogo não são apenas tipos diferentes de discurso, mas universos sociais diferentes, separados e fixados socioeconomicamente. Momentos em que esses universos sociais entram em conflitos especialmente visíveis – de tal modo que a visibilidade precisa ser ecoada, sancionada e formatada pelo jornal em linguagem oficial – trazem à tona o sentido da convivência segregada das duas linguagens nesse produto da mídia industrializada.

Um tal momento é a série de eventos em torno das operações policial-militares na Vila Cruzeiro e no Complexo do Alemão, em novembro de 2010. O grosso dessas operações aconteceu nos dias 25 e 26 de novembro de 2010. Em 22 de novembro, a maioria das manchetes e das fotografias de capa do *Meia Hora* ainda era absolutamente usual: o Fluzão, a mulher sem uma perna que quer ser *miss*, mas também: "Monstro arranca cabeça de duas meninas. Desalmado largou os corpos e picou mula". Contudo, a primeira página da reportagem policial (a tradicional página 3) trazia a seguinte notícia: "Bonde do mal queima carros na Vermelha" ou, no português oficial do subtítulo, "Seis bandidos armados fecharam a pista sentido centro na altura de Vigário Geral"[48]. O evento inseria-se no contexto do que, segundo o jargão da época, era uma "campanha de terror", arquitetada por uma aliança entre várias "facções criminosas" em represália à implantação das UPPs e consistindo sobretudo na queima aleatória de veículos em vários pontos do Rio e Grande Rio, bem como em um ou outro ataque a cabines policiais. Em meio aos clamores por uma reação violenta do Estado, proferidos tanto pela própria mídia quanto por seus consumidores passivamente ativos de todas as tendências políticas, a mesma edição de 22 de novembro do *Meia Hora* continha duas reportagens que completavam o cenário com habilidade.

A primeira estava sob a manchete "Empreendedores no Alemão". Tratava-se da "primeira feira de empreendedores do Alemão", na qual foram "selecionados quinze planos de negócios de moradores da comunidade a serem implantados na região para fomentar negócios ousados, inovadores, sustentáveis e formais"[49]. O adjetivo "formal" fala de duas coisas: em primeiro lugar, é claro, dos mais de 50% da população economicamente ativa do Brasil que vivem na agonia e na incerteza da economia informal[50]; em segundo lugar, numa loquaz coincidência, do formato da língua que o leitor encontra no bojo do jornal, depois de passar os olhos pelas manchetes escritas no idioma real que ele usa, e que, embora saiba ler, às vezes pode ter dificuldades de produzir ou reproduzir. E isso nos leva à segunda reportagem, logo na página seguinte: "UPP social forma em uma semana". Nas "comunidades pacificadas da Tijuca – Salgueiro, Borel, Turano e Andaraí" – é oferecida aos moradores a "oportunidade de participar de cursos profissionalizantes gratuitos", o que inclui "aprender a se portar em entrevistas de emprego". A fórmula é de uma brutalidade hor-

---

[48] Ibidem, p. 3.

[49] Ibidem, p. 11.

[50] Segundo estatísticas do IBGE, que, no entanto, estão embasadas unicamente nas zonas urbanas, de modo que a situação deve ser muito pior. Disponível em: <http://www1.folha.uol.com.br/mercado/866681-ibge-destaca-formalizacao-do-mercado-de-trabalho-brasileiro.shtml>; acesso em 28 mar. 2013.

rorosa, mas aparece naturalmente na página barata, encaixa-se de maneira indelével no resto do texto, nosso ouvido está predisposto a ouvi-la. As palavras empregadas pelo jornalista carregam a sentença com uma condescendência truculenta, colocando o aprendiz no lugar de uma criança criada por lobos, incivilizada, que vai aprender a sentar direito, a não dizer "menas" e a não tirar meleca enquanto escuta os grunhidos de seu futuro capataz. Mas a solícita espontaneidade da truculência fixa a distância e o conteúdo dos dois universos sociais, soldados pela "pacificação". O conteúdo real dessa paz nos é lembrado sem nenhuma vergonha por um desprezível apresentador de TV durante um show no qual há um daqueles quadros em que sujeitos de "baixa renda" são humilhados até as lágrimas a fim de conseguir dinheiro para comprar uma folha de amianto ou uma carrocinha de vender churros. Sorridente, de calça jeans e uma camiseta branca em que se lê "*War is over*" ("A guerra acabou"), esse apresentador publicou na internet uma foto em que posa entre soldados do Exército que seguram seus fuzis com o profissionalismo representado de um *marine* norte-americano – mas alguns, de óculos escuros, mostram que seu modelo são os gorilas brasileiros mesmo. Não satisfeito, o tal apresentador ainda deixa registrado: "Muito bom ver que o Exército continua aqui. E que a paz impera"[51]. Sua camiseta poderia ter sido importada diretamente de *1984*, de Orwell, pois o que ela diz, na verdade, é "*War is peace*" ("A guerra é a paz"). A paz é manter sob controle armado a população que o capital já considera sobrante; é tornar expedientes cotidianos os autos de resistência e a ocupação militar – recursos desde sempre disponíveis para o Estado democrático de direito, porém agora descaradamente necessários; é fazer proliferar as periferias, reconhecê-las como tal e cercá-las da maneira mais violenta e menos custosa possível.

Ora, o habitante da "comunidade pacificada" sabe perfeitamente

---

[51] *Folha de S.Paulo*, "Luciano Huck visita Complexo do Alemão e publica foto no Twitter; veja", 4 abr. 2011. Disponível em: <http://www1.folha.uol.com.br/ilustrada/898002-luciano-huck-visita-complexo-do-alemao-e-publica-foto-no-twitter-veja.shtml>; acesso em 28 mar. 2013.

que a paz é isso. Para aplacar os intelectuais podemos dizer que, talvez, ordinariamente, aquele habitante não realize a reflexão de que, no capitalismo contemporâneo, com suas cisões sociais constitutivas, nenhuma outra paz é possível; em vez disso, pode ser que emita, em coro com a classe média, o juízo de que "isso aqui não tem jeito, não". De qualquer modo, o jornal *Meia Hora* é para ele, assim como é para ele o curso que ensina a "se portar na entrevista de emprego". E tanto o jornal quanto o curso da "UPP Social" dizem que, por meio da violência social e/ou psíquica, é possível cruzar de um mundo para o outro, transitar entre os dois *habitats*, passar da margem para a sociedade propriamente dita, com a mesma facilidade e com os mesmos recursos (linguísticos e culturais) de que o jornal dispõe para fazer conviver "pacificamente", no interior da forma mercadoria, a língua oficial e a real. Entre esses recursos está até um "glossário" que explica algumas das palavras usadas nas reportagens em cada edição.

Talvez o que esses aparatos ideológicos dizem seja sua ideologia. Contudo, dado o contexto de brutalidade explícita, não podemos dizer que essa ideologia é mentirosa. Por um lado, a verdade é que o desemprego não é uma questão de educação; nada que o sujeito possa aprender com o curso da UPP Social vai mudar o fato de que o capitalismo precisa de cada vez menos mão de obra e os empregos formais são apenas justificativas sazonais para produzir condições de endividamento nas classes baixas – expandindo também para elas a forma usual de consumo na contemporaneidade –, seguidos de períodos de recordes de demissões. Por outro lado, a opção ao curso que ensina a se portar bem é muito clara: a pobreza criminalizada. A propaganda televisiva que, no Estado do Rio de Janeiro, mostrava o professor, o gari e o médico subindo a favela num Land Rover da Polícia Militar deixa as coisas muito claras, a taxa de embuste é zero: o sujeito é realmente levado, na ponta do fuzil, a frequentar o cursinho e a conjugar os plurais fúteis e obsoletos. Assim, sobre essa ideologia, é preciso dizer que a questão não é se os pobres acreditam nela ou não: ela é algo que os pobres precisam repetir até que o poder que os ameaça acredite que eles entenderam. E por isso o leitor do *Meia Hora* ou está do lado dos que querem mostrar que sabem imitar o português oficial, ou está do lado dos que desistiram de fazê-lo, isto é, os perseguidos pela polícia, que, em vez de nomes como Diego Raimundo da Silva dos Santos, Luiz Carlos Nesse José ou Wanderson da Silva Brito, já adotaram nomes que realmente dizem alguma coisa, como Di Vidro, Mister M, Paquito e Robocop.

Tanto o Di Vidro quanto o José da Silva sabem que, no capitalismo contemporâneo, todo mundo está sob ameaça constante. A violência econômica – o desemprego crônico, a pauperização, a prisão existencial da exclusão que não pode excluir totalmente (porque mesmo o "excluído" precisa se relacionar com a produção de mercadorias, que já se espraiou até os proverbiais corais da Austrália) – é complementada por uma violência extraeconômica que conta, de um lado, com a bomba atômica, ou a capacidade de exterminar povos inteiros em alguns minutos, e, de outro, com a capacidade de eliminar qualquer indivíduo particular em qualquer lugar específico no planeta, como demonstraram recentemente a "inteligência" e o "serviço de operações especiais" dos Estados Unidos em operação em território estrangeiro, sem autorização ou aviso oficial, para assassinar Osama bin Laden, à qual vem se seguindo uma série já cotidiana de ataques semelhantes, inclusive contra cidadãos norte-americanos.

A ação conjunta das Forças Armadas e das polícias do Estado do Rio de Janeiro está em algum lugar entre as duas coisas: elimina algumas dúzias de cada vez, de forma um pouco aleatória e um pouco escolhida. É evidente que, para realizar sua função real – amedrontar uma população sobrante que só pode ser utilizada na acumulação de capital de modo acidental e, portanto, pode vir a tomar uma decisão consciente e esclarecida pelo crime ou até, quem sabe, algo pior –, essa ação especial, como aquelas menos especiais que ela, precisa fazer vítimas dos dois tipos. É por razão semelhante que, já há muito tempo, nas operações mais propriamente chamadas de guerra – em que um Estado invade o território de outro Estado, por exemplo – a maioria das vítimas é de civis. Quanto mais brutal a ação, mais o governador, o presidente, o secretário de Segurança e o soldado na rua expressam sua satisfação e aprovação. E o povo faz a mesma coisa, mas no ativismo passivo de alguém que se dá ao trabalho de escrever uma "mensagem de agradecimento para as forças do bem"[52] e enviá-la ao jornal, comemorando a invasão, o tiroteio, os autos de resistência. Nesse estranho e bem-comportado engajamento é preciso haver um componente fundamental de "identificação com o agressor", consequência mecânica do medo de morrer: a vontade de afirmar seu lugar precário junto dos demais sobreviventes do último ataque e, de quebra, do lado dos atacantes. E tal vontade deve ser oriunda do cálculo consciente, motivada pelo "princípio de realidade". No contexto histórico-social, a sensação constante de perigo de vida não corresponde a uma forma de paranoia, mas a um *insight* acurado na lógica social real. Afinal, todos os espaços da interação social estão marcados por tamanha distância entre a produção e o consumo dos bens que a medeiam que a experiência da alienação, outrora velada pelos recursos da tal ideologia reconciliadora, hoje em dia está no sangue – mas, como se isso não bastasse, aqueles que detêm o poder não economizam esforços para demonstrar que o detêm.

Reportagens detalhadas da CNN mostram todos os recursos de inteligência mobilizados para assassinar o "terrorista mais procurado do mundo" no que é exibido como uma casa modesta, num fim de mundo asiático, enquanto a Rede Globo e o *Meia Hora* também exibem com ostentação o "cérebro da guerra"[53], isto é, as salas de inteligência usadas pelo Estado do Rio de Janeiro para coordenar informações ou interligar "em tempo real" os "soldados" com seus gestores. Obviamente – como, aliás, a literatura e o cinema já exploraram em abundância –, o significado da existência dessa burocracia informacional tecnológica não é apenas que os "bandidos" podem ser pegos onde quer que estejam, mas que, uma vez que as "provas" que vêm a público para configurar formalmente os bandidos são produzidas por processos secretos, qualquer um pode se tornar bandido: o público só será chamado a contemplar a exposição em jargão técnico do resultado do processo investigativo que, por causa da existência do apara-

---

[52] *Meia Hora*, ano 6, n. 1880, 30 nov. 2010, p. 13.
[53] Ibidem, p. 6.

to técnico, não precisa acontecer. As luzes da ribalta estão sobre os "bastidores do poder", e os "porões da ditadura" viraram sótãos bem visíveis, como o escritório do MI6, serviço britânico de espionagem: situa-se num andar alto, com enormes janelas e uma vista excelente de Londres. Contudo, como o Exército Republicano Irlandês (IRA) bem descobriu em 20 de setembro de 2000, o que torna isso possível é o fato de que as vidraças são à prova de mísseis.

Se tudo isso significa que se erguer contra o estado de coisas nunca foi tão difícil e arriscado, também quer dizer que é impossível aderir ao discurso produzido pelos aparatos do poder potencialmente assassino com convicção subjetiva e paixão, como ocorria com o que outrora se chamava ideologia. A adesão, que não obstante ocorre, tem antes, como sugerido acima, um caráter de malandragem prática – a senha que o sobrevivente coberto de curativos avermelhados deve repetir para mostrar que aprendeu a lição – a qual, contudo, está inculcada naquele nível próximo ao do instintivo, em que se enraízam as fobias, os sintomas neuróticos e os recalques. Ao contrário da inclinação e da afinidade, o que alimenta esse enraizamento é o desespero. A censura psíquica, como nos casos de "ansiedade real", rejeita, para o bem da sobrevivência, os impulsos subjetivos que entram em conflito com o real que está dado, seja para criticá-lo, seja para pensar contra ele, e o resultado é uma espécie de hábito de imanência. O "crime comum" está em harmonia com esse hábito: em vez de constituir uma transgressão, é a reafirmação dos princípios de pilhagem que sempre regeram a acumulação capitalista oficial em suas indispensáveis zonas de acumulação primitiva perpétua, as periferias mundiais; é a resposta espelhada da segregação econômica necessitada por essa acumulação; e seus objetivos, é claro, são os mesmos do trabalho assalariado: adquirir mercadorias, embora por um tipo menos alienado de empreendedorismo dos pobres. Evidentemente, é assim também que os dois mundos que a esquerda ia reconciliar por meio de sua atuação subversiva, atraídos pelo magnetismo da mediação universal do dinheiro, superpõem-se na base da porrada. Ocorre, com o desafio à lei, algo paralelo ao que ocorreu com o movimento sindical.

É evidente também que essa imanência total, essa inclusão completa que inclui o incluído e o excluído, não é uma sacada teórica sofisticada. O *Meia Hora* dá testemunho dela sem pudor, usando, com tranquilidade comercial, todos os recursos da imprensa contemporânea. O espaço das páginas é ocupado de forma inteligente, planejado com cuidado e seguramente executado em caros computadores com *softwares* de edição sofisticados. As cores e a tipologia são organizadas de modo a dar à coisa toda a aparência que se espera da mercadoria completa. E, no entanto, a manchete diz: "Tiro come solto na Penha"[54]. É que se, de um lado, o excluído é incluído por meio do glossário de termos difíceis e do adestramento para a seleção profissional, de outro, a precariedade do espaço social onde o excluído será incluído é patente. Desde sempre, o máximo que ele pode se tornar é mão de obra barata: o que ele tem a oferecer ao capital é a "ruína" do capital que ele carrega em si mesmo, que o tornou supérfluo, por isso muito barato e, portanto, economicamente aproveitável. Essa copenetração entre o oficial e o precário, estampada nas páginas do *Meia Hora*, vivida na carne pelo sujeito periférico e praticada em todo o mundo pelo capitalismo em crise, também determina a ação do aparato repressivo do Estado.

A crença num Estado democrático de direito formalmente correto, que executa suas funções repressivas de modo vacilante e com luvas higiênicas, é expressa com rocambolesca austeridade kantiana nas mercadorias intelectuais produzidas por figuras da estirpe de Jürgen Habermas, mas é evidente que mesmo essas figuras só creem na sua crença na medida em que precisam expressá-la; também para eles a paz é a guerra, a democracia ocidental é a intervenção militar com finalidade explicitamente econômica, a liberdade é a manutenção estatal da sociedade de mercado etc.[55] Quando os secretários de Segurança falam de cidadania, quando o governador se emociona, agradecido, e o prefeito diz que o Rio voltou a ser a Cidade Maravilhosa, depois do banho de sangue, com cadáveres ainda nas ruas cobertos de plásti-

---

[54] *Meia Hora*, ano 6, n. 1875, 25 nov. 2010, p. 7.
[55] Ver Paulo Arantes, *Extinção* (São Paulo, Boitempo, 2007), p. 31-2.

co preto e o Exército percorrendo as favelas de fuzil e imitando a cara feia dos atores norte-americanos[56], a copenetração entre o oficial e o precário continua estampada no rosto por desmazelo, mas também por cálculo, dada a utilidade da brutalidade na manutenção desse tipo de ordem. E, quando a classe média aplaude as ações, não aplaude a vitória da lei e dos direitos universais, com a modalidade clássica de hipocrisia da sociedade burguesa, mas a justiça de classe feita a bala em defesa de seus interesses particulares, como mostra uma rápida visita aos comentários dos leitores do site d'*O Globo*. Por um lado, talvez seja verdade que os "abusos" dos policiais sejam combatidos; por outro, esses abusos não só são instrumentais na "luta e prevenção do crime", esfregando na cara dos indivíduos periféricos sua periferia, mas constituem a forma de funcionamento possível do aparato repressivo em sua atual configuração e contexto socioeconômico. Conforme "revelou" – como diz a mídia – uma série de investigações ligadas à chamada Operação Guilhotina durante as ações na Vila Cruzeiro e no Complexo do Alemão, paralelamente ao sofisticado e tecnológico aparato de "inteligência" funcionava um esquema nas polícias do Estado do Rio de Janeiro. Nesse esquema, os policiais que conheciam a localização dos esconderijos e dos pontos de venda de drogas nas "comunidades" organizavam-se em "quadrilhas" e forneciam informações a seus comandos, em troca de carta-branca para pilhar as favelas – que eram divididas meticulosamente em termos de territórios pertencentes a essas quadrilhas. Um dos chefes de tais quadrilhas era o famoso Trovão, também conhecido como Leonardo da Silva Torres, inspetor da Polícia Civil, há anos estrela das capas das revistas *Veja* e *Época* e objeto de várias matérias jornalísticas, conhecido por seu uniforme de *mariner* norte-americano e pelo hábito de fumar charutos de luxo depois das operações militares. A pilhagem de guetos era uma prática normal das tropas nazistas durante a Segunda Guerra Mundial: os soldados colecionavam dentes de ouro sacados de suas vítimas; no Rio de Janeiro, essa pilhagem será punida, sobretudo porque, conforme "revelaram" as investigações, Trovão traiu da maneira mais hor-

---

[56] *Meia Hora*, ano 6, n. 1879, 29 nov. 2010, p. 8.

rível a confiança do público, pois pilhava não apenas televisores, móveis e dinheiro vivo das "comunidades", mas também armamentos, que depois eram revendidos aos traficantes[57]. A ênfase nesse aspecto dominou a apreensão da mídia, e não à toa: enquanto Trovão apenas fumava charutos caros, demonstrando prazer em matar gente, e posava fantasiado de força de ocupação ianque, estava tudo bem. A mídia não esconde a aceitação oficial da brutalidade do aparato repressivo. A guerra é paz; a justiça de classe é a justiça universal[58].

Essa lógica social tenebrosa também encontra expressão loquaz nas bem diagramadas páginas do *Meia Hora*, no emprego planejado da linguagem, que o popular paga para ver, manifestando um comportamento semelhante ao da psique que, atormentada por algum horror, repete-o em pesadelo sem parar, em vez de esquecer-se dele – o comportamento que acabou obrigando Freud a formular sua sinistra e complicada teoria da pulsão de morte. A intimidade alienada entre essas expressões e aquele que a consome também não é muito diferente daquela entre o sonho mau e o sonhador: este está engajado, embora passivamente, na produção daquele. A lingua-

---

[57] Um exemplo da recepção midiática do caso pode ser encontrado em: <http://oglobo.globo.com/rio/mat/2011/02/11/operacao-guilhotina-dos-charutos-cubanos-revenda-de-armas-apreendidas-para-trafico-923786117.asp>; acesso em 28 mar. 2013.

[58] Isso aparece claramente nos filmes recentes de super-heróis (*Homem-Aranha, Hulk, Homem de Ferro, X-Men*), em que o vilão e o bandido são parecidíssimos, têm os mesmos poderes etc., distinguindo-se muitas vezes apenas por detalhes na roupa e pelo fato de que, no fim, o vilão é aquele que perde e o herói é aquele que vence. Está claramente ilustrado que o mal e o bem, a destruição e a conservação da sociedade são idênticos, usam os mesmos meios, as mesmas ferramentas, e os roteiristas nem sequer se esforçam para mostrar diferenças de discurso entre os heróis e os vilões (ao contrário, o que está na moda é enfatizar a semelhança do discurso). Nisso, a ideologia dos filmes norte-americanos é absolutamente esclarecedora. Até o fato de que os mais bonitos e poderosos vencem é verdade – parte da realidade elitista do capitalismo –, embora seja mentira que vençam sempre e inevitavelmente. Siegfried Kracauer chamou a atenção para o fato de que a união do herói e do bandido numa só figura foi fundamental no ambiente cultural anterior à resistível ascensão de Hitler; no nosso caso, trata-se apenas do pano de fundo para a manutenção aparentemente irresistível da democracia.

gem informal, surgida, em nosso caso, da vida do pobre em meio ao horror que mais tarde vai ser sonhado, presta-se muito bem à constituição do sonho. A experiência cotidiana da violência forma uma consciência à qual é servida depois a versão sancionada dessa experiência. No *Meia Hora*, o ápice desse movimento reflexivo são as colunas de opinião. Elas são de dois tipos. O primeiro consiste na expressão, em página inteira, de um sujeito que é pago para ter opinião. Ele é funcionário do jornal, mas também é gente. Seu texto consiste numa daquelas penetrações da linguagem real, informal, no espaço oficial. As interjeições, as construções animadas e até os palavrões são frequentes. O efeito disso é, obviamente, carregar de subjetividade explícita a opinião que o jornal profere o tempo inteiro com a linguagem universal da cultura burguesa formal, que é então desencantada de sua universalidade e mostrada em seu enraizamento particular – no caso, o reacionarismo, o denuncismo, os apelos a um Executivo forte, as reclamações contra "os políticos" ou "a política" em sentido amplo etc. A adesão perfeita das formas linguísticas populares às imprecações reacionárias testemunha a origem comum na violência cotidiana, e o perfil de consumidor que isso projeta e realiza mostra que o ponto de vista da classe dominante, particularizado, é recolocado como ponto de vista universal. Na medida em que se trata de mercadoria – de coisa comprada talvez com gosto mórbido, mas não produzida com convicção –, essa reuniversalização é ela mesma um espetáculo a que o povo assiste, que acontece à sua revelia e ao qual não se pede que ele se filie, mas apenas que troque por setenta centavos.

O segundo tipo de coluna é o da "Voz do povo", que completa o ritual. Nela, como mostra a fotografia central, pessoas como você e eu são acossadas na rua pela câmera e pelo gravador e intimidadas a responder perguntas para provar que são pessoas comuns. O sonho da casa própria é o mais reincidente, o desejo de paz é onipresente e as preocupações com a "educação" alternam-se com aquelas relativas à "segurança" – a cultura numa mão e o rifle na outra. Entretanto, nessa coluna, a linguagem informal é tabu: todas as respostas das pessoas comuns são traduzidas e aparecem na linguagem oficial incomum. Evidentemente, só se pode falar gíria, usar construções eloquentes e manifestar aquela sonora violência verbal produzida de modo espontâneo quando se tem autorização especial. Na boca do povo, a língua realmente popular – na qual a alienação capitalista é desafiada –, embora dentro dos limites do estético – já que os produtores da linguagem são também seus usuários e reinventores –, lembra a espontaneidade e a organicidade dos espaços onde, outrora, esperava-se que estivesse guardado o gérmen da transformação social. Nesses espaços, o termo "comunidade" não expressava apenas segregação econômica. Contudo, os laços sociais da vizinhança e da cultura, pelo menos por ora, foram quebrados pela rigidez do desenvolvimento econômico, pela financeirização e oficialização da economia informal, pela sobreprecarização da vida já precária, pela institucionalização televisiva, pentecostal e carismática da cultura e pela atomização individual. Com tudo isso, como expressou em entrevista uma ativista política e ex-moradora da Vila Cruzeiro, os movimentos sociais que mobilizavam a juventude foram substituídos pelas *lan houses*[59]. A familiaridade diferenciada entre vizinhos e a autenticidade da linguagem, embora mais ou menos persistentes, não resistem por si sós ao capital. E, no contexto da mercadoria jornalística cuidadosamente produzida, a linguagem dos pobres soaria a displicência safa, indiferença a regras, adaptação sábia, porém precária, e crime. É esse, de fato, o lugar dos pobres no capitalismo, a menos que estejam lutando contra ele. Assim, quem responde à entrevista para ser publicado na "Voz do povo", dando as respostas esperadas de modo a mostrar seu compromisso com a ordem social mantida à base de bala, ficaria constrangido com a associação de sua imagem a um "né", um "demorô", à glorificação da "poliçada" ou a um verbo conjugado no pretérito imperfeito, em vez de no futuro do pretérito; o risco seria que, sem o uniforme, o carimbo ou a diagramação, um José da Silva fosse tomado por um Robocop de Vidro. E, se isso é considerado um ris-

---

[59] Entrevista concedida por Luiza Rocha a Pedro Rocha de Oliveira, Felipe Brito e Marildo Menegat em 18 de julho de 2011.

co, não se deve a preocupações com a elegância, mas com a sobrevivência; afinal, sob a indústria cultural, os padrões estéticos já não mudam tanto assim, o José e o Paquito (para não falar do cabo Cruz) consomem mais ou menos as mesmas coisas, ou aspiram consumi-las, e, como mostra a decoração do esconderijo invadido pelo Bope, ouvem Justin Bieber[60]. Mas, sob a indústria cultural, não fazem nada disso por convicção: essas coisas só respondem ao desejo passivo de continuar existindo, e não à frustração e à falta material que precisam ser contidas pela polícia e pelo Exército.

---

[60] *Meia Hora*, ano 6, n. 1879, 29 nov. 2010, p. 9.

2
CONSIDERAÇÕES SOBRE A REGULAÇÃO ARMADA DE TERRITÓRIOS CARIOCAS

Felipe Brito

> Agradeci muito em nome da cidade o trabalho excepcional das forças da segurança pública que libertam um território. É um dia de muita alegria, é quase uma refundação do Rio de Janeiro.
>
> *Eduardo Paes, prefeito do Rio de Janeiro,*
> *28 de novembro de 2010*

Era dezembro de 2007 quando centenas de homens do Exército instalaram-se no morro da Providência para cumprir um "convênio" ou "acordo" entre os Ministérios da Defesa e das Cidades que visava oferecer "garantias" à execução de um projeto de reforma de casas denominado "Cimento Social", vinculado ao pastor e senador da República Marcelo Crivella (PRB-RJ). Pouca visibilidade obteve a situação, apesar de várias denúncias por parte dos moradores de violações de direitos fundamentais e de algumas iniciativas (minoritárias, mas importantes) de questionamento por parte de entidades políticas ou figuras públicas a respeito da constitucionalidade e do significado da inusitada participação do Exército. Na verdade, algum espanto e questionamento mais percucientes só foram suscitados depois que militares sequestraram, torturaram e entregaram (ou negociaram) três jovens a membros da facção que controla o comércio varejista de drogas ilícitas no morro da Mineira, rival do grupo que controla o mesmo comércio no morro da Providência. Segundo consta, o caso recebeu mais atenção apenas por motivo vicário, ligado à contenda entre os dois maiores impérios televisivos do país, a Globo e a Record. É notória a proximidade do senador Crivella com a segunda.

Tempos atrás (mas nem tanto assim), quando homens de farda verde-oliva saíam das casernas com armamentos pesados, aparecendo com mais frequência e quantidade pelas ruas da cidade, era sinal de que a ordem normativa do país estava no mínimo ameaçada. Hoje essa aparição contínua é veículo da reprodução da ordem normativa como tal e indica um entrelaçamento crescente entre os regimes democráticos vigentes, em especial na periferia do sistema capitalista, e a acumulação de violência. A democracia brasileira comporta tal acumulação, na medida em que engendra focos (com diâmetros cada vez maiores) de suspensão da ordem normativa, do estado de direito, em nome da preservação da própria ordem normativa, do próprio estado de direito.

Em dezembro de 2008, foi publicado o Decreto n. 6.703 (que aprovou a Estratégia Nacional de Defesa), ratificando "a participação [das Forças Armadas] em operações internas de Garantia da Lei e da Ordem, nos termos da Constituição Federal, e os atendimentos às requisições da Justiça Eleitoral". O Decreto deu mais espaço às Forças Armadas para exercer papel de polícia nas ruas das cidades brasileiras. Nesse mesmo período, incursões realizadas pela Polícia Militar na Cidade de Deus, bairro situado na Zona Oeste da cidade do Rio de Janeiro, além da truculência habitual, já sinalizavam algumas "especificidades": mediante decisão tomada pelo comando do 18º Batalhão, foram estabelecidos toque de recolher, restrição do uso e circulação de motocicletas, proibição de mototáxis etc. Medidas como o toque de recolher, sobretudo quando decididas no âmbito de um batalhão da Polícia Militar, deveriam ser tratadas como sinal inequívoco de uma suspensão da ordem normativa. Seria de esperar que a chamada sociedade civil esboçasse uma reação à altura dessa lesão institucional. No entanto, nada aconteceu. Raras vozes dissonantes desafinaram o "coro dos contentes" da grande mídia, que, além de não contestar, saudou com entusiasmo a iniciativa. De forma pouco sorrateira – ou talvez nem um pouco sorrateira –, a ordem normativa na Cidade de Deus foi suspensa e a defesa dessa mesma ordem foi conclamada.

Em 2009, uma propaganda televisiva que fez parte das comemorações dos duzentos anos da Polícia Militar do Estado do Rio de Janeiro estetizou essas vicejantes tendências. Consistia no seguinte:

um camburão da Polícia Militar, acelerado e estrepitoso, sobe a ruela de uma favela carioca e para; um sisudo policial sai e, como numa "quebra brechtiana" (!), abre a caçamba, de onde surgem médicos, professores, assistentes sociais etc. Nesse momento, começa a tocar uma idílica trilha sonora e um narrador diz: "Segurança, a porta de entrada da cidadania". Por um revestimento adequado, a "segurança", isto é, o aparato repressivo do Estado, não dá apenas sustentação à "cidadania", mas é antes responsável por seu "acionamento". Contudo, essa estetização não prescinde do viés ideológico, na medida em que a presença "social" do Estado nas periferias, requerida pela Constituição Federal de 1988, tem sido escassa.

Essa iniciativa preludiou a institucionalização de uma "gestão" policial dos territórios, conduzida pelas chamadas Unidades de Polícia Pacificadora (UPPs). Essa "gestão" condensa política de segurança pública (em perspectiva militarizada) e política de intervenção urbana. As UPPs consagram o paradigma da "segurança como porta de entrada da cidadania", conferindo não só sustentação, mas também e especialmente o acionamento da "cidadania". É a "polícia como agente de transformação social", como diz a entusiasmada proclamação do "comentarista de segurança" Rodrigo Pimentel (roteirista e fonte inspiradora para a criação do protagonista do filme mais assistido do cinema brasileiro, *Tropa de elite*), em seu enaltecimento contínuo do projeto de UPP. Entretanto, as UPPs veiculam não só um padrão de segurança pública, mas também uma proposta de intervenção urbana, em um contexto de crise urbana ou de crise de "planejamento urbano" (uma das determinações da crise estrutural do capital), no qual o "planejamento", na verdade, converteu-se em "planejamento" de uma "cidade--empresa" – uma cidade não apenas voltada para os grandes negócios empresariais, como também administrada propriamente como uma grande empresa. Nesse cenário, sobressai o papel dos megaeventos esportivos e culturais, sorvedouros sequiosos de recursos públicos e baluartes do *empresariamento urbano* em voga[1].

---

[1]   Em novembro de 2011, essa ávida sucção de recursos públicos já havia excedido em cerca de R$ 2 bilhões o orçamento original das obras da Copa do Mun-

O enaltecimento da regulação armada de territórios, espalhado em uníssono pela grande mídia, adquiriu contornos especiais durante a maior incursão das forças repressivas do Estado brasileiro em áreas urbanas favelizadas. Arquitetada e executada em novembro de 2010, numa ação conjunta entre as Forças Armadas e as polícias, incluindo a Força Nacional de Segurança Pública e a Polícia Rodoviária Federal, teve como palco, em especial, o Complexo do Alemão e a Vila Cruzeiro.

Na verdade, Complexo do Alemão, Vila Cruzeiro, Caixa D'Água, Grotão, Parque Proletário, Chatuba e Cascatinha, entre outros, entrelaçam-se por uma espécie de "conurbação" de favelas, incrustadas em morros e espraiadas também por terrenos planos, abrangendo cinco bairros do subúrbio carioca: Penha, Inhaúma, Bonsucesso, Ramos e Olaria. No tocante à formação específica do Complexo do Alemão, são consideradas doze comunidades: Alemão, Grota, Nova Brasília, Alvorada, Alto Florestal, Itararé, Baiana, Esperança, Joaquim Queiroz, Cruzeiro, Palmeiras e Adeus. A população estimada é de 400 mil pessoas, muito acima da apresentada pelo último censo do Instituto Brasileiro de Geografia e Estatística (IBGE) (69.143 pessoas), com um aumento de apenas 6,33%, em relação ao censo anterior. Em 9 de dezembro de 1993, o complexo de favelas do Alemão foi incluído no nebuloso conceito de "bairro" da cidade do Rio de Janeiro, por medida da própria prefeitura[2]. Dos

---

do de 2014. Ver Rafael Moraes Moura, "Poder público perde controle e obras da Copa já estão R$ 2 bilhões mais caras", *O Estado de S. Paulo*, 28 nov. 2012; disponível em: <http://www.estadao.com.br/noticias/nacional,poder-publico-perde-controle-e-obras-da-copa-ja-estao-r-2-bilhoes-mais-caras,803792,0.htm>; acesso em abr. 2013.

[2] Trata-se de um gesto institucional muito ilustrativo de nossos tempos ("pós-modernos"?) ou, na verdade, uma *performance*, uma representação, embalada pelo culturalismo balsâmico de nossa época. Aliás, em um ano (de agosto de 2010 a agosto de 2011), a cidade do Rio de Janeiro deixou de ter 438 favelas, transmutadas em "comunidades urbanizadas" por decreto municipal. Com isso, o Executivo municipal passou a considerar a existência de não mais do que 582 favelas no Rio de Janeiro (Mauricio Dias, "Realidade na ficção", *CartaCapital*, São Paulo, 29 jul. 2011; disponível em:

160 bairros da cidade, o Complexo do Alemão apresenta certamente um dos menores (se não o menor) Índice de Desenvolvimento Humano (IDH), espelhando variadas e intensas fraturas sociais. A carência e a precarização dos serviços de saúde e educação são ostensivas, e o mapeamento desse quadro de iniquidades sociais permanece lacunar, débil, fragmentário[3]. A rigor, dentro do complexo há apenas uma escola – o Ciep Theóphilo de Souza Pinto – e nenhuma creche[4]. Compõem a paisagem do entorno galpões abandonados, alguns dos quais ocupados pela expansão e diversificação do processo de favelização da cidade. Um dos amargos efeitos do monetarismo neoliberal dos anos 1990 foi a extinção de cerca de 20 mil postos de trabalho na região, em decorrência de uma forte desindustrialização na chamada zona da Leopoldina (composta dos bairros mencionados anteriormente e outros, como Cordovil, Manguinhos, Engenho da Rainha etc.).

Essa "conurbação" de favelas foi manchada de sangue inúmeras vezes. Por exemplo, ao longo mês de junho de 2007, no Complexo do Alemão, ao menos 125 pessoas foram atingidas pela violência

---

<http://www.cartacapital.com.br/politica/realidade-na-ficcao/>; acesso em abr. 2013).

[3] O relatório "Violação dos direitos educativos da comunidade do Complexo do Alemão (Rio de Janeiro)", elaborado em 2007 pela Relatoria Nacional para o Direito Humano à Educação, apresenta um IDH de 0,711 no Complexo do Alemão e uma expectativa de vida na comunidade de 64,8 anos (disponível em: <http://www.ineesite.org/uploads/files/resources/relatorio_alemao_Rio_de_Janeiro.pdf>; acesso em abr. 2013). Já Simony Oliveira e Liliana Vargas, em referência a dados registrados no site oficial da prefeitura do Rio de Janeiro, indicam IDH de 0,587 e expectativa de vida de 56, 72 anos ("Direito à saúde e saneamento básico na estratégia Saúde da Família no Complexo do Alemão", *Acta Scientiarum – Health Sciences*, v. 32, 2007).

[4] Os Centros Integrados de Educação Pública (Cieps) foram criados na primeira gestão de Leonel Brizola (1983-1987), por intermédio do I Programa Especial de Educação, fortemente influenciado pelo então secretário de Educação Darcy Ribeiro. Baseavam-se num projeto de educação de tempo integral: além das aulas, a escola proporcionava atividades esportivas, culturais, estudos dirigidos, atendimento médico e odontológico e refeições balanceadas. Atualmente, os Cieps não seguem o projeto original, ou seguem apenas parte dele.

estatal, das quais 44 foram assassinadas. Esse morticínio fez parte do contexto dos preparativos para a viabilização do Pan-Americano no mesmo ano. O secretário estadual de Segurança do Rio de Janeiro, reforçando o monstruoso "coro dos contentes", saudou com impressionante entusiasmo a incursão, executada por 1.200 policiais civis e militares e 150 agentes da Força Nacional de Segurança, inclusive o fatídico 27 de junho, cujo saldo mortífero chegou a 19 pessoas, todas com variados indícios de execução sumária[5].

Numa análise retrospectiva, podemos captar conexões íntimas entre os acontecimentos de 2007 e de 2010, a ponto de considerar o primeiro uma espécie de ensaio do segundo. De acordo com a reconstituição oficializada pela consonância entre a grande mídia e os governos federal, estadual e municipal, o evento emblemático de novembro de 2010 foi "a" resposta necessária (e não apenas uma resposta) à "onda" orquestrada de violência sob o comando dos "chefões" do "crime organizado" no Rio de Janeiro, quando ônibus, automóveis e vans foram queimados ou destruídos e estabelecimentos policiais – especialmente cabines ao longo de avenidas – foram alvo de tiros. Iniciada em 21 de novembro de 2010 (ou no

---

[5] No Rio de Janeiro, as execuções sumárias são qualificadas em geral como "autos de resistência". Com isso, adquirem assimilação institucional. A origem desse "dispositivo jurídico" remonta à Ordem de Serviço n. 803, de 2 de outubro de 1969, da Superintendência da Polícia Judiciária do antigo Estado da Guanabara. Tal ordem dispõe: "em caso de resistência [os policiais] poderão usar dos meios necessários para defender-se e/ou vencê-la" e "dispensa a lavratura do auto de prisão em flagrante ou a instauração de inquérito policial nesses casos" (citado em Marcelo Salles, "Máquina mortífera", *Caros Amigos*, out. 2009, p. 29). Quando uma ocorrência é registrada como "auto de resistência", o delegado tem trinta dias para efetuar as investigações e enviar suas conclusões ao Ministério Público Estadual. Na condição de titular da ação penal, o Ministério Público decide se devolve o material à delegacia (solicitando mais e melhores apurações), oferece denúncia contra o policial ou encaminha o processo com pedido de arquivamento ao juiz. Se o juiz não concordar com o pedido de arquivamento, a decisão final passa à Procuradoria-Geral de Justiça, cujo titular é indicado pelo governador. Diante da acintosa situação, o delegado da Polícia Civil do Rio de Janeiro, Orlando Zaccone, asseverou: "Quem mata é a polícia, mas quem enterra é o Judiciário" (citado em Marcelo Salles, "Máquina mortífera", cit.).

dia anterior, para algumas abordagens midiáticas), a tal "onda" não se restringiu à cidade do Rio de Janeiro, mas alcançou também Niterói, São Gonçalo, Nova Iguaçu, Mesquita, São João de Meriti, Cabo Frio e Macaé. Em 23 de novembro, todo o efetivo policial do Rio de Janeiro já estava de prontidão, a Polícia Federal e a Polícia Rodoviária Federal já haviam sido acionadas, bem como as Forças Armadas. Ao longo da semana, o efetivo empregado foi de 22 mil policiais e militares das Forças Armadas, o que representa quase o dobro do total de militares empregados na intervenção no Haiti (11.449 militares, de 31 países) e um quinto do contingente militar dos Estados Unidos mobilizado na invasão do Afeganistão[6]. Desde então, é importante não esquecer, Vila Cruzeiro e Complexo do Alemão encontram-se em situação de ocupação militar. Segundo consta, não houve decretação de estado de defesa, estado de sítio ou intervenção federal. Após um ano de ocupação, o número de militares empregados atingia a casa dos 1.860, e os gastos públicos envolvidos beiravam R$ 160 milhões[7].

Enquanto o desenho das operações se realizava, o acúmulo de danos e traumas (leia-se: cadáveres, ferimentos, fobias etc.) já se manifestava. Em 28 de novembro, considerado o "Dia D da vitória", foi celebrada uma cerimônia de hasteamento da bandeira nacional no alto de um dos morros, e o odor nauseabundo dos cadáveres abandonados impregnava as vielas, sobretudo as do topo da Vila Cruzeiro e do Complexo do Alemão, conforme constataram agentes públicos, militantes políticos e organizações da sociedade civil. Oficialmente, na operação de 24 de novembro na Vila Cruzeiro, houve onze feridos (entre os quais uma estudante uniformiza-

---

[6] Irineu Machado, "Efetivo da 'guerra ao tráfico' no Rio é o dobro da missão da ONU no Haiti e 20% das tropas dos EUA no Afeganistão", *BOL Notícias*, 26 nov. 2010. Disponível em: <http://noticias.uol.com.br/cotidiano/ultimas-noticias/2010/11/26/efetivo-da-guerra-ao-trafico-no-rio-e-o-dobro-da-missao-da-onu-no-haiti-e-um-20-das-tropas-dos-eua-no-afeganistao.htm>; acesso em abr. 2013.

[7] Waleska Borges, "Alemão: ocupação já custou até R$ 160 milhões", *O Globo*, Rio de Janeiro, 29 nov. 2011, p. 14.

da e dois idosos, um de 68 e outro de 81 anos) e quatro mortos (uma adolescente de 14 anos também trajando uniforme escolar, um idoso de 60 anos, uma mulher de 43 anos e um homem de 29 anos, que chegou morto ao hospital com claros sinais de execução). Completando a empedernida e sempre reinventada lista de atrocidades oficiais e oficiosas, despontaram os expedientes de tortura, extorsão, ocultação de cadáveres, furto e roubo de moradores e pequenos comerciantes etc. Na visita mencionada, observou-se o que veio a ser denunciado – inclusive por alguns veículos da grande imprensa – como uma sistemática e minuciosa "garimpagem" do espólio do tráfico, tratado como "butim de guerra" (dinheiro, joias, celulares, drogas, armamentos etc.), além de bens de moradores e pequenos comerciantes. O comandante da Polícia Militar do Rio de Janeiro declarou publicamente que a "ordem" era "vasculhar casa por casa", insinuando ainda que o morador que tentasse impedir a entrada dos policiais seria tratado como suspeito. É perceptível que, diante desse cenário, um "mandado de busca e apreensão" passa a ser um obstáculo ostensivo ou simples ninharia. Cabe frisar ainda que muitos relatos de moradores denunciaram a fuga beneficiada das principais lideranças do comércio varejista de drogas da Vila Cruzeiro e do Complexo do Alemão em viaturas da polícia.

O número exato de mortos e feridos durante as incursões iniciadas em 22 de novembro de 2010 continua uma incógnita. Enquanto a ênfase recaía na Vila Cruzeiro e no Complexo do Alemão, a pródiga coleção de autos de resistência prosseguia em outras favelas, como no Jacarezinho, onde nove pessoas morreram numa mesma noite. Contudo, autoridades públicas proeminentes insistem em classificar esses mórbidos acontecimentos como "efeitos colaterais" inevitáveis da "justa" luta do "bem" contra o "mal" que assola e rompe uma suposta "harmonia" intrínseca à sociedade[8]. O próprio go-

---

[8] Um ex-comandante do Batalhão de Operações Especiais (Bope), convertido a uma denominação religiosa evangélica, declarou em uma reportagem: "Vivemos uma luta do bem contra o mal. E o bem vai vencer. Eu me considero um soldado do Senhor. Acredito que só Jesus Cristo salva" ("Caveiras de Cristo unidos pela oração", *O Dia*, Rio de Janeiro, 4 nov. 2007).

vernador, ao pronunciar-se, manifestou esse brutal maniqueísmo, revelando inclinações autoritárias muito típicas entre os endinheirados cariocas e a chamada classe média, com perigosas ressonâncias em setores proletarizados.

A correlação imediata entre violência urbana no Rio de Janeiro e favela continua sendo fomentada pelo Estado, alardeada pela grande mídia (em conjunto com outros segmentos da indústria do entretenimento) e reverberada pela "sociedade civil". A favela é tratada como o *locus* do mal, e o favelado é identificado como um inimigo potencial, iminente ou mesmo posto. Os cantos e lemas das tropas de elite policiais exprimem essa tendência daninha. Como exemplo, podemos citar os seguintes: "O interrogatório é muito fácil de fazer: pega o favelado e dá porrada até doer. O interrogatório é muito fácil de acabar: pega o bandido e dá porrada até matar"; "Bandido favelado não se varre com vassoura, se varre com granada, com fuzil e metralhadora"; "Ó homem de preto, qual é sua missão? Entrar na favela e deixar corpo no chão"[9]; "A mãe dá à luz, a Rota apaga"[10].

A dramatização sensacionalista da violência cotidiana contra os pobres atingiu níveis (ainda mais) alarmantes quando a mídia, tal como nas invasões do Iraque e do Afeganistão, transmitiu ao vivo e *in loco* a "guerra" na Vila Cruzeiro e no Complexo do Alemão, assim como os preparativos das incursões e a entusiástica exibição do poderio bélico mobilizado pelo Estado, que descambou em uma aberta monumentalização e glamorização do potencial de violência estatal[11]. Mais do que violência exposta, a situação analisada envolve

---

[9] Batalhão de Operações Especiais (Bope) da Polícia Militar do Estado do Rio de Janeiro e Coordenadoria de Recursos Especiais (Core) da Polícia Civil do Estado do Rio de Janeiro.

[10] Lema oficioso das Rondas Ostensivas Tobias de Aguiar (Rota), referindo-se obviamente aos "bandidos" e "potenciais bandidos" que nascem nas periferias paulistas.

[11] É importante sublinhar que, beneficiando-se desse exibicionismo (e, de certo modo, complementando-o), encontra-se o rentável mercado de segurança privada, componente relevante do vasto arcabouço da "indústria do controle do crime" (Nils Christie, *A indústria do controle do crime*, Rio de Janeiro, Forense,

violência enaltecida. Destacaram-se nesse exibicionismo repressivo do Estado tipos variados de armamentos, munições, carros de combates, helicópteros etc. Segundo as divulgações oficiais (e as frenéticas imagens ao vivo), a "megaoperação" empregou diversos tipos de carros de combate da Marinha, utilizados pelo Corpo de Fuzileiros Navais[12]. Além dos fuzileiros, outra unidade de elite das Forças Armadas participou da operação: a Brigada de Infantaria Paraquedista do Exército Brasileiro, adestrada para "atuar com *rapidez* nas ações de defesa externa e de *garantia da lei e da ordem* em qualquer parte do território nacional e, eventualmente, em missões de paz"[13]. Dentre os carros de combate, podemos citar o M-113, de fabricação norte-americana, utilizado na guerra do Vietnã e ainda muito solicitado nas guerras em curso no Oriente Médio; o Mowag Piranha, de fabricação suíça, amplamente utilizado pela Minustah[14]; o CFN Anfíbio 7A1, também conhecido como Clanf (Carro Lagarta Anfíbio), de fabricação norte-americana, empregado em diversas incursões ao redor do mundo por sua ampla capacidade "anfíbia"; o SK 105 adaptado, fabricado na Áustria e modificado pela indústria militar brasileira; o Urutu, um blindado nacional muito usado pela Minustah. Além disso, a cobertura midiática destacou os helicópteros utilizados pela Aeronáutica, em especial o H-1H (usado na

---

1998), que comporta desde empresas privadas de "segurança patrimonial" até escritórios de arquitetura especializados em construir abrigos subterrâneos em mansões (que, como *bunkers*, servem de esconderijo), passando por blindagem de automóveis e outros.

[12] "Uma das suas tarefas [da Marinha] é a projeção de poder sobre terra. Para tanto, além do bombardeio naval e aeronaval da costa, poderá a Marinha valer-se dos fuzileiros navais para, a partir de operações de desembarque, controlar parcela do litoral que seja de interesse naval. Essas operações, comumente conhecidas como Operações Anfíbias, são consideradas por muitos como sendo as de execução mais complexa dentre todas as operações militares" (site oficial da Marinha do Brasil; disponível em: <https://www.mar.mil.br/cgcfn/cfn/>; acesso em abr. 2013).

[13] Site oficial da Brigada de Infantaria Paraquedista. Disponível em: <http://www.bdainfpqdt.eb.mil.br/missao.php>; acesso em 15 jan. 2012.

[14] Mission des Nations Unies pour la Stabilisation en Haïti (Missão das Nações Unidas para a Estabilização no Haiti), cujo comando é brasileiro.

Guerra do Vietnã) e o H-34 Super-Puma. Todo esse cortejo bélico serviu para fortalecer o arsenal das polícias civil e militar do Rio de Janeiro, composto de fuzis 7.62, 5.56 e M-16, pistolas 380 e 9 milímetros, do Caveirão e do Caveirão aéreo (helicóptero de 3,5 toneladas, com 240 quilos de blindagem capaz de suportar tiros de calibre 30 e com capacidade para 15 tripulantes), entre outros. Do lado do comércio de drogas ilícitas, foram encontrados fuzis AR-15 e 7.62, uma bazuca AT-4, utilizada pelo Exército dos Estados Unidos na Guerra do Iraque, uma submetralhadora 9 milímetros de origem italiana, granadas, bombas caseiras, pistolas 9 milímetros, revólveres calibre 38 etc.

O exibicionismo do Estado insere-se num contexto histórico confuso e viscoso, abundante em oscilações, deslizes e derretimentos semânticos, que não servem exatamente para escamotear (embora haja certo escamoteamento), mas para "florear" ou "estilizar" o horror social[15]. O Estado reatualiza sua autoproclamação (ideológica) de guardião da "universalidade", do "bem comum" e do "interesse geral", e a grande mídia, juntamente com outros setores da indústria do entretenimento, reverberam-na com seus poderosos meios tecnológicos e performáticos operadores, sequiosos de números, cifras e estatísticas do horror. Mas os que efetivamente acreditam nos clássicos epítetos do Estado democrático de direito são muito poucos na imensidão de pessoas que apenas se comportam como se acreditassem neles. Nos tempos atuais é o que basta, já que a adesão contemporânea dispensa a mediação do convencimento.

---

[15] Nesse sentido, o sanguinário Caveirão, veículo blindado do Bope, todo negro e com uma caveira prateada estampada na lateral, símbolo também presente em helicópteros e tratores – aliás, estes últimos são conhecidos como "*transformers*" –, é denominado "veículo pacificador urbano". Os "policiais mediadores de conflito", valendo-se do poder subjacente das armas, têm licença institucional para judiciar e até mesmo legislar nos territórios "pacificados". O *big business* apresenta-se ao mundo com "responsabilidade social e ambiental", e as reformas neoliberais são enaltecidas por seu caráter eminentemente "progressista" e "modernizante", executadas por partidos de esquerda em várias partes do mundo. Por outro lado, o partido que sustentou a ditadura civil-militar no Brasil entre 1964 e 1985 adota a designação "Democrata".

Assim, a violência, monumentalizada como fratura exposta, multiplica experiências sociais imbicadas para o sentido centrípeto da imantação a uma forma social arrastada pela crise estrutural do capitalismo. No que diz respeito ao Rio de Janeiro, a acumulação *seletiva* de cadáveres, envelopada pela figura institucional do "auto de resistência" e aclamada por boa parte do público carioca, coloca-se como uma de suas várias expressões. Entre 2000 e início de 2009, de acordo com o Instituto de Segurança Pública, houve 9.179 óbitos registrados como "autos de resistência" – o que equivale a 2,67 mortes por dia. A antropóloga Ana Paula Miranda foi exonerada do cargo de diretora do instituto, em fevereiro de 2008, após cruzar os dados referentes ao número dos mortos por autos de resistência com o número de presos em flagrante delito e constatar um aumento proporcional do primeiro em relação ao segundo. Durante o II Fórum Violência, Participação Popular e Direitos Humanos, realizado na Pontifícia Universidade Católica do Rio de Janeiro, Miranda declarou que "o governo não contabiliza os autos de resistência na soma final de homicídios dolosos" e "alguns casos que são claramente homicídios, como os corpos carbonizados encontrados, estão sendo registrados como encontro de cadáveres e ossadas"[16]. Abaixo reproduzimos dados da comparação realizada pela antropóloga[17]:

Tabela 1. Relação de presos em flagrante por cada pessoa morta pela polícia

Ano	2000	2001	2002	2003	2004	2005	2006	2007	2008
Relação de presos por cada morto	75,4	58,2	27,5	20,4	21,8	16,7	17,3	12,2	15,2

---

[16] "Rio 'fabricou' queda de homicídios, diz ex-diretora do ISP", *UOL Notícias*, 18 set. 2008. Disponível em: <http://noticias.uol.com.br/ultnot/agencia/2008/09/18/ult4469u30952.jhtm>; acesso em abr. 2013.

[17] Citado em Marcelo Salles, "Máquina mortífera", cit., p. 31.

Cabe registrar ainda que o número de mortos entre os operadores do aparato repressivo estatal também aumentou. No Rio de Janeiro em particular, a polícia é a que mais mata, mas também a que mais morre. Sem negligenciar esse dado, contudo, devemos sublinhar o elevado número de mortes ocorridas fora dos horários e locais de serviço, decorrente, ao menos em parte, dos diversos níveis de participação desses operadores em atividades ilícitas, como jogo do bicho, máfias de caça-níqueis e milícias. Conforme registrado por Ignácio Cano, em 2007, no Rio, 41 opositores foram mortos para cada policial vitimado em confronto[18].

Em relação a isso, é preciso atentar para o problema das milícias, fundamental para a análise e a exposição da atual acumulação de violência no Rio de Janeiro. Em 2007, o deputado estadual Marcelo Freixo (PSOL-RJ) requereu a instalação de uma Comissão Parlamentar de Inquérito (CPI) para tratar dessa questão. Depois de mais de um ano de "hibernação", alimentada pela maioria da Assembleia Legislativa, a CPI foi enfim instalada – sobretudo em virtude do sequestro de três jornalistas do jornal *O Dia* por milicianos da Zona Oeste, em maio de 2008. Os jornalistas foram torturados a socos, pontapés, choques elétricos, roleta-russa, sufocamento com saco plástico, entre outros. O relatório final da CPI, apresentado em 14 de dezembro de 2008, caracterizou as milícias como grupos armados que dominam territórios, liderados por agentes públicos da área de segurança e com ramificações políticas[19].

A milícia envolve sobretudo uma prática violenta de territorialização cujo intuito é explorar economicamente atividades que misturam, de maneira inextricável, licitude e ilicitude. No bojo de sua atuação, os meandros burocráticos do Estado e das organizações policiais e militares comunicam-se com os labirintos do crime, confun-

---

[18] Ignácio Cano, "Segurança a sangue e fogo", *O Globo*, 24 ago. 2007.
[19] Assembleia Legislativa do Estado do Rio de Janeiro (Alerj), "Relatório final da Comissão Parlamentar de Inquérito destinada a investigar a ação de milícias no âmbito do estado do Rio de Janeiro" (Rio de Janeiro, Alerj, 2008). Disponível em: <http://www.marcelofreixo.com.br/site/upload/relatoriofinalportugues.pdf>; acesso em abr. 2013.

dindo e até apagando as fronteiras entre um e outro[20]. É importante atentar para o fato de que, em outros estados da federação, já são perceptíveis alguns traços característicos da atuação miliciana do Rio de Janeiro, em áreas tanto urbanas quanto rurais[21].

Na longa lista de atividades econômicas milicianas, podemos destacar "serviços de segurança" a comerciantes e moradores, fornecimento de gás e televisão a cabo clandestina, água, transporte alternativo de kombis e vans, estacionamento e aluguel de quadras esportivas e campos de futebol. Também se constatou o envolvimento de milícias com venda e aluguel de imóveis e terrenos[22]. Alguns grupos milicianos deram um passo além e criaram uma espécie de comercialização de territórios – que abrangem comunidades inteiras – para viabilizar o varejo de drogas ilícitas: "Existem também registros de comunidades que foram 'vendidas' como uma fazenda de porteira fechada, com terreno, insumos, equipamentos e os animais, que são

---

[20] O pedido de indiciamento do relatório da Alerj englobou 226 pessoas, com maior ou menor inserção no aparato estatal.

[21] Ver Cássio Bruno, "Milícias se alastram cada vez mais pelo país", *O Globo*, 30 out. 2011.

[22] Num corredor que serve de passagem para a favela Belém-Belém, próximo do Estádio Olímpico João Havelange, no bairro do Engenho de Dentro, um grupo miliciano construiu casas que serão vendidas por, no mínimo, R$ 10 mil (Luiz Ernesto Magalhães, "Milícia negocia imóveis onde vai passar novo acesso ao Engenhão", *O Globo*, 4 out. 2011; disponível em: <http://oglobo.globo.com/rio/milicia-negocia-imoveis-onde-vai-passar-novo-acesso-ao-engenhao-2744097>; acesso em abr. 2013). A principal milícia da Zona Oeste organizou a invasão de mais de duzentos imóveis do programa Minha Casa Minha Vida, visando uma negociação paralela e a cobrança de "taxa de segurança" de compradores ou antigos moradores que foram autorizados pelos milicianos a permanecer em suas casas (Sérgio Ramalho, "Milicianos tomaram imóveis do Minha Casa Minha Vida e passaram a vendê-lo por até 40 mil", *O Globo*, 26 maio 2011; disponível em: <http://oglobo.globo.com/rio/mat/2011/05/25/milicianos-tomaram-imoveis-do-minha-casa-minha-vida-passaram-vende-los-por-ate-40-mil-924540462.asp>; acesso em abr. 2013). Ver também "Milícia teria invadido casas do programa Minha Casa Minha Vida, diz secretário de Habitação", *R7*, 14 abr. 2011; disponível em: <http://noticias.r7.com/rio-de-janeiro/noticias/milicia-teria-invadido-casas-do-programa-minha-casa-minha-vida-diz-secretario-de-habitacao-20110414.html>; acesso em abr. 2013.

assim considerados. A venda é feita para o tráfico ou para quem tenha interesse"[23].

A chamada Operação Guilhotina, conduzida pelo Ministério Público Estadual e pela Polícia Federal no Rio de Janeiro, em fevereiro de 2011, indicou vínculos estreitos entre algumas milícias e o varejo de drogas ilícitas. Ademais, por contar com indivíduos treinados em academias militares e com experiência do dia a dia do confronto com traficantes, as milícias têm atuado também como agências de mercenários, vendendo (e alugando) seus serviços para expulsar facções de tráfico de drogas de determinado território em benefício de facções rivais que desejam expandir ou retomar territórios. Uma reportagem sobre a operação atesta a complexidade das operações milicianas:

> Segundo a PF, os policiais [envolvidos] se dividiam em quatro organizações: duas atuavam no fornecimento de armas e munições a traficantes de drogas; uma terceira estaria ligada a atividades de milícias que atuam em comunidades do Rio e também fornecia armas e munições ao tráfico; e outra faria segurança privada de grupos criminosos. O Ministério Público Estadual, que instaurou inquérito para apurar a conduta de policiais, diz que a suspeita é que eles também se apropriavam de bens e valores confiscados em apreensões da polícia. [...] O objetivo da ação [...] é "dar fim à atuação de um grupo criminoso formado por policiais – civis e militares – e informantes envolvidos com o tráfico ilícito de drogas, armas e munições, com a segurança de pontos de jogos clandestinos (máquinas de caça-níqueis e jogo do bicho) e venda de informações sigilosas".[24]

O relatório da CPI demonstrou que em todos os territórios dominados há altíssimos índices de homicídios. Apesar disso, as milícias ainda mantêm prestígio entre setores da sociedade, agentes

---

[23] Alerj, "Relatório final da Comissão Parlamentar de Inquérito", cit., p. 44.
[24] "Policiais se dividiam em quatro operações no Rio, diz PF", *Folha de S.Paulo*, 11 fev. 2011. Disponível em: <http://www1.folha.uol.com.br/cotidiano/874119-policiais-se-dividiam-em-quatro-organizacoes-no-rio-diz-pf.shtml>; acesso em 15 jan. 2012. É importante registrar que, depois da execução "cinematográfica" do traficante Marcelinho Niterói, alvejado de um helicóptero por atiradores de elite da Polícia Civil, foram reveladas negociações entre ele próprio e as milícias. Ver Marcos Nunes, "Marcelinho Niterói articulava negociação com as milícias", *Extra*, Rio de Janeiro, 3 nov. 2011, p. 3.

públicos e representantes governamentais. Mas a aceitação entusiástica já foi pior. O escancaramento foi tamanho que o maior império televisivo do país colocou no ar, entre 1º de outubro de 2007 e 31 de maio de 2008, uma telenovela denominada *Duas caras*, cuja trama girava em torno da atuação de uma milícia "floreada". A ex-deputada federal Marina Maggessi (PPS-RJ), policial civil que, como chefe da Coordenadoria de Inteligência Policial (Cinpol), nunca investigou as milícias, foi convocada pela CPI citada e, em seu depoimento, acusou o Movimento dos Trabalhadores Rurais Sem Terra (MST) de envolvimento com o tráfico da Rocinha, alegando que essa suposta ligação a preocupava mais do que as milícias[25]. O ex-prefeito Cesar Maia (DEM-RJ) qualificou a milícia de "autodefesa comunitária", e o atual prefeito Eduardo Paes (PMDB-RJ) indicou como exemplo de polícia que funciona a "polícia mineira de Jacarepaguá"[26]. As milícias se proclamavam combatentes do narcotráfico e da "bandidagem" em geral, o que serviu como fonte intensa de mistificação e estimulou a conivência e a assimilação. Entretanto, o relatório da CPI revelou que 65% das áreas dominadas por milícia nunca tiveram varejo de drogas.

> Carentes de policiamento oficial e tomadas pelo tráfico, muitas comunidades, num primeiro momento, viram o surgimento das milícias como um benefício. A ilusão se desfez em pouco tempo. Para assegurar seu domínio sob o território, quando não há tráfico no local almejado e a população resiste, os milicianos passam a assaltar as casas e o comér-

---

[25] Ver Alerj, "Relatório final da Comissão Parlamentar de Inquérito", cit., e Luciana Lima , "Deputada não esclareceu tolerância com as milícias, diz presidente de CPI", *Agência Brasil*, 23 set. 2008. Disponível em: <http://agencia-brasil.jusbrasil.com.br/noticias/113406/deputada-nao-esclareceu-tolerancia-com-as-milicias-diz-presidente-de-cpi>; acesso em abr. 2013.

[26] Disponível em: <http://www.notaderodape.com.br/2010/10/lei-somos-nos.html>; acesso em abr. 2013. Antes de ganhar visibilidade midiática, as milícias eram comumente chamadas de "polícia mineira". A rigor, o termo "milícia" tornou-se uma espécie de eufemismo que, embora tenha a vantagem de remeter diretamente ao processo global de militarização, ofusca a presença de agentes públicos nessas organizações extraoficiais e escamoteia o nexo de continuidade e descontinuidade entre forças estatais e paraestatais.

cio. Os moradores e comerciantes, intimidados e acuados pela situação, passam a contribuir financeiramente com valores mensais estipulados pelos milicianos.[27]

Alimentando-se das prerrogativas nocivas da relação entre a crise urbana, a do Estado e a da sociedade do trabalho, as milícias expandem seu processo coercitivo de territorialização, ancoradas no poder das armas e na penetração da estrutura do Estado. Na época do lançamento do relatório da CPI, pelo menos 170 áreas do Estado do Rio de Janeiro eram dominadas por milícias. Atualmente, esse número ultrapassa 300. Com isso, as milícias intervêm em setores típicos de infraestrutura urbana, serviços públicos e habitação, conseguindo abocanhar cargos políticos e angariar votos para candidatos ligados direta ou indiretamente a seus interesses. Além do mais, as práticas de territorialização incluem a ordenação do espaço destinado às atividades do chamado comércio ambulante. Tais práticas moldam uma atuação militarizada e, de certo modo, paraestatal no espaço urbano, visto que ultrapassam os laços indissolúveis com o Estado.

O domínio territorial desses grupos revela uma fragmentação do espaço urbano metropolitano, vulnerável a uma "ordenação" coercitiva, a despeito de seus habitantes e, se preciso, contra eles. Decerto o processo de territorialização militarizada da milícia encontra situações favoráveis numa cidade em que a favela acabou sendo uma "solução" popular (e, muitas vezes, do próprio Estado) para o problema da moradia e da ausência secular de programas públicos de habitação e, mais especificamente, num contexto em que a expansão espacial no interior da cidade encontrou limites, empurrando a fronteira urbana para áreas cada vez mais longíquas, vinculadas à cidade por uma açodada conurbação.

No que tange à relação com o território e à atuação espacial, é importante ressaltar diferenças entre as facções de comércio varejista de drogas ilícitas e as milícias. As primeiras instrumentalizam e funcionalizam territórios para viabilizar a venda de drogas ilícitas, ou seja, tentam tirar proveito da geografia "labiríntica" de favelas e lotea-

---

[27] Alerj, "Relatório final da Comissão Parlamentar de Inquérito", cit., p. 123.

mentos irregulares para garantir essa arriscada atividade econômica. A penetração e a fixação do varejo de certas substâncias ilícitas em tais localidades devem-se basicamente à oferta abundante de força de trabalho e aos "meios de defesa" oferecidos pelo terreno. O grosso do mercado consumidor das drogas vendidas nessas áreas provém das camadas sociais médias e endinheiradas, mas houve um aumento do consumo interno de drogas mais baratas, feitas com sobras ou resíduos de outras drogas, como o crack e o oxi, ambos derivados da cocaína. As milícias, por sua vez, promovem uma territorialização propriamente dita, ou seja, a fundamentação espacial de suas práticas é mais estrutural: o controle territorial é tanto o domínio de uma área de atuação (e, por consequência, a delimitação contra grupos concorrentes) quanto seu sustentáculo político e econômico. Os serviços prestados e "impostos" pelos milicianos enraizam-se no domínio territorial, assim como a delimitação organizativa do grupo alavanca-se politicamente por meio da constituição de "currais eleitorais". A territorialização das práticas milicianas torna-se, portanto, tanto o meio quanto o fim, e essa peculiaridade é fortalecida pela decadência da infraestrutura dos bairros, pela ausência de serviços e equipamentos públicos em favelas ou comunidades pobres, pela seletividade da oferta de determinados serviços (internet, gás encanado, televisão a cabo etc.), além da crônica fragilidade habitacional.

Para avançarmos na exposição e análise da acumulação atual de violência no Rio de Janeiro, é indispensável tratar das UPPs. É ilustrativo que, em evento organizado pela Associação Comercial do Rio de Janeiro em outubro de 2011, o secretário de Segurança Pública José Mariano Beltrame tenha divulgado a estimativa de investimentos na segurança dos megaeventos (incluindo a Rio+20):

> São R$ 3 bilhões até 2016. Nisso está toda a estrutura que se precisa visando grandes eventos. É uma conta macro que envolve todos os tipos de investimentos, inclusive alguma coisa visando à UPP nesse pacote.[28]

---

[28] "Estado investirá R$ 3 bilhões em segurança de grandes eventos até 2016, diz Beltrame", *Jornal do Brasil*, Rio de Janeiro, 10 out. 2011. Disponível em: <http://www.jb.com.br/rio/noticias/2011/10/10/estado-investira-r-3-

Como se pode ver, o secretário não esconde o peso dos grandes eventos na definição da política de segurança pública estadual e sua ligação com as UPPs. Basta observar os mapas das UPPs para constatar a instauração de um "corredor de segurança" nas áreas diretamente envolvidas na realização dos Jogos Militares, da Copa das Confederações, da Copa do Mundo, dos Jogos Olímpicos etc.

Ricardo Rotenberg, secretário-executivo do Programa Nacional de Segurança Pública com Cidadania (Pronasci), declarou durante um debate no Fórum Urbano Mundial, em março de 2010, o objetivo de estabelecer um "cinturão de segurança" na Zona Sul, no Centro e em parte da Zona Norte para a Copa do Mundo de 2014 e para as Olimpíadas de 2016[29]. É por esse motivo que a investigação das UPPs exige a compreensão do atrelamento do "planejamento" urbano carioca à formatação e viabilização de um modelo empresarial de cidade que, além de direcioná-la para os grandes negócios empresariais, veicula-a a uma gestão empresarial propriamente dita. É nesse contexto que se destacam em especial os megaeventos esportivos e culturais como polos dinâmicos do empresariamento urbano. Um exemplo ilustrativo é a incumbência das UPPs instaladas em favelas do centro da cidade de garantir o projeto Porto Maravilha, que, pautado na privatização do espaço público e na venda dos Certificados de Potencial Adicional Construtivo (Cepacs) no mercado financeiro, promove a financeirização da cidade, aprofundando o processo de empresariamento urbano numa área onde cerca de 70% do solo é público[30]. A cidade empresariada e empresarial, especial-

---

bilhoes-em-seguranca-de-grandes-eventos-ate-2016-diz-beltrame/>; acesso em abr. 2013.

[29] Ana Claudia Costa e Luiz Ernesto Magalhães, "Prefeito desautoriza representante que divulgou cronograma de implantação de UPP", *Extra*, 25 mar. 2010. Disponível em: <http://extra.globo.com/noticias/rio/prefeito-desautoriza-representante-da-prefeitura-que-divulgou-cronograma-de-implantacao-das-upps-104947.html>; acesso em abr. 2013.

[30] "A partir de hoje, a gestão dos serviços públicos em parte da região portuária do Rio de Janeiro começará a ser feita pelo Consórcio Porto Novo (formado pelas empresas OAS, Odebrecht e Carioca Engenharia). Ao longo de quinze anos, o

mente dirigida aos megaeventos, tende a se converter em "cidade de exceção"[31], seguindo uma tendência global em que a "exceção" vira a própria "regra", e o "paralelo" vira o "oficial".

Em 2007, o Rio de Janeiro sediou os Jogos Pan-Americanos e, em 2011, os Jogos Mundiais Militares. Também sediará outros três megaeventos esportivos de âmbito internacional: a Copa das Confederações de Futebol em 2013, a Copa do Mundo de Futebol em 2014 e os Jogos Olímpicos de Verão em 2016. O modelo (empresarial) de cidade requerido por esse tipo de evento leva a amplas intervenções público-privadas e causa impactos socioespaciais profundos, como os despejos, que se revelam medidas significativas de "limpeza urbana" dentro de processos de "gentrificação" e/ou especulação imobiliária. Passados apenas três meses da escolha do Rio como sede dos Jogos Olímpicos, a prefeitura anunciou a intenção de remover 119 comunidades, ou seja, mais de 12 mil domicílios[32]. Mais de um terço dessas

---

consórcio receberá R$ 7,6 bilhões da prefeitura para o investimento em obras e para a realização de serviços como coleta de lixo, troca de iluminação e gestão do trânsito na região. Além disso, como parte da operação urbana Porto Maravilha – como é chamado o projeto de revitalização da zona portuária do Rio – a prefeitura realizou [...] o leilão dos Cepacs [...] da área. O Fundo de Investimento Imobiliário Porto Maravilha, da Caixa Econômica Federal, arrematou todos os títulos por R$ 3,5 bilhões. Cada um dos 6,4 milhões de Cepacs foi vendido por R$ 545. O curioso é que a maior parte dos terrenos que fazem parte da operação urbana Porto Maravilha, que ocupa uma área de 5 milhões de metros quadrados, são terras públicas, principalmente do governo federal, que foram 'vendidas' para a prefeitura do Rio, a partir de avaliações feitas por...? Pela própria Caixa, que, agora, através do fundo que ela mesma criou, com recursos do FGTS que ela administra, buscará vender os Cepacs no mercado imobiliário para construtoras interessadas em construir na região" (Raquel Rolnik, "Porto Maravilha: custos públicos, benefícios privados?", *Blog da Raquel Rolnik*, 13 jun. 2011; disponível em: <http://raquelrolnik.wordpress.com/2011/06/13/porto-maravilha-custos-publicos-e-beneficios-privados/>; acesso em abr. 2013).

[31] Carlos Vainer, "Cidade de exceção: reflexões a partir do Rio de Janeiro". Disponível em: <http://pfdc.pgr.mpf.gov.br/atuacao-e-conteudos-de-apoio/publicacoes/direito-a-moradia-adequada/artigos/cidade-de-excecao-carlos-vainer>; acesso em abr. 2013.

[32] Diana Brito, "Prefeitura anuncia remoção de 119 favelas em área de proteção até fim de 2012", *Folha de S.Paulo*, 8 jan. 2010. Disponível em: <http://www1.folha.uol.com.br/folha/cotidiano/ult95u676460.shtml>; acesso em abr. 2013.

comunidades localizam-se na Barra da Tijuca, no Recreio dos Bandeirantes e em Jacarepaguá, que concentrarão a maior parte dos equipamentos destinados aos jogos (além de corresponder à região de maior expansão da fronteira urbana, empurrada por forte especulação)[33].

As UPPs promovem, portanto, uma regulação armada de determinados territórios considerados estratégicos para a realização desse modelo empresarial de cidade, uma regulação que é impulsionada, em grande medida, pelos megaeventos. Com isso, elas aglutinam modalidades de intervenção urbana e segurança pública num contexto marcado pela conjugação de crise urbana e crise do Estado (duas determinações da crise estrutural do capital). Nessa perspectiva, reatualizam de maneira direta e indireta a vocação secular do Estado brasileiro para tratar a questão social como "caso de polícia" e compõem o volumoso aparato vigilante, coercitivo e repressivo (em parte, privatizado) que, articulado a políticas pontuais e fragmentárias de compensação social (à base de doses cavalares de "onguismo"), formam um quadro de "administração" da crise e da barbárie

---

[33] Entre as várias comunidades afetadas na região, a título de exemplo, podemos citar: Vila Autódromo, Arroio Pavuna, Restinga, Vila Harmonia, Vila Recreio, Rio Morto, Beira do Canal, Vila Taboinha, Canal do Cortado e Asa Branca. Na Zona Sul, podemos indicar a Matinha, localizada na Rocinha, o Horto, no Jardim Botânico, e a Estradinha, situada na Ladeira dos Tabajaras, em Botafogo. Na região próxima aos bairros do Maracanã, Cidade Nova, São Cristóvão e Benfica, as comunidades sob a mira das obras são sobretudo as do Metrô Mangueira, CCPL e Telégrafos e, no Engenho de Dentro, a comunidade Belém-Belém, localizada nas adjacências do Estádio Olímpico João Havelange. Outra fonte de despejo é a construção da Transcarioca, um corredor de *Bus Rapid Transit* (BRT) que ligará o Aeroporto Internacional Tom Jobim à Barra da Tijuca: conforme indica o Decreto Municipal n. 31.567, de 11 de dezembro de 2009, preveem-se 3.600 desapropriações, majoritariamente de residências populares, localizadas nos bairros de Jacarepaguá, Campinho, Madureira, Vaz Lobo, Penha, Vicente de Carvalho, Vila Kosmos, Praça Seca, Madureira, Cavalcanti, Cascadura e Vila da Penha. No Centro, o Porto Maravilha ameaça as comunidades da Providência, Conceição, Pinto, Pedra Lisa e Pedra do Sal, além de comunidades formadas por ocupações de imóveis ociosos, como a Quilombo das Guerreiras, na rua Francisco Bicalho (próxima à Rodoviária Novo Rio), e as ocupações das ruas do Livramento e Machado de Assis.

social resultante[34]. As pretensões de políticas sociais com caráter universalista, de integração social por meio de reformas estruturais garantidoras de direitos, naufragam com o crepúsculo desenvolvimentista, a despeito da promulgação e da vigência da Constituição "cidadã" de 1988. Nesse percurso de erosão, amplia-se uma tendência da política de afunilar-se em "política de segurança", não apenas pelo agigantamento do aparato estatal vigilante, coercitivo e repressivo, mas também pelo fato de que, em certa medida, outras áreas significativas da atuação do poder público são perpassadas pelo vetor de "segurança". Não é fortuito que o secretário municipal de Assistência Social do governo de Eduardo Paes tenha sido o responsável pela implementação da Operação Choque de Ordem na cidade[35]. E não é à toa que, na cidade de São Paulo, mais de 80% das subprefeituras são comandadas por oficiais da reserva da Polícia Militar, e também há presença policial na Secretaria de Transportes, na Defesa Civil, na Companhia de Engenharia de Tráfego, no Serviço Ambulatorial Municipal e até mesmo no Serviço Funerário[36].

As UPPs mostram um viés ideológico análogo à propaganda dos duzentos anos da Polícia Militar do Rio de Janeiro. A escassa presença "social" do Estado convive com a disseminação de um modelo de cidadania mediado pelo consumo, com o requentamento e o requintamento da ideologia (neo)liberal da "livre-iniciativa", do "livre-empreendedorismo", do "empresariamento de si mesmo". Exemplo disso é o que ocorreu na favela Dona Marta, no bairro de Botafogo, a primeira a receber uma UPP. Lá, sob os auspícios do "armamento pacificador", a Light acabou com os "gatos" e 98% das residências

---

[34] Sobre o conceito de barbárie, ver Marildo Menegat, *Depois do fim do mundo: a crise da modernidade e a barbárie* (Rio de Janeiro, Relume Dumará/Faperj, 2003) e *O olho da barbárie* (São Paulo, Expressão Popular, 2006).

[35] Rodrigo Bethlem, responsável pela implantação do Choque de Ordem, passou de secretário de Ordem Pública da gestão Eduardo Paes a secretário municipal de Assistência Social em novembro de 2010. Em maio de 2012, foi ainda "promovido" a a secretário municipal de Governo.

[36] Gabriela Moncau, "Kassab reforça estado policial em São Paulo", *Caros Amigos*, jul. 2011, p. 29-31.

foram ligadas à rede oficial de consumidores[37]. O curioso é que os comentaristas apologéticos exaltam a suposta dignidade de "poder" pagar a energia consumida quando, na verdade, o verbo mais adequado seria "dever": doravante os moradores do Dona Marta *devem* pagar à Light. Segmentos empresariais manifestam interesse em explorar o "mercado consumidor em potencial" espalhado pelas mais de mil favelas cariocas, objeto de pouca atenção por parte do circuito comercial de mercadorias e serviços[38].

Na mesma favela Dona Marta, o governo do estado abriu uma linha de microcrédito para "moradores empreendedores", "microempresários" locais. Essa linha de crédito é um programa da Investe Rio, uma agência ligada à Secretaria de Desenvolvimento Econômi-

---

[37] Fábio Vasconcellos, "UPPs abrem caminho para serviços em favelas", *O Globo*, 19 dez. 2010.

[38] "De acordo com André Urani, economista do Instituto de Estudos do Trabalho e Sociedade (Iets), a Light perde, pelo menos, US$ 200 milhões por ano em decorrência [do consumo de] energia clandestina nas favelas. [...] Enfatizando o potencial de mercado das favelas, Urani declarou: 'Imagine os ganhos em receita se a Light conseguisse transformar os um milhão de consumidores ilegais dos seus serviços em clientes'" (Eduardo Tomazine Teixeira, "A 'pacificação' de favelas no Rio: a contrainsurgência preventiva?", *Alterinfos América Latina*, 14 mar. 2011; disponível em: <http://www.alterinfos.org/spip.php?article4961>; acesso em abr. 2013). Os *sites* da UPP e da "UPP Social" mostram bem esse fato. Ainda sobre isso, é interessante registrar: na espessa camada apologética, que contou com um forte estímulo do secretário de Segurança, este manifestou uma episódica preocupação, aparentemente sem repercussões significativas para os rumos do projeto das UPPs: "Não será um policial com um fuzil na entrada de uma favela que vai segurar, se lá dentro das comunidades as coisas não funcionarem. É hora de investimentos sociais. Embora as UPPs estejam agradando, eu tenho meus temores em relação ao pós-UPP. Aquilo a que efetivamente a UPP se presta nada mais é que proporcionar, viabilizar a chegada da dignidade ao cidadão. Essa é a razão da existência da UPP: criar um terreno fértil para a geração de dignidade. É isso que vai garantir o projeto, e não apenas a presença da polícia" (Elenilce Bottari e Liane Gonçalves, "Beltrame quer pressa em investimentos sociais pós-UPPs: 'Nada sobrevive só com segurança'", *O Globo*, 28 maio 2011; disponível em: <http://oglobo.globo.com/rio/mat/2011/05/28/beltrame-sobre-upps-nada-sobrevive-so-com-seguranca-hora-de-investimentos-sociais-924557293.asp#ixzz1Ni4W2FXU>; acesso em abr. 2013).

co, Energia, Indústria e Serviços, que visa, segundo informações oficiais, "aproveitar o potencial econômico da comunidade" – no caso específico de uma comunidade da Zona Sul, o "potencial turístico". Os empréstimos variam de R$ 300 a R$ 6 mil, pagáveis em até um ano, com juros de 1,25% a 1,30% ao mês[39]. Uma das moradoras beneficiadas foi entrevistada e relatou que pegou R$ 2 mil emprestados, comprou uma máquina de costura, um *transfer* e tinta para montar uma "estrutura mínima" para produzir cerca de cem camisetas, vendidas a R$ 25 cada. Pagou quatro prestações, mas ainda faltavam três. Quando pagasse esse empréstimo, tentaria obter mais um para comprar um computador e, assim, completar a estamparia; depois só precisaria montar uma barraca ao lado da "laje Michael Jackson" para vender as camisetas aos turistas[40]. A *mise-en-scène* da "favela S.A." exibe a comunidade e sua territorialização precária como uma mercadoria mais ou menos exótica a ser vendida no nicho de mercado multiculturalista.

O "potencial econômico turístico" é uma dimensão importante desse viés culturalista. Na apresentação de um projeto-piloto de "inserção econômico-social [das 'comunidades pacificadas'] por meio da atividade turística", o ex-ministro do Turismo Luiz Barretto proclamou: "As Unidades de Polícia Pacificadora (UPPs) estão mudando o Rio, e o turismo está acompanhando essa revolução, abrindo oportunidades de geração de emprego e renda para a população"[41].

---

[39] "Estado abre microcrédito para moradores de comunidades com UPPs", *R7*, 4 jan. 2011. Disponível em: <http://noticias.r7.com/rio-de-janeiro/noticias/estado-abre-microcredito-para-moradores-de-comunidades-com-upps-20110104.html>; acesso em abr. 2013.

[40] Idem. Em 1996, Michael Jackson gravou parte do clipe "They don't care about us" na favela Dona Marta. Na laje em que a gravação foi realizada, uma estátua do cantor pop, feita de bronze e com 1,80 m de altura, foi inaugurada em 26 de junho de 2010.

[41] Ministério do Turismo, "Projeto Top Tour é lançado no Rio", 30 ago. 2010. Disponível em: <http://www.turismo.gov.br/turismo/noticias/todas_noticias/20100830.html>; acesso em abr. 2013. A cerimônia de apresentação do projeto ocorreu no Rio de Janeiro, em 30 de agosto de 2010. Durante o evento, o presidente Lula afirmou que "visitando, andando pelas ruas é que temos a certeza de

Ainda em relação a esse "potencial econômico turístico", cabe frisar que o setor de albergues, voltado sobretudo para o "turismo alternativo", concentra-se nas favelas "pacificadas", como mostra o "Favela Inn", no alto do morro Chapéu Mangueira, no Leme, e o "Pura Vida Hostel", na subida do morro Pavão-Pavãozinho, em Copacabana, inaugurados em fevereiro de 2011[42]. Portanto, o que temos, no fundo, são as UPPs como suporte para um processo de instrumentalização da pobreza e da cultura como alavancagem para a valorização imobiliária e fundiária[43].

As UPPs tendem a jogar muita água no moinho da especulação imobiliária, no que diz respeito tanto aos imóveis situados nas favelas "pacificadas" quanto àqueles do "asfalto" em torno delas. Na Cidade de Deus, por exemplo, houve uma elevação de até 400% no preço dos imóveis[44]. Tal processo, somado à regularização de serviços básicos como luz e água (além de TV a cabo, que atualmente é tratada nos grandes centros urbanos como serviço básico), eleva o custo de manutenção e reprodução da subsistência e dificulta a permanência

---

que a comunidade está em paz. Por isso, é que vim de branco. Para simbolizar esse momento" (idem).

[42] Simone Cândida, "Turistas estrangeiros têm optado por se hospedar em áreas pacificadas", *O Globo*, 1º out. 2011. Disponível em: <http://oglobo.globo.com/rio/mat/2011/10/01/turistas-estrangeiros-tem-optado-por-se-hospedar-em-areas-pacificadas-925487888.asp>; acesso em abr. 2013.

[43] Ver David Harvey, *A produção capitalista do espaço* (São Paulo, Annablume, 2005).

[44] "A construção de puxadinhos e de mais um andar, para criar novos quitinetes e abrir espaço para mais gente, virou um cenário comum em favelas pacificadas. As associações de moradores dizem que agora é difícil achar imóveis para alugar ou vender. E os poucos disponíveis tiveram uma valorização de até 400% – caso de um quarto e sala à venda na Cidade de Deus, que foi de R$ 2 mil para R$ 10 mil –, de acordo com levantamento feito pelo Estado. As casas de dois quartos nessa comunidade são negociadas a R$ 60 mil (100% de aumento). O aluguel de uma loja dentro da favela custa R$ 500, 150% a mais do que antes da inauguração da UPP, em fevereiro de 2009" ("Imóveis em favelas com UPP sobem até 400%", *O Globo*, 29 maio 2010; disponível em: <http://oglobo.globo.com/rio/mat/2010/05/29/imoveis-em-favelas-com-upp-sobem-ate-400-916732643.asp>; acesso em abr. 2013).

de moradores tradicionais. Esse encarecimento das condições básicas de vida suscita um fenômeno sociourbano significativo. Podemos observar que, ao longo da história da proliferação de comunidades favelizadas no Rio de Janeiro, a favela foi tratada, a uma só vez, como "problema" e "solução". Quando afastada das áreas nobres e economicamente relevantes da cidade, a favela servia (de maneira oficiosa, mas também oficial em alguns momentos) como a própria "solução" para o problema da moradia das classes esbulhadas, e ainda com a possibilidade de promover uma espécie de distensão da conflituosidade socioespacial por meio de um "espalhamento" para além dos limites da área central da cidade. Além disso, historicamente ofereceu uma resposta bizarra à dificuldade dos trabalhadores assalariados e informais de usufruir de serviços básicos e comércio, responsáveis por abocanhar volumosas fatias dos salários e rendas.

As tentativas de driblar esses obstáculos provinham (e ainda provêm) da formação de uma economia subterrânea, voltada para o atendimento das demandas cotidianas de uma imensa parcela de trabalhadores que foram atraídos e atingidos pela explosão urbana e tornaram-se vulneráveis em razão da incapacidade estrutural das economias e dos Estados periféricos de promover uma "integração social". Denominada por Milton Santos "circuito econômico inferior", essa economia subterrânea derivou de um heterogêneo e fluido leque de atividades de pequena dimensão e ínfimo suporte tecnológico, sem a mediação estatal, com prevalência de informalidade, utilização intensiva de mão de obra e configuração espacial predominantemente locais[45]. Esse leque de atividades contribuiu para a

---

[45] O "circuito inferior também poderia ser bem definido segundo a fórmula de Lavoisier: 'Nada se perde, nada se cria, tudo se transforma' [...]. O jornal usado torna-se embalagem, o pedaço de madeira se transforma em cadeira, as latas, em reservatórios de água ou em vasos de flores etc. Isso ocorre também com as roupas que passam de pai para filho, do irmão mais velho para o irmão mais novo, se já não foram compradas de segunda mão; na construção das casas aproveitam-se todos os tipos de materiais abandonados ou vendidos a baixo preço" (Milton Santos, *O espaço dividido: os dois circuitos da economia urbana dos países subdesenvolvidos*, Rio de Janeiro, Francisco Alves, 1979, p. 156). O "circuito superior", ao contrário, constitui-se de empreendimentos grandiosos,

diminuição dos custos da força de trabalho nos centros urbanos brasileiros e para o aumento do estoque de mão de obra voltado para os serviços domésticos (faxineiras, porteiros, pedreiros que fazem "biscate" etc.). A elevação do custo de manutenção e reprodução da subsistência nas favelas "pacificadas" tende a provocar novas rodadas de distensão da conflituosidade socioespacial, ampliando as fronteiras da favelização, de maneira a reatualizar o vaivém histórico das "resoluções não resolvidas" dos nossos problemas sociais.

A relação das UPPs com o mercado é mais extensa e profunda. Mediante uma heterodoxa parceria público-privada, um *pool* formado por Coca-Cola, Souza Cruz, Light, Metrô, Bradesco e outras empresas comprometeu-se a criar um fundo destinado às UPPs como reconhecimento às garantias e salvaguardas que estas fornecem e fornecerão aos grandes investimentos. Entusiasmado, o secretário de Segurança sublinhou a importância da parceria para dar "velocidade ao projeto" e sentenciou: "Não podemos ficar restritos a determinados impedimentos que a legislação [impõe], principalmente a lei de licitação. Esse fundo vai suprir esse problema"[46]. O empresário Eike

---

que incluem sofisticados padrões tecnológicos, têm amplitude internacional e contam com subsídio estatal. Todavia, a atividade de fabricação do circuito superior divide-se em duas formas de organização: uma é o circuito superior propriamente dito, e a outra é o circuito superior marginal, constituído de formas de produção menos modernas do ponto de vista tecnológico e organizacional. O circuito superior marginal pode ser resultado da sobrevivência de formas de produção ou uma resposta a uma demanda incapaz de suscitar atividades totalmente modernas. Essa demanda pode vir tanto de atividades modernas quanto do circuito inferior. Portanto, o circuito superior marginal tem um caráter residual e ao mesmo tempo emergencial (ibidem, p. 80). É importante salientar ainda que "relações de complementaridade e concorrência resumem toda a vida do sistema urbano. Os dois subsistemas [inferior e superior] estão em permanente estado de equilíbrio instável. Sua complementaridade, ocasional ou durável, não exclui a concorrência; a própria complementaridade não representa outra coisa senão um momento privilegiado de uma certa evolução que conduz a uma dialética dos dois circuitos" (ibidem, p. 204).

[46] Felipe Werneck, "Eike Batista promete R$ 100 milhões para reforçar segurança do Rio até 2014", *O Estado de S. Paulo*, 24 ago. 2010. Disponível em: <http://www.estadao.com.br/noticias/cidades,eike-batista-promete-r-100-milhoes-para-reforcar-seguranca-do-rio-ate-2014,599769,0.htm>; acesso em abr. 2013.

Batista, que durante o pronunciamento chamou o secretário Beltrame de o "grande general", anunciou a doação de R$ 20 milhões anuais até 2014, no mínimo. Além desse *pool*, a Confederação Brasileira de Futebol (CBF) também prometeu doar recursos ao fundo. A Bradesco Seguros, a Coca-Cola e a Souza Cruz comprometeram-se, respectivamente, com R$ 2 milhões, R$ 900 mil e R$ 400 mil[47]. Contudo, a parceria não se restringe à criação de um fundo: na Ladeira dos Tabajaras, a Souza Cruz e a Coca-Cola estão construindo a sede de uma UPP. A fabricante de cigarros também doou um terreno em Manguinhos para a construção da Cidade da Polícia, local que concentrará todas as sedes de delegacias especializadas do Rio de Janeiro. A CBF, por seu turno, está participando da construção da UPP na Cidade de Deus[48]. No fim de outubro de 2011, Eike Batista reforçou a intenção de comprar a refinaria de Manguinhos (que, além da localização estratégica, obteve recentemente licenciamento ambiental), mas condicionou a compra à instalação de uma UPP na região.

O fato é que, além de investimentos destinados à Copa e às Olimpíadas na ordem de R$ 55 bilhões[49], o Estado do Rio de Janeiro deverá receber cerca de R$ 181,4 bilhões em investimentos entre 2011 e 2013[50]. Por isso, o grande capital tem fortes expectativas em

---

[47] Jaime Filho, "Empresas vão doar R$ 20 milhões para policiais de UPP", *Blog da Pacificação*, 28 ago. 2010. Disponível em: <http://www.blogdapacificacao.com.br/sem-categoria/empresas-vao-doar-r-20-milhoes-para-policiais-de-upp/>; acesso em jan. 2012.

[48] "Rio firma convênio para captar investimentos privados para UPPs", *Último Segundo*, 24 ago. 2010. Disponível em: <http://ultimosegundo.ig.com.br/brasil/rj/rio-firma-convenio-para-captar-investimentos-privados-para-upps/n1237759529849.html>; acesso em abr. 2013.

[49] Segundo levantamento da empresa de consultoria PwC, divulgado em 12 de julho de 2011. Disponível em: <http://www.meionorte.com/noticias/economia/rio-deve-receber-investimento-de-r-55-bi-para-copa-e-olimpiada-137848.html>; acesso em abr. 2013.

[50] Alana Gandra, "Investimentos projetados para o Rio de Janeiro até 2013 crescem 40%", *Jornal do Brasil*, 31 mar. 2011. Disponível em: <http://www.jb.com.br/economia/noticias/2011/03/31/investimentos-projetados-para-o-rio-de-janeiro-ate-2013-crescem-40/>; acesso em abr. 2013.

relação à atuação das UPPs. Nesse sentido, não foi fortuita a instalação da transnacional Procter & Gamble na Cidade de Deus há cerca de dois anos, mediante reduções e isenções fiscais. Como ressalta o autor Eduardo Teixeira:

> a vizinhança com favelas "pacificadas" parece oferecer uma significativa vantagem estratégica nas decisões locacionais do setor industrial, fornecendo terrenos a baixo preço em áreas centrais de uma metrópole em crescimento econômico e a poucos metros de abundantes bolsões de força de trabalho barata, revertendo uma tendência locacional histórica, em que as indústrias se deslocam para a periferia metropolitana ou mesmo para fora das metrópoles em busca, sobretudo, de terrenos menos valiosos e vantagens fiscais.[51]

É indispensável sublinhar outro aspecto: a rigor, o comércio varejista de drogas ilícitas não foi dissipado nas favelas "pacificadas" pelas UPPs, mas sim reconfigurado[52]. A exigência de discrição influenciou o comércio efetuado com a proteção de armas pesadas (como fuzis AR-15 e 7.62), diminuiu a demanda por esse tipo de armamento e acarretou uma maior capilarização do comércio de drogas para o "asfalto"[53]. É indubitável que, do ponto de vista dos moradores da

---

[51] Eduardo Tomazine Teixeira, "A 'pacificação' de favelas no Rio", cit.

[52] "Mesmo com a UPP (Unidade de Polícia Pacificadora) já instalada no morro da Babilônia, no Leme, Zona Sul do Rio de Janeiro, o controle de venda de drogas mudou de facção criminosa, segundo apontam investigações da Delegacia de Copacabana. [...] a UPP que policia a Babilônia também é responsável pelo vizinho morro do Chapéu Mangueira que, curiosamente, tem a venda de drogas administrada por outra facção criminosa ligada a bandidos da Rocinha, comunidade do bairro São Conrado, Zona Sul [...]. A UPP do Borel também é responsável pelo morro da Casa Branca. As duas favelas eram comandadas por facções diferentes e, mesmo com a pacificação, os remanescentes do tráfico não se misturam. O pessoal do Borel, por exemplo, continua comprando droga na Mangueira, que é do mesmo grupo" (Mario Hugo Monken, "Mesmo com UPP, favela da Zona Sul do Rio de Janeiro muda de facção", *R7*, 19 fev. 2011; disponível em: <http://noticias.r7.com/rio-de-janeiro/noticias/mesmo-com-upp-favela-da-zona-sul-do-rio-de-janeiro-muda-de-faccao-20110219.html>; acesso em abr. 2013).

[53] "Em uma investigação que resultou na prisão de dezesseis pessoas em janeiro, policiais da 13ª DP descobriram que os traficantes da Babilônia e do Pavão-

região, esse fato gera certa tranquilidade ou, pelo menos, diminui a tal "sensação de insegurança" provocada pela convivência diária com adolescentes armados de fuzis. De todo modo, os tiroteios não acabaram: "O tráfico permanece ativo nas favelas, ainda que sem a ostentação de fuzis ou armas de grosso calibre. Vez por outra, os soldados da força de pacificação se envolvem em troca de tiro com os criminosos"[54]. Além do mais, o pagamento de propinas a policiais (vulgo "arrego") para manter ou, pelo menos, facilitar a atividade das "bocas de fumo" continua vigorando. No caso da UPP dos morros da Coroa, Fallet e Fogueteiro, investigações apontaram que os policiais envolvidos no esquema "ficavam em bases fixas, sem circular pelas comunidades, ou eram deslocados para pontos distantes das áreas de atuação dos traficantes, principalmente nas noites de sexta-feira, sábado e domingo"[55]. Afora a reconfiguração do comércio de drogas ilícitas nas comunidades "pacificadas", um aspecto que devemos considerar é a migração dos chefes do varejo para outras comunidades favelizadas, muitas vezes fora da região metropolitana do Rio de Janeiro.

Em março de 2010, por meio de nota oficial, a Secretaria de Segurança do Rio anunciou um projeto de instalação de 40 UPPs em cerca de 120 comunidades até 2016 (na época, havia apenas 6 UPPs instaladas). Para isso, o efetivo teria de aumentar para cerca de 62 mil policiais militares. No segundo semestre de 2011, a Polícia Militar do Rio já possuía um efetivo de cerca de 40 mil homens e mu-

---

-Pavãozinho estavam associados na distribuição de drogas para pessoas de classe média, entre eles um empresário que vivia em um apart-hotel de luxo no Leblon, Zona Sul da cidade" (Mario Hugo Monken, "Mesmo com UPP, favela da Zona Sul do Rio de Janeiro muda de facção", cit.).

[54] Rodrigo Martins, "Proteção para quem?", *CartaCapital*, São Paulo, 16 nov. 2011, p. 25. Para não cair em simplificações, é importante salientar que nem todas as "bocas de fumo" das favelas ou comunidades precarizadas do Rio de Janeiro utilizam armas pesadas.

[55] "Mensalão do tráfico em UPP no Rio chegava a R$ 70 mil", *Época*, 14 set. 2011. Disponível em: <http://colunas.epoca.globo.com/ofiltro/2011/09/14/mensalao-do-trafico-em-upp-no-rio-chegava-a-r-70-mil/>; acesso em abr. 2013.

lheres[56]. E assim, o projeto UPP vai injetando doses cavalares de contribuições ao processo vigente de regulação armada da vida social no Rio de Janeiro.

A "gestão" policial de territórios institucionalizada pelas UPPs foi objeto de contestações e protesto dos moradores, que, em alguns casos, entraram em confronto com os policiais "pacificadores". No início de setembro de 2011, a Cidade de Deus foi palco de intensos protestos de moradores; segundo relatos, o estopim foi a interferência de policiais num baile funk[57]. Por outro lado, a adesão acachapante da grande mídia à pacificação (armada) contou com a inveterada criminalização das manifestações nos espaços favelados: salvo raras exceções, a grande mídia caracterizou o mal-estar dos moradores das favelas como reações comandadas por traficantes que perderam terreno.

Em março de 2010, com o apoio da Comissão de Direitos Humanos da Assembleia Legislativa do Rio de Janeiro, da Ordem dos Advogados do Brasil e do Ministério Público, foi lançada a *Cartilha da abordagem policial*, cujo objetivo era esclarecer e orientar um público vulnerável a respeito tanto de seus direitos fundamentais quanto da possibilidade de denunciar abusos e achaques. O rapper Fiell, morador do morro Dona Marta, participou da elaboração da cartilha; dois meses depois de seu lançamento, ele foi preso sob a acusação de "desacato" a policiais que ordenaram o fim de um pagode. Segundo Fiell:

> Os tiroteios acabaram, mas a verdade é que vivemos aqui uma ditadura branca. Tudo é proibido, tudo só pode ser feito mediante autorização prévia da polícia. O funk tá vetado, qualquer festa precisa de aval. Os jovens estão sempre sendo submetidos a revistas vexatórias [...]. Para ter paz, perdemos a liberdade. Naqueles prédios vizinhos [aponta], nin-

---

[56] "Novas UPPs dependem de mais policiais formados", *O Globo*, 8 out. 2009. Disponível em: <http://extra.globo.com/noticias/rio/novas-upps-dependem-de-mais-policias-formados-345916.html>; acesso em abr. 2013.

[57] "Em menos de 24 horas, população tem problemas com UPP no Alemão e na Cidade de Deus", *Jornal do Brasil*, 5 set. 2011. Disponível em: <http://www.jb.com.br/rio/noticias/2011/09/05/em-menos-de-24-horas-populacao-tem-problemas-com-upp-no-alemao-e-na-cidade-de-deus/>; acesso em abr. 2013.

guém diz o que eles podem ou não ouvir, nem a que horas a festa tem de acabar. Além disso, ainda convivemos com esgoto a céu aberto e barracos de madeira. Não há hospital, escola ou opções de lazer. As obras na comunidade são paliativas e o governador prefere gastar dinheiro para murar a favela a investir nas reais necessidades dos moradores. Honestamente, esse braço do Estado, o da polícia, eu conheço desde criança. E sei que não é a solução para nós.[58]

No mesmo registro, o vigilante André Luiz, do morro da Babilônia, ressaltou:

Ninguém gosta de tiroteio, de guerra de facções. Mas o que parece é que saímos do jugo do traficante para aquele da polícia. As armas pesadas continuam no morro. A diferença é que o fuzil não está na mão do traficante, e sim da polícia. Que paz é essa?[59]

Márcia Honorato, coordenadora da Rede de Comunidades e Movimentos contra a Violência e integrante do Conselho de Direitos Humanos do Estado do Rio de Janeiro, denunciou a respeito do Complexo do Alemão:

Além das prisões arbitrárias, das revistas vexatórias, os soldados agem com violência e são capazes de lançar bombas de efeito moral por conta de coisas banais, como o som alto do carro ou uma festa que ultrapassou o horário determinado por eles. É uma ditadura.[60]

---

[58] Citado em Rodrigo Martins, "Proteção para quem?", cit., p. 30. "Mas os relatos de abusos são recorrentes em diversos outros morros ocupados. 'Estamos com a favela ocupada há mais de dois anos, os policiais nos conhecem, sabem quem é trabalhador e bandido, mas insistem em continuar revistando todo mundo, revirando malas, apontando armas para nós. Hoje mesmo encanaram com a minha touca, perguntaram se era uma touca ninja. Não era, mas e se fosse?', comenta o agente cultural Anderson José Ribeiro, o Lula, ora engajado na elaboração de um jornal comunitário para os moradores dos morros vizinhos Babilônia e Chapéu Mangueira, na Zona Sul" (ibidem, p. 31).

[59] Citado em ibidem, p. 32.

[60] Citado em ibidem, p. 26. "O caso parece singelo, mas a verdade é que estão prendendo todo mundo por desacato sem qualquer justificativa plausível. As vítimas não são bandidos, até operários de obras do PAC foram presos. Passaram dias na carceragem até serem liberados. Não se trata de desacato, e sim de abuso de autoridade" (idem).

Em novembro de 2011, numa incursão que contou com a participação das Forças Armadas, a polícia ocupou os morros da Rocinha e do Vidigal (ambos em São Conrado, na Zona Sul) com o intuito de instalar uma nova UPP. Uma das primeiras medidas foi a instalação de um sistema de câmeras, ligado 24 horas por dia, reproduzindo as experiências de outras comunidades já monitoradas na época (Dona Marta, Cidade de Deus e Batan). No mesmo mês, o governo estadual anunciou a intenção de expandir o sistema de monitoramento ininterrupto via câmeras para mais quinze favelas com UPPs[61]. A "administração" policial/militarizada tende a recorrer a um aparato tecnocientífico sofisticado para efetuar uma vigilância constante dos favelados, historicamente considerados "perigosos" pela elite carioca pretensamente "cosmopolita". Com isso, torna-se um típico apanágio do progresso civilizatório burguês, da racionalização irracional subjacente à modernização capitalista, relacionando a racionalidade dos meios técnicos com a irracionalidade dos fins, sem dispensar a brutalidade de expedientes "arcaicos", como a tortura, que se junta às ferramentas de coerção e à destruição *high-tech*.

Tabela 2. Instalação de UPPs até novembro de 2011

UPP	Inauguração	Comunidade	Bairro	Efetivo
Dona Marta	19/12/2008	Dona Marta	Botafogo	112
Cidade de Deus	16/2/2009	Cidade de Deus	Jacarepaguá	344
Jardim Batan	18/2/2009	Jardim Batan	Realengo	106

(continua)

---

[61] "O pregão eletrônico para escolha da empresa de vigilância será em janeiro. O presidente da Comissão de Segurança Pública da Assembleia Legislativa, deputado Zaqueu Teixeira (PT), aprovou a medida. 'Vão permitir vigiar áreas em que o policial não está', disse. Já o líder comunitário da Rocinha, Paulo Roberto Inácio, 63 anos, é contra. 'Vai tirar a privacidade'. A manicure Joice Ávila, 32, reitera. 'E se flagrar momentos íntimos? Como vou tomar banho de sol na laje?', questiona" (Fernanda Alves, João Paulo Gondim e Maria Luisa Barros, "Áreas com UPP vão ser monitoradas com câmeras", *O Dia*, 19 nov. 2011; disponível em: <http://odia.ig.com.br/portal/rio/%C3%A1reas-com-upp-v%C3%A3o-ser-monitoradas-por-c%C3%A2meras-1.376349>; acesso em abr. 2013).

(continuação)

UPP	Inauguração	Comunidade	Bairro	Efetivo
Babilônia/ Chapéu Mangueira	10/6/2009	Babilônia/ Chapéu Mangueira	Leme	96
Cantagalo/ Pavão-Pavãozinho	23/12/2009	Cantagalo/ Pavão-Pavãozinho	Copacabana e Ipanema	176
Tabajaras/ Cabritos	14/1/2010	Tabajaras/ Cabritos/ Pico do Papagaio/ Mangueira (de Botafogo)	Copacabana e Botafogo	131
Providência	26/4/2010	Providência/ Pinto/ Pedra Lisa	Centro	208
Borel	7/06/2010	Borel/ Chácara do Céu/ Casa Branca/ Indiana/ Catrambi/ Bananal	Tijuca	278
Formiga	1/7/2010	Formiga	Tijuca	102
Andaraí	28/7/2010	Andaraí/ Nova Divineia/ João Paulo II/ Juscelino Kubitschek/ Jamelão/ Santo Agostinho/ Borda do Mato/ Rodo/ Arrelia	Tijuca	214
Salgueiro	17/9/2010	Salgueiro	Tijuca	138
Turano	30/9/2010	Turano/ Chacrinha/ Matinha/ 117/ Liberdade/ Pedacinho do Céu/ Paula Ramos/ Rodo/ Sumaré	Rio Comprido (Tijuca)	176
Macacos	30/11/2010	Macacos/ Pau da Bandeira/ Parque Vila Isabel	Vila Isabel (Tijuca)	215

(continua)

(continuação)

UPP	Inauguração	Comunidade	Bairro	Efetivo
São João/ Matriz/ Quieto	31/1/2011	São João/ Matriz/ Quieto	Engenho Novo/ Sampaio[62]	200
Coroa/ Fallet/ Fogueteiro	25/2/2011	Coroa/ Fallet/ Fogueteiro	Santa Teresa/ Catumbi	206
Escondidinho/ Prazeres	25/2/2011	Escondidinho/ Prazeres	Santa Teresa	179
São Carlos	17/5/2011	São Carlos/ Querosene/ Mineira/ Zinco	Estácio	241
Mangueira/ Tuiuti	3/11/2011	Mangueira/ Tuiuti	Mangueira/ São Cristóvão[63]	403

Fonte: UPP Repórter. Disponível em: <http://upprj.com/wp/?p=1721>.

O argumento utilizado para legitimar a pacificação (armada) encontra nas UPPs um projeto antitético ou alternativo ao modelo de "confronto aberto", típico de uma polícia voltada para a "guerra às drogas", algo mais ou menos caracterizável como "UPP *versus* Caveirão". A rigor, as UPPs não prescindem do Bope (com todo o seu instrumental mortífero). Mesmo se todas as mais de mil favelas cariocas recebessem UPPs (o que é improvável), ainda assim as UPPs não prescindiriam do Bope. Esse fato fica patente em algumas incursões do Bope (em conjunto com unidades especializadas das polícias) nas favelas com UPPs. De todo modo, há uma questão de fundo a ser considerada: num contexto de impregnação social da violência, que viceja num quadro de "administração" da crise, os aparatos de vigilância, controle, coerção e repressão são cada vez mais requeridos, utilizados, ostentados, e atuam em níveis de complementaridade. O Caveirão é uma viatura de combate, mas é também uma simbologia ininterruptamente mantida, ou melhor, alardeada em nosso campo de visão.

E assim, o Rio de Janeiro, cidade brasileira que, de uns tempos para cá, melhor representou as expectativas de surfar na crista da onda

---

[62] Região do Estádio Olímpico João Havelange, vulgo "Engenhão".
[63] Adjacências do Maracanã.

da civilização burguesa contemporânea, através do decalque local das novidades *made in* países de capitalismo "desenvolvido", vai oferecendo ao mundo modalidades desenvolvidas de "gestão" da crise...

3
O EXÉRCITO NAS RUAS: DA OPERAÇÃO RIO À OCUPAÇÃO DO COMPLEXO DO ALEMÃO. NOTAS PARA UMA RECONSTITUIÇÃO DA EXCEÇÃO URBANA

Marcos Barreira e Maurilio Lima Botelho

Em novembro de 2010, o mundo acompanhou as imagens do início da maior ação militar em favelas que a cidade do Rio de Janeiro já viveu. E também a mais duradoura. Mais de um ano depois dos eventos na Vila Cruzeiro, as tropas do Exército permanecem no conjunto de favelas do Complexo do Alemão, uma área que, de acordo com o Censo das Favelas (2008-2009), realizado pelo Escritório de Gerenciamento de Projetos do Governo do Estado do Rio de Janeiro, abrange mais de 80 mil habitantes. A ocupação permanente é, até o momento, o acontecimento mais importante da chamada "guerra contra o tráfico de drogas", desencadeada pelo governo do estado em parceria com as Forças Armadas. No entanto, a população conhece muito pouco sobre essa guerra – a despeito do ineditismo e das grandes proporções da operação – e poucos se interessam em saber algo mais: o que importa é que a "batalha do bem contra o mal" está sendo travada.

Antes de descrevermos alguns aspectos das incursões militares no Complexo do Alemão, convém retornar um pouco no tempo. Um antecedente que bem poderia figurar como o "ensaio geral" do processo de militarização da segurança, a Operação Rio, realizada em meados da década de 1990, merece ser reconstituído, pois nele já encontramos muitos dos ingredientes da "batalha" travada atualmente nas ruas e favelas da cidade. Se retornarmos ainda mais, encontraremos outras intervenções militares, a exemplo da ocorrida na greve da Companhia Siderúrgica Nacional (CSN), em 1988, ano que, com a promulgação da Constituição, consolida nossa "transição democrática". Nesse mesmo ano, 1.300 soldados do Exército e policiais militares invadiram a usina de Volta Redonda (a 127 km da capital fluminense) e abriram fogo contra uma multidão de trabalhadores, matando três metalúrgicos. O episódio é uma expressão extemporânea do regime militar, quando o Exército era acionado em nome da "segurança nacional", e revela o trato violento com os movimentos sociais e a reivindicação por direitos civis. Em que pesem as mudanças institucionais posteriores, o aparato militar não deixará de comparecer em momentos considerados cruciais, mas, a partir daí, em uma conjuntura distinta, em nome da "segurança pública".

Em 1992, houve um novo emprego das forças militares, agora na cidade do Rio de Janeiro: em vez da repressão ao movimento sindical, o patrulhamento das ruas tinha como objetivo garantir a segurança de um importante encontro internacional, a ECO-92. Na ocasião, "o centro da cidade e suas áreas 'nobres', ocupadas militarmente pelo Exército, [viveram] dias de calma e tranquilidade com os miseráveis compulsoriamente deslocados, naquelas semanas, para as periferias ou 'abrigos provisórios'"[1].

Com a Operação Rio, lançada em outubro de 1994, a utilização das Forças Armadas no "combate à criminalidade" atingiu um novo patamar. Por meio de denúncias contra a instituição policial e da desmoralização do Poder Executivo estadual, o ambiente para a intervenção militar foi criado pela imprensa, que enaltecia os "momentos de paz" obtidos durante a ECO-92. A manchete de um grande jornal resume o caso: "Tráfico põe o Rio em situação de emergência"[2]. Criou-se, além disso, a ideia de que, por conveniência eleitoral, a política de segurança estadual teria permanecido indiferente à estruturação do tráfico de drogas. A conclusão era ób-

---

[1] Cecília Coimbra, *Operação Rio: o mito das classes perigosas* (Rio de Janeiro, Oficina do Autor, 2001), p. 142.

[2] *O Estado de S. Paulo*, 7 ago. 1994.

via: com uma polícia inoperante e um governo permissivo, restava ao Exército a missão de combater a escalada do novo inimigo da segurança pública, o "crime organizado". Foi a partir desse quadro que se consolidou, na cidade do Rio, um consenso conservador em torno não mais da subversão política, mas da "violência urbana", uma categoria, como diz Loïc Wacquant, "sob a qual cada um pode colocar o que lhe convier"[3]. A estratégia que estava sendo construída então – mais evidente hoje, pois levada a cabo de modo consciente – era o superdimensionamento de um inimigo que se tornaria o principal alvo do aparato repressivo. O que se convencionou chamar de "crime organizado" refere-se apenas a um mercado varejista de drogas que, mesmo contando com algum nível de organização, opera de modo fragmentado e rudimentar. Os integrantes das redes de comercialização das drogas, em muitos casos crianças ou menores de dezoito anos, sem camisa e de chinelos, portando armas com as quais demonstram escassa familiaridade, dão a imagem de uma organização criminosa que não condiz com a ideia de que esse inimigo só pode ser combatido por meios militares. Nesse aspecto, a histeria produzida pelos meios de comunicação é inversamente proporcional à atenção dada ao modo como o crime se organiza por dentro do Estado, alimentando a estrutura do tráfico, financiando campanhas políticas, impondo domínios territoriais e movimentando fortunas muito superiores aos lucros do comércio de drogas nas favelas[4].

Fato é que, na cidade do Rio e em alguns municípios vizinhos, a violência atingiu patamares bastante elevados no fim dos anos

---

[3] Loïc Wacquant, *As prisões da miséria* (Rio de Janeiro, Zahar, 2001), p. 67.

[4] Praticamente nada dessa estrutura mafiosa nos é dado a saber. Do mesmo modo, nunca sabemos com exatidão qual é a relação do "crime organizado" com os representantes do Estado – e os meios de informação profissionais se encarregam de manter as coisas assim; sabemos apenas que as instituições democráticas tornam-se cada vez mais repressivas para combatê-lo. Em todo caso, as populações "devem saber o suficiente" para se convencer de que, em relação a esse inimigo, "tudo mais deve lhes parecer aceitável ou, no mínimo, mais racional e mais democrático" (Guy Debord, *Commentaires sur la société du spectacle*, Gallimard, Paris, 1992, p. 40, aqui em tradução livre).

1970, coincidindo, portanto, com o fim de nosso ciclo de modernização e o início de uma dinâmica de exclusão social em larga escala. Os números da violência continuaram subindo, sem grandes saltos, nos anos seguintes. Já em 1981, a reportagem de capa da revista *Veja* anunciava uma "Guerra civil no Rio": 2 mil mortos na Baixada Fluminense e um recorde do "comércio clandestino de armas"[5]. Como se buscasse "as raízes estruturais" da nossa "dívida social", a matéria seguinte concluía que a causa de tudo é demográfica. Dramaticamente, constata um especialista, "a redução da fecundidade é demasiado lenta para corrigir, por si só, os desníveis que afligem os defensores do planejamento familiar"[6].

A partir de 1994, "a chamada guerra no Rio está oficialmente deflagrada"[7]. O Exército é o "último recurso" para "restabelecer a ordem", lia-se nos jornais depois da pressão para que o governo estadual aceitasse uma intervenção não declarada. Pouco a pouco, as tropas ocuparam vários locais da cidade e deram início à "pacificação" de "zonas conflagradas". O objetivo declarado era asfixiar economicamente os pontos de venda de drogas por meio do bloqueio de suas vias de acesso. Seguiu-se a invasão de "favelas estratégicas", todas situadas em bairros considerados "nobres", nos quais a sensação de segurança artificialmente produzida foi usada como mercadoria política. A Operação Rio foi apenas um experimento, mas todo o repertório midiático atual já podia ser encontrado na cobertura da época, quase como parte integrante da operação, pois se tratava de criar a atmosfera adequada e as justificativas mais imediatas para o cerco e a ocupação dos morros, no que foi chamado de "o Dia D para a ação", "a chance de o carioca reassumir o Rio".

A Operação Rio limitou sua ação a incursões violentas nos territórios de pobreza. Ocorreu com a brutalidade habitual e, por conseguinte, foi logo cingida de denúncias. Em sua segunda fase, já no

---

[5] "O Rio ferido a bala", *Veja*, São Paulo, 7 jan. 1981, p. 14-22.

[6] "O povo aprova: 71% dos brasileiros querem famílias menores", *Veja*, 7 jan. 1981, p. 23-6.

[7] *Jornal do Brasil*, Rio de Janeiro, 1º nov. 1994.

início de 1995, por um convênio entre o Exército e o governo estadual recém-eleito, firmou-se um novo acordo segundo o qual o Exército participaria apenas da Operação Rubi, patrulhando as grandes vias e as "rotas de fuga". Somente em casos especiais, as Forças Armadas seriam convocadas a atuar em incursões nos morros e, segundo os termos do acordo, nos demais "locais suspeitos". A mudança estratégica ocorreu em função das denúncias de ineficiência da etapa anterior da operação e, sobretudo, por causa das constantes violações dos direitos humanos, que não raro envolviam práticas de tortura e prisões clandestinas. Os casos mais comuns de "maus-tratos" infligidos a moradores das favelas ocupadas eram – conforme os exemplos citados nos Inquéritos Policial-Militares (IPMs) – algumas das antigas especialidades dos agentes de segurança, ou seja, "choque elétrico e afogamento", além de práticas que, até onde se sabe, eram menos usuais do que são hoje, como o furto de objetos em residências[8]. Depois da Operação Rio, os números da violência prosseguiram sem grandes alterações e às Forças Armadas coube apenas uma discreta saída de cena para evitar desgaste diante da "opinião pública". Ao protagonizar essa violenta encenação de segurança pública, as forças militares deixaram um legado: de acordo com os registros de ocorrência da Polícia Civil, o Rio registrou um crescimento atípico de mais de 20% do número de homicídios dolosos entre novembro e dezembro de 1994[9].

Temos dois elementos novos a respeito da participação das Forças Armadas no quadro da segurança pública do Rio depois de

---

[8] Cecília Coimbra, *Operação Rio*, cit., p. 231.

[9] "[...] vários dos objetivos da Operação Rio I fracassaram: as favelas não foram desarmadas, o tráfico de drogas continuou em vigor, o índice de criminalidade permaneceu alto e as favelas não foram incorporadas ao resto da cidade no sentido de seus habitantes poderem usufruir do direito de cidadania" (Jorge Zaverucha, *Frágil democracia: Collor, Itamar, FHC e os militares (1990-1998)*, Rio de Janeiro, Civilização Brasileira, 2000, p. 196). É significativo que as operações de ocupação da Vila Cruzeiro e da Rocinha, ao longo de 2011, tenham sido denominadas pelas Forças Armadas Operação Rio III e IV, respectivamente, o que não foi divulgado pela imprensa, dado o fracasso das operações da década de 1990.

1995. O primeiro são as operações com objetivos limitados: no período compreendido entre 1995 e 2004 houve várias ações do Exército, mas nenhuma se revestiu do viés ideológico da Operação Rio. O que estava em questão em tais ações eram problemas pontuais. Em junho de 1999, as Forças Armadas contribuíram para a segurança da Cimeira do Rio, encontro de governantes da América Latina e da União Europeia. Em novembro de 2002, o Exército foi convocado novamente pelo governo estadual, dessa vez para "garantir a segurança" da região metropolitana durante as eleições daquele ano. O que estava em questão era mais a falência do aparato policial do que a ideologia da segurança militar, desvalorizada após o fracasso verificado na década anterior. No entanto, é a própria polícia que começa a sofrer, a partir daí, um célere processo de militarização, tanto no que diz respeito às formas de ação quanto aos equipamentos utilizados[10].

Em junho de 2002, a sede da prefeitura foi alvejada por mais de duzentos tiros e as ameaças à segurança continuaram até culminar, em 24 de fevereiro de 2003, no que a imprensa carioca denominou "segunda-feira sem lei", uma série de ataques atribuídos a traficantes. Durante cinco dias, o pânico tomou conta da cidade, o comércio permaneceu fechado e vários veículos foram incendiados em diferentes bairros. Em resposta, o governo estadual desencadeou a Operação Guanabara, que recorreu mais uma vez ao Exército para ocupar "áreas críticas" e suprir a falta de efetivos policiais. Em novembro de 2004, durante a Cúpula do Grupo do Rio, que recebeu chefes de Estado de toda a América Latina, as tropas voltaram às ruas para uma missão de policiamento provisório. Ao contrário de 1992, a ação amparou-se em tentativas de respaldo legal: um decreto presidencial de 2001 conferia poder de polícia às Forças Armadas

---

[10] De certo modo, o que ocorre é uma "remilitarização" das polícias, pois a segurança pública civil era responsabilidade das forças militares durante a ditadura (sobre isso, ver Clóvis Brigagão, *A militarização da sociedade*, Rio de Janeiro, Zahar, 1985). Algumas medidas tomadas durante a década de 1980, principalmente no governo Brizola, tentaram desmilitarizar a polícia, mas houve uma reviravolta nas décadas posteriores.

e outro, de 2004, descaracterizava a intervenção federal nos governos estaduais. Mas os fundamentos jurídicos dessas operações eram frágeis, pois entravam em conflito com princípios constitucionais que não previam o uso de forças militares na segurança pública civil. O segundo elemento que devemos considerar é um efeito inesperado da Operação Rio que, a julgar pelos eventos subsequentes, parece ter resultado no envolvimento das quadrilhas responsáveis pelo tráfico de armas e drogas com efetivos das Forças Armadas. São numerosos os casos de desvio de material bélico nos quartéis com a participação direta ou indireta de militares[11]. O padrão mais comum do desvio, que não exclui ações externas à instituição militar, é a cooptação de soldados pelas quadrilhas que operam a venda de drogas nas favelas próximas aos batalhões. São igualmente numerosos os relatos de casos de militares ou ex-militares que oferecem "serviço" de treinamento às quadrilhas em troca de uma remuneração muito superior ao soldo militar[12]. Somente entre 2004 e 2008 ocorreram mais de cem casos de desvios de ar-

---

[11] O jornal *O Globo* noticiou: "Em 2009, o Exército recuperou um fuzil que havia sido roubado no 26º Batalhão de Infantaria Paraquedista, unidade considerada de elite, durante uma operação nos morros da Pedreira e da Lagartixa, em Costa Barros, no subúrbio do Rio. Na época, todos os cerca de setecentos homens lotados no batalhão, localizado na Vila Militar, ficaram presos até que a arma reaparecesse e fossem identificados os responsáveis pelo roubo" (ver *O Globo*, "Desvio de armas em quartéis é um desafio para as Forças Armadas", 12 dez. 2010). Outra reportagem do mesmo jornal, essa de 29 de junho de 2011, relata que "Pelo menos 2 mil projéteis de armamento de grosso calibre desapareceram no último dia 22, véspera do feriado de Corpus Christi, do Batalhão Escola de Comunicações, na avenida Duque de Caxias, na Vila Militar. Alguns soldados da unidade estão, desde a semana passada, aquartelados por causa do furto do material".

[12] De acordo com o jornal *O Globo* de 3 de fevereiro de 2002, "Ex-militares do Exército treinam traficantes no Rio: cursos dados por cabos e soldados da reserva custam até R$ 8 mil por mês". Do mesmo modo, o *Jornal do Brasil* noticiou, em 4 de abril de 2002, que "Em uniformes camuflados, armados de fuzis, metralhadoras e granadas, 32 ex-militares, oriundos da Brigada Paraquedista do Exército, estariam cruzando as ruas do Rio em missões táticas encomendadas por facções criminosas, em guerra por pontos de venda de drogas. Apelidado de 'bonde verde', o grupo não guardaria fidelidade a nenhuma facção, atuando sempre como mercenário".

mamentos dos quartéis do Rio, o que corresponde a cerca de 50% dos casos registrados no Brasil. Em mais um caso rotineiro, em meados de 2004, fuzis roubados em um quartel do Exército foram encontrados na favela de Antares, em Santa Cruz, bairro da Zona Oeste do Rio. O desfecho da operação resultou em um novo escândalo, noticiado pela imprensa como uma negociação dos comandantes militares com os chefes locais do "tráfico". Pouco depois, outro desvio de armas, no quartel de São Cristóvão, bairro da área central, teve como consequência uma grande operação cujo desfecho foi envolvido mais uma vez em denúncias de negociação com as lideranças do tráfico.

O ápice de todo esse processo, no entanto, só ocorreu em 14 de junho de 2008[13], quando a imagem do Exército se vinculou de modo inapagável à lógica da violência urbana: uma ação com onze militares resultou na prisão irregular de três moradores do morro da Providência (então dominada por uma facção do tráfico), que, em seguida, foram levados pelos militares até o morro vizinho (dominado por uma facção rival) e executados pelos traficantes locais. Com a repercussão nacional do episódio, evidenciou-se como a instituição militar, a exemplo de outras instituições estatais, havia se deixado permear pela lógica da faccionalização que divide a maior parte das favelas cariocas. Constatou-se, além disso, que a própria presença militar na Providência para a fiscalização de obras de um projeto federal era completamente ilegal.

Caso de proporções ainda maiores já havia ocorrido dois anos antes, durante uma série de ocupações de favelas (treze, ao todo) pró-

---

[13] Considere-se que, ainda em 27 de junho de 2007, durante os "preparativos" da cidade do Rio para a realização dos Jogos Pan-Americanos, uma operação no Complexo do Alemão, conhecida como "chacina do Pan", envolvendo policiais militares e a nova Força Nacional de Segurança Pública (FNSP), resultou em 19 mortos e 62 feridos por armas de fogo. Criada em 2004, a FNS é a expressão mais nítida da militarização policial. Como tropa federal subordinada ao Ministério da Justiça, operando por "convênios" com governos estaduais para intervir em conflitos urbanos, a FNS é também, para muitos juristas, um exemplo flagrante de inconstitucionalidade.

ximas à área central do Rio, incluindo o próprio morro da Providência. Mais uma vez, os militares saíram às ruas para recuperar armas roubadas. E, mais uma vez, as operações não possuíam respaldo jurídico, pois nenhuma medida necessária para a utilização das Forças Armadas na chamada "garantia da lei e da ordem" foi tomada pelo governo. A Providência permaneceu dez dias sob intervenção do Exército e, como de costume, os procedimentos legais mais elementares foram ignorados: nenhum mandado de busca e apreensão foi apresentado para vasculhar casas e estabelecimentos comerciais, houve agressões e danos materiais, cerceamento do trabalho da imprensa, entre outros. Surgiram até denúncias de simulações de conflitos armados. Relatos de moradores descritos em "A guerra da Providência", estudo que analisa a referida ocupação pelo Exército em março de 2006[14], apontam ações ainda mais violentas e arbitrárias que as praticadas usualmente pela Polícia Militar. Uma moradora da Mangueira, favela ocupada na mesma época, relata: "Hoje, o morro da Mangueira parou. Fomos impedidos de sair de casa, ir ao trabalho, estudar, ir e vir. Ficamos sob a mira de um tanque de guerra direcionado para nossas cabeças"[15]. Os autores do estudo afirmam:

> Todos os relatos e as evidências confirmam que as forças militares entraram na favela da Providência atirando a esmo, aparentemente com o fim de intimidar os criminosos ou, talvez, a própria população civil. Para ocultar esse fato, a versão oficial se referiu sempre a troca de tiros com o narcotráfico.[16]

E adiante: "Os moradores afirmam peremptoriamente que não houve confronto, pois os narcotraficantes fugiram no primeiro momento [...]. As autoridades se inclinam a corroborar essa versão a

---

[14] José Trajano Sento-Sé et al., "A guerra da Providência: uma análise da ocupação pelo Exército da favela da Providência no Rio de Janeiro em março de 2006", Laboratório de Análise da Violência, Universidade Estadual do Rio de Janeiro, Rio de Janeiro, 2006. Disponível em: <http://www.lav.uerj.br/docs/rel/2006/guerra_provid_rio_2006.pdf>; acesso em abr. 2013.
[15] Ibidem, p. 11.
[16] Ibidem, p. 23.

partir das marcas de tiros e cápsulas recolhidas"[17]. Das cinco vítimas da operação, uma delas letal, nenhuma foi formalmente acusada e nenhuma prisão foi efetuada. No mesmo relatório, "há menção a casos de perda de postos de trabalho em função da ausência obrigada pelo toque de recolher"[18].

Tal como a ação de 2006, a megaoperação de 2010 na Vila Cruzeiro, próxima do complexo de favelas do Alemão, não estava prevista por nenhum plano de segurança. Foi uma situação ocasional, motivada pela obrigação de responder aos ataques do "crime organizado" ocorridos em toda a cidade nos dias anteriores. Sobretudo, derivava de uma redistribuição territorial das atividades do tráfico que já vinha ocorrendo desde o início da implantação das Unidades de Polícia Pacificadora (UPPs) em áreas estratégicas da cidade e do avanço das áreas sob o controle de grupos milicianos. Entre 2009 e 2010, o número de integrantes da facção que controlava a venda de drogas local triplicou no Complexo do Alemão. Muitos chefes e gerentes do tráfico em pequenas favelas da cidade concentraram-se ali, juntamente com seus "soldados", depois de terem perdido o controle de seus pontos de venda. A Vila Cruzeiro e suas adjacências haviam se tornado o bastião da principal facção do tráfico. Essa concentração imprevista das atividades de distribuição de drogas e armamentos para outras favelas tornou inevitável a operação de "retomada" da região. Por isso mesmo, não estava prevista a instalação de UPPs nas treze favelas que compõem o Complexo do Alemão. Para realizar uma grande intervenção nesse complexo seria necessário mobilizar um contingente igual ao que atuava nas favelas onde já funcionavam as UPPs ou maior que ele. Desse modo, recorreu-se ao Exército, novamente em uma situação jurídica nebulosa, isto é, à margem da lei, não apenas para dar suporte à operação de "pacificação", mas também para empreender uma ocupação capaz de realizar de modo duradouro a administração repressiva desse grande território para o qual a Polícia Militar não dispunha de efetivo suficiente.

---

[17] Idem.
[18] Ibidem, p. 24.

A intervenção militar permanente no Complexo do Alemão é o resultado de um tipo de política de segurança preocupada com a ocupação de áreas estratégicas com alto potencial de valorização e com o deslocamento dos conflitos armados para regiões periféricas de menor visibilidade. O que se assistiu pela televisão em novembro de 2010 foi a repetição em escala ampliada e, por assim dizer, mais espetacular dos mesmos procedimentos verificados na "guerra da Providência". Durante a "retomada" da Vila Cruzeiro, foram abundantes os arrombamentos de residências e os saques praticados por policiais, além de desvios de armas e dinheiro apreendidos e suspeitas de acordos de fuga[19].

Se, durante a operação, as condutas ilegais foram a regra, especialmente no caso da Polícia Militar, as situações de abuso de autoridade e violência contra moradores praticadas pelas Forças Armadas se multiplicaram ao longo de 2011. O Complexo do Alemão vive atualmente uma situação não declarada de *estado de sítio*. Para que tal situação seja caracterizada, basta lembrar que a prática dos mandados de busca coletivos continua em vigor e, com ela, as ações "em cumprimento da lei" que englobam – e criminalizam – favelas inteiras[20]. Os moradores, que sofriam com a violência que sempre caracterizou o tráfico, continuam privados de direitos básicos: prisões abusivas por "desacato" e imposição de restrições continuam sendo a regra, mas agora sob o comando arbitrário do Estado. O fenecimento das garantias individuais consolida-se com o toque de recolher anunciado pelos alto-falantes em ações militares de rotina:

---

[19] Em janeiro de 2011, 30 soldados do Exército e 23 policiais militares foram afastados por atos ilícitos praticados, diante das câmeras de TV, na operação de novembro de 2010.

[20] A Operação Rio I também utilizou os "mandados genéricos de busca e apreensão", mas, naquele momento, talvez em virtude da lembrança da Constituinte, a imprensa denunciou os abusos: "No final de 1994, o Brasil ressuscitou as *lettres de cachet*, que permitiram aos oficiais da polícia francesa, no século XVIII, prender, em nome do rei, quem bem entendessem" (Jorge Zaverucha, *Frágil democracia*, cit., p. 185). A comparação ressalta o caráter totalmente ilegal da prática: todo mandado deve ser despachado contra alguém em particular, pois não se trata de uma "carta branca".

O Exército está realizando um mandado judicial em cumprimento da lei. Fechem suas portas e janelas e aguardem orientação. Quando solicitado, abra a porta e aja de maneira educada. Obedeçam todas as instruções. Qualquer ação contrária será considerada ato hostil e receberá a resposta necessária.[21]

Na ocasião da "retomada" do Complexo do Alemão, os meios de informação trataram de infundir na população o sentimento de impotência capaz de produzir o estado de espírito adequado às intervenções discricionárias e ao processo de ocupação prolongada das favelas, pois quanto maior a sensação de insegurança, maior a chance de o aparelho estatal impor seu controle sem contestação. Aqui, os clichês habituais da cobertura jornalística, referidos à "guerra civil no Rio", reduziram-se a isto: "A maior parte dessa escória conseguiu escapulir, porque, naquele momento, não havia efetivo suficiente [...] mas eles não perdem por esperar"[22]. No entanto, pouco a pouco, começam a aparecer no monopólio empresarial de mídia os fatos cuja omissão, muitos acreditam, era indispensável para produzir a adesão da população à operação militar. Mas seria errôneo condicionar a possibilidade das ações repressivas à ignorância do público em relação aos abusos cometidos pelas autoridades. Fartamente conhecidos, tais abusos foram tolerados e até mesmo exigidos durante a operação da Vila Cruzeiro por uma parcela significativa das camadas médias da população. Afinal, quem consentiu práticas de tortura e execução sumária nas telas do cinema clama agora sem acanhamento por ações reais de extermínio nas favelas[23]. Esse quadro nos coloca diante de uma situação original: quando os índices de criminalidade violenta explodiram na

---

[21] "O Complexo do Alemão em estado de sítio", *Veja*, 26 out. 2010.
[22] *Veja*, 1º dez. 2010, p. 137.
[23] A cultura da violência tem se generalizado nas diferentes camadas da sociedade: o uniforme preto e a "faca na caveira" não são símbolos que proliferam no universo de uma subcultura juvenil e "extremista", como a cruz gamada ou as runas da SS na Alemanha unificada, e sim produtos da cultura de massa voltados para o público em geral e exibidos até mesmo na programação matinal da TV.

região metropolitana do Rio de Janeiro, o país vivia o fim do "milagre econômico", que legitimou a repressão política, e o início das lutas pelas "liberdades democráticas", todas consagradas, como letra morta, na Constituição de 1988. Com o esgotamento de nosso ciclo de desenvolvimento, o que restou não foi uma sociedade com pretensões de inclusão e participação popular, mas uma democracia feita para minorias com poder de consumo e o controle de uma população cuja perspectiva de absorção pelo sistema produtivo é cada vez menor.

Mais de trinta anos separam a intervenção militar na greve da CSN e a ocupação do Complexo do Alemão. Embora as confusas interseções entre as esferas civil e militar sejam comuns nos dois momentos, o horizonte histórico é diferente: em 1988, tratava-se da repressão às organizações político-sindicais que lutavam, no contexto do processo de democratização, por melhores condições de trabalho e pela universalização dos direitos. A funcionalidade econômica desses trabalhadores despertava o desejo de reconhecimento jurídico e de integração social, até então negada pela exceção construída militarmente. Em 2010, o Exército foi chamado para reprimir e controlar uma parcela de habitantes da metrópole que são, em sua maioria, precariamente ligados ao sistema de trabalho e ao consumo de mercadorias e deixaram de ser funcionais no patamar econômico atingido pelo "espetáculo do crescimento", portanto não têm sequer o direito de sonhar com algum tipo de integração ou reconhecimento. Quando o ordenamento social se apresenta como um conjunto de ilhas de prosperidade cercadas de pobres por todos os lados, esse grande contingente populacional "sobrante" torna-se um simples problema demográfico. O próprio governador do Rio de Janeiro, Sérgio Cabral, deixaria isso claro, em outubro de 2007, num discurso que reciclava velhas fantasias malthusianas sob um verniz "progressista" e defendia o aborto como método para reduzir a "fábrica de marginais" que são as favelas cariocas[24].

---

[24] "Sou favorável ao direito da mulher de interromper uma gravidez indesejada. Sou cristão, católico, mas que visão é essa? Esses atrasos são muito graves. Não

Essa escalada de intervenções militares na segurança pública, na vida civil urbana, sem respaldo legal rigoroso e ao sabor das circunstâncias, demonstra, juntamente com a adesão de amplos segmentos da população à violência, um estreitamento do horizonte de sociabilidade: a camada marginalizada dessa população, na falta de integração social decorrente do esgotamento de nossa modernização incompleta, passa a ser controlada de maneira violenta pelo uso da logística militar mais avançada e, no limite, pode ser considerada eliminável.

As intervenções militares são a expressão mais clara da militarização social em curso, que se prolonga no controle policial de parte do espaço urbano carioca e no controle "informal" paramilitar, substituindo a mediação jurídico-política pelo trato armado com parte "indesejável" da sociedade civil.

---

vejo a classe política discutir isso. Fico muito aflito. Tem tudo a ver com violência. Você pega o número de filhos por mãe na Lagoa Rodrigo de Freitas, Tijuca, Méier e Copacabana, é padrão sueco. Agora, pega na Rocinha. É padrão Zâmbia, Gabão. Isso é uma fábrica de produzir marginal. Estado não dá conta. Não tem oferta da rede pública para que essas meninas possam interromper a gravidez. Isso é uma maluquice só" ("Cabral defende aborto contra violência no Rio de Janeiro", *G1*, 24 out. 2007; disponível em: <http://g1.globo.com/Noticias/Rio/0,,MUL155710-5606,00-CABRAL+DEFENDE+ABORTO+CONTRA+VIOLENCIA+NO+RIO+DE+JANEIRO.html>; acesso em abr. 2013).

4
CIDADE OLÍMPICA: SOBRE O NEXO ENTRE REESTRUTURAÇÃO URBANA E VIOLÊNCIA NA CIDADE DO RIO DE JANEIRO

Marcos Barreira

Nos últimos anos, sucessivas gestões municipais e estaduais têm se esforçado para recuperar a imagem do Rio de Janeiro e superar o estigma de cidade desorganizada, violenta e empobrecida com o qual seus moradores convivem há pelo menos duas décadas. A cidade já foi considerada por admiradores ingênuos ou interessados um "paraíso tropical", mas deixou de ser conhecida, no país e no mundo, apenas pelas belas paisagens e pela autoatribuída "cordialidade" ao ganhar os noticiários em razão dos recorrentes episódios de violência. É a favela que concentra todas as atenções quando o assunto é criminalidade. De forma geral, a imagem de cidade violenta foi incorporada ao longo dos anos 1980 pela chamada "opinião pública" menos pelo aumento do número de crimes violentos – que já havia atingido patamares bastante elevados desde o fim da década anterior – do que por uma percepção de "desgoverno" causada pelos crescentes conflitos armados entre quadrilhas de traficantes de drogas e policiais nos morros vizinhos às áreas mais valorizadas da cidade.

Esse quadro possui uma história que não se coaduna com os diferentes estereótipos acerca da favela e do crime. Em termos gerais, os fundamentos da conjuntura atual remontam ao processo descontrolado e precário de urbanização periférica, que, por sua vez, tem raízes em uma estrutura fundiária concentradora, origem de nossa "questão urbana". Na primeira metade do século XX, o desenvolvimento da cidade do Rio foi comandado por uma atividade industrial incipiente e pelo crescimento das funções político-administrativas que se concentravam em seu território. Formou-se, assim, um conjunto de trabalhadores ligados às estruturas produtivas e "terciárias", com participação expressiva dos serviços públicos, ao lado de outra grande massa, precarizada e informal, que ocupou aos poucos os espaços marginalizados da cidade. A modernização econômica local produziu uma estrutura socioespacial fortemente segregada: por um lado, as classes populares deslocavam-se em direção ao "subúrbio" carioca, seguindo o traçado das linhas férreas, e, por outro, ocupavam os morros das áreas mais próximas às ofertas de emprego, notadamente em serviços subalternos que atendiam às demandas das camadas mais abastadas. O processo de favelização, intensificado nos anos 1940 e 1950, gerou como resposta do poder público, nas décadas seguintes, as políticas simultâneas de remoção e construção de conjuntos habitacionais nas periferias, de modo que parte das áreas consideradas "nobres" ficou resguardada da deterioração patrimonial. A tônica dessas políticas, que promoveram o deslocamento forçado da população de baixa renda para locais sem infraestrutura, distantes do centro e das ofertas de emprego, foi o caráter "higienizador" com o qual se pretendia varrer da paisagem a pobreza[1].

Foi no fim da década de 1970 que o Rio começou a sentir diretamente os efeitos da crise econômica que atingiu todo o país, encerrando o período modernizador das estruturas econômicas e sociais. A partir de então, o padrão foi um crescimento urbano sem taxas correspondentes de aumento da oferta de emprego em um contexto de esvaziamento econômico. O esgotamento da alternativa desenvolvimentista resultou em outro surto de favelização. Na con-

---

[1] Na década de 1960, no antigo Estado da Guanabara, eram comuns os incêndios criminosos em favelas, entre outros métodos violentos, para promover a "limpeza" da cidade. Na mesma época, a imprensa carioca denunciou a existência de uma operação "mata-mendigos", durante o governo de Carlos Lacerda, realizada pela Seção de Repressão à Mendicância. É importante notar que a existência de favelas nunca foi um problema para o poder público quando eram localizadas fora das áreas nobres. As únicas grandes remoções realizadas na cidade ocorreram nas favelas da Catacumba, Pasmado e Praia do Pinto, na Zona Sul, e na favela do Esqueleto, na Vila Isabel.

juntura "pós-milagre" de estagnação e endividamento do Estado, a ausência de recursos conferiu legitimidade aos modestos programas de melhorias das áreas marginalizadas[2]. Na cidade do Rio, outra dinâmica que ocorreu em paralelo ao reconhecimento, ao menos parcial, do direito das populações pobres de ocupar áreas irregulares foi o espalhamento da violência antes restrita aos espaços da favela e das regiões periféricas. Já na virada para os anos 1980, a violência começou a transbordar para o conjunto da cidade, disseminando-se com a expansão do consumo de drogas. A entrada do Rio na rota do tráfico internacional de cocaína, o desemprego e a incapacidade do governo de oferecer alternativas substanciais ao problema de moradia convergiram para a construção das representações negativas do senso comum a respeito da cidade. Tornou-se lugar-comum a ideia de que o Rio havia se tornado uma cidade, empobrecida e violenta. Não que os conflitos entre bandos armados e a recorrente violência policial fossem desconhecidos, pois ambos faziam parte da vida cotidiana das favelas, tradicionalmente abandonadas pelo Estado. Do mesmo modo, muito antes da disseminação do tráfico de drogas, a Baixada Fluminense já havia superado a marca de 2 mil homicídios em apenas um ano. A região era uma espécie de "quintal" – e dormitório – da população pobre que buscava os meios de sobrevivência na capital. Tal como as numerosas favelas, ela não pertencia à cidade "oficial" e o que lá ocorria não tinha muita repercussão entre os habitantes da capital. Para os formadores da "opinião pública", isto é, as principais empresas de imprensa e o *establishment* político e empresarial, a violência só se tornava visível quando os espaços mais abastados da classe média carioca eram, por assim dizer, "invadidos". Somente aí se constituiu a imagem de cidade violenta. Mas, há muito tempo, a atuação do famigerado Esquadrão da Morte, formado por policiais que usavam emblemas de caveiras e cuja origem

---

[2] No primeiro governo de Leonel Brizola, entre 1983 e 1987, foi criado o programa Cada Família um Lote, que pretendia promover a regularização fundiária em áreas favelizadas. Foi a primeira política com esse caráter no Estado do Rio de Janeiro. No entanto, menos de 10% de um total de 400 mil lotes foram entregues.

remonta aos anos 1950, já repercutia internacionalmente por causa de sua brutalidade. Os grupos de extermínio atuaram de maneira regular nas periferias quase como uma "instituição" no auge da repressão do regime militar, impondo um controle violento à população local. Durante a crise, na virada para os anos 1980, o quadro social e econômico do Rio era de abandono das populações periféricas e proliferação da insegurança na capital. A ausência de crescimento econômico e a escassez crônica de investimentos sociais, acompanhadas de um déficit habitacional cada vez maior, encontraram uma compensação limitada na pujança do mercado varejista de drogas, que absorveu parte da população pobre "sobrante", invariavelmente masculina e negra[3]. A consolidação das quadrilhas de traficantes nas favelas do Rio coincide, portanto, com o ápice de um processo de esvaziamento econômico que se originou, ainda nos anos 1960, em virtude da transferência da capital federal, com a perda de prestígio político e de arrecadação. O fim do Estado da Guanabara, em 1975, tornou a nova capital do Estado do Rio de Janeiro ainda mais carente de receitas. No início da década de 1980, começou a repercutir na imprensa local e nacional uma imagem de "desordem" causada pela onda de greves, saques a supermercados, desemprego em larga escala e proliferação de trabalhadores ambulantes e "informais" de todo tipo. Em 1988, o então prefeito Saturnino Braga anunciou a falência das contas públicas, adicionando à insegurança o efeito da decadência econômica. A atividade turística na cidade sofreu uma queda durante esse período, em decorrência direta da percepção do aumento da violência: entre 1988 e 1991, o número de estrangeiros que visitaram a cidade foi bruscamente re-

---

[3] Essa população se renovou de modo constante, seguindo a lógica de extermínio do "material humano" envolvido nos conflitos entre quadrilhas rivais. No entanto, parte significativa do morticínio registrado na cidade do Rio deve-se a execuções policiais transformadas pelas estatísticas oficiais em "autos de resistência", nos quais a polícia mata um opositor em legítima defesa. Essa prática continuou nas décadas seguintes. Entre 2000 e 2008, mais de 9 mil óbitos foram registrados como "autos de resistência". Em muitos casos, laudos técnicos identificaram facilmente características de mortes por execução.

duzido – isso num contexto de expansão internacional do turismo –, caindo, segundo dados da Embratur, de 800 mil para apenas 400 mil. Por fim, as imagens do "arrastão" – na realidade, uma briga de "galeras" frequentadoras de bailes funk – em uma praia da Zona Sul, em 1992, selaram a imagem negativa da cidade.

A partir daí, foi criada uma onda de pânico que agravou a mania de criminalização da população social e economicamente marginalizada e teve nas chacinas de Vigário Geral e da Candelária, ambas em 1993, sua face mais visível. Ocorreu então uma mudança de orientação no tratamento da segurança pública cujos resultados práticos iam da proibição de bailes funk – que, a essa altura, constituíam o principal lazer dos jovens de baixa renda – à reabilitação cada vez mais despudorada dos métodos repressivos da ditadura, incluindo a legitimação política das ações oficiosas do aparato policial. Tratava-se de "ocupar as favelas para pôr fim à violência". O desdobramento dessa nova orientação da política de segurança é conhecido: a "gratificação faroeste", criada para recompensar os policiais que cometessem o maior número de "assassinatos em nome da lei"[4] – além, é claro, da manutenção das estruturas criminosas, que prosseguiam como fontes de receita alternativa para muitos integrantes do aparato de segurança.

Ao mesmo tempo que os métodos repressivos eram legitimados, a corrupção da instituição policial se transformava no principal alvo midiático. A imprensa dirigiu os holofotes para a ligação das polícias com o jogo do bicho e outras modalidades de crime e contravenção. O diagnóstico não era brando: a instituição policial estava completamente "arruinada"[5]. Ato contínuo, vieram à tona, aclamados pelos mesmos formadores de opinião, planos alternativos de intervenção militar na esfera da segurança pública. A primeira experiência com

---

[4] Sérgio Verani, *Assassinatos em nome da Lei* (Rio de Janeiro, Aldebará, 1996).

[5] "Não se tinha notícia de uma instituição que se houvesse corrompido de maneira tão avassaladora como a Polícia Civil do Rio de Janeiro". Na Polícia Militar, prossegue a reportagem, podemos encontrar "batalhões inteiros comandados pelas propinas" ("Uma polícia arruinada", *Veja*, São Paulo, 13 abr. 1994, p. 16-7).

esse tipo de intervenção foi realizada pouco depois, durante a Conferência das Nações Unidas sobre o Meio Ambiente (ECO-92), seguida, em 1994, da Operação Rio, do Exército, após um debate sobre a necessidade de o governo adotar posições mais "enérgicas" para superar os problemas que eram classificados em geral como uma mistura de inoperância política e corrupção policial. Em duas grandes operações, o Exército ocupou as vias de acesso de várias favelas e ajudou a criar uma sensação de segurança para alguns segmentos da população. Obviamente, tais operações não produziram efeitos em termos de inibição do tráfico de drogas e armamentos pesados, mas consagraram um tipo de ação diferenciada que deu início ao contexto atual de militarização do espaço urbano.

A reestruturação urbana

Na primeira metade dos anos 1990, a desqualificação da "cidade maravilhosa" consolidou-se finalmente no imaginário social do carioca e do restante dos brasileiros. Como se viu, não era somente um caso de escassez de recursos ou perda de atratividade para atividades econômicas. Na versão dominante sobre a crise, tratava-se, além disso, de um problema de autoestima dos habitantes de uma metrópole que trocou a condição de centralidade político-cultural pelos estigmas – reforçados diariamente – da violência crônica e da decadência.

As políticas urbanas orientadas pelos ideais de renovação e "superação" da imagem negativa não tardaram. O começo foi aparentemente modesto, com a recuperação de partes emblemáticas da paisagem local: do embelezamento da orla da Zona Sul (Rio Orla) às preocupações ecológicas e estéticas com limpeza, iluminação e despoluição de praias turísticas. Eram medidas voltadas apenas para a valorização dos cartões-postais da cidade, sem qualquer preocupação com os antigos problemas estruturais de déficit habitacional ou com a falência dos sistemas públicos de reprodução social, sem contar a crescente falta de empregos. Por isso, tais intervenções, que pretendiam "virar a página" e encerrar um triste capítulo da história da cidade, dependiam, para sua realização, do incremento das políticas pragmáticas de urbanização do período anterior[6]. A idealização desse tipo de "recuperação da paisagem" foi concebida, antes de tudo, para servir ao consumo das camadas médias e ao setor turístico, mesmo que as tensões geradas no contexto de desigualdade que caracteriza nossa metrópole representem fatores de repulsa para esse tipo de atividade[7]. A continuidade das políticas pragmáticas ficou por conta do programa Favela-Bairro, apresentado como uma intervenção pioneira e inovadora. É evidente que, embora não se desse mais em termos de remoções ou programas habitacionais, o modo de lidar com a questão da moradia podia ser considerado um desdobramento das políticas habitacionais dos anos 1980. Os verdadeiros pontos de inflexão, em termos de políticas públicas, situavam-se em outro lugar, isto é, no novo enquadramento das questões que envolviam a violência e a pobreza, tal como a tendência à militarização da segurança e o abandono dos projetos abrangentes de escolarização integral. Estes foram pensados, ainda no campo ideológico do "desenvolvimentismo", como base para um modelo econômico inclusivo, do qual os governos da época começavam a se desobrigar para concentrar suas ações na administração repressiva da crise econômica e social.

A ênfase na ideia de recuperação da cidade após uma década de deterioração ocorreu em uma conjuntura marcada por mudanças de paradigma. No plano internacional, o início dos anos 1990 caracterizou-se pela consolidação da integração econômica dos mercados, que trouxe com ela a "agenda" da economia de serviços, o desenvolvimento vertiginoso das comunicações e a incorporação das atividades culturais ao consumo. No que diz respeito à economia

---

[6] Ver Maurilio Lima Botelho, "Crise urbana no Rio de Janeiro: favelização e empreendedorismo dos pobres", nas p. 169-213 deste volume.

[7] Não obstante, as desigualdades em si mesmas não representam empecilho ao turismo. À medida que as favelas eram reconhecidas pelo poder público, iniciou-se também um processo de estetização das paisagens de pobreza, que passaram a ser vistas como parte dos atrativos "exóticos" da cidade. Na favela da Rocinha, pioneira na modalidade "favela tour", essa atividade existe pelo menos desde meados da década de 1990.

brasileira, tratava-se, de acordo com os diagnósticos da época, de resolver o problema da inadequação da estrutura econômica do país à realidade da economia internacional. No plano político, uma transição de grandes dimensões teve como pano de fundo o enfraquecimento dos modelos de planejamento estatal associados ao passado. Consolidou-se então um arranjo original entre burocracia administrativa e gestão empresarial que vem sendo chamado de "parceria público-privada". Tornou-se cada vez maior o peso das estratégias de mercado na condução da política e na administração do espaço urbano, o que só faz acompanhar a tendência geral à mercantilização da reprodução social. Nas últimas décadas, o Estado vem perdendo funções diretamente reguladoras para se concentrar no estímulo às iniciativas empresariais. Ao adotar posturas "empreendedoras", as administrações locais perdem a capacidade de controlar fluxos financeiros e passam a atuar, de modo muito limitado, como "facilitadoras" e "coordenadoras" de ações privadas. Uma nova problemática urbana surge a partir do conjunto de mudanças aqui indicado: o período de consolidação da globalização econômica corresponde a um tipo de "empresariamento urbano", que, entre outros aspectos, assume a forma de uma competição entre cidades na qual cada uma delas pretende se tornar mais atrativa aos investimentos internacionalizados de eventuais "parceiros privados"[8].

Esse quadro de "estratégias globais" de mercado adotadas mundo afora por muitas das grandes cidades foi acompanhado de transformações técnico-científicas que consolidaram alterações substanciais em suas estruturas produtivas. Algumas se desindustrializaram e, com maior ou menor êxito, voltaram-se para a economia dos servi-

---

[8] David Harvey analisou as modificações da lógica da governança urbana no que ele classifica como a fase "tardia" do capitalismo. Para Harvey, a principal consequência da disputa interurbana é a necessidade de cada cidade se apresentar, sob pena de perder a concorrência, como um território viável em termos de custos, incentivos e adequação às exigências dos "novos mercados". Ver David Harvey, "Do administrativismo ao empreendedorismo: a transformação da governança urbana no capitalismo tardio", em *A produção capitalista do espaço* (2. ed., São Paulo, Annablume, 2006).

ços e do turismo. O Rio de Janeiro, no entanto, apresenta peculiaridades que não se encaixam no padrão da cidade desindustrializada que busca um lugar na rota dos fluxos globais com base no setor terciário avançado. Em primeiro lugar, os novos empreendimentos no Rio são mais uma tentativa de resgate de uma "vocação" perdida do que um sucedâneo de instalações industriais corroídas pelas mudanças econômicas e tecnológicas dos anos 1970. Além disso, o amplo setor de serviços estabelecido há décadas na cidade conta apenas com um pequeno segmento "avançado", enquanto todo o resto pertence a uma enraizada cultura de sobrevivência na informalidade e na precarização das relações. Por isso mesmo, as intervenções urbanas levadas a cabo a partir da nova conjuntura global foram conjugadas ao tema da "ordem urbana", que deve ser resgatada como primeiro passo para a modernização da cidade. Aqui, bem entendido, "modernizar" significa uma adaptação forçada das condições de reprodução social à dinâmica econômica internacional. A administração do prefeito Cesar Maia, ainda na primeira metade da década de 1990, perseguiu esse modelo e adotou um "plano estratégico" com visão empreendedora para orientar as políticas urbanas no novo cenário. Assim, ganhou força a ideia de uma cidade voltada para as tendências do mercado global, isto é, para novas formas de gestão do patrimônio ("parcerias" com o setor privado, sistemas de metas e a utilização de recursos públicos no circuito financeiro) e renovação dos setores de serviços e de informação. O objetivo declarado era situar a cidade em um patamar internacional. Barcelona, cidade catalã que havia sofrido com a crise iniciada nas décadas anteriores, tornou-se o grande exemplo de renovação. A cidade, diziam os ideólogos do urbanismo competitivo, foi capaz de encontrar um caminho auspicioso, transformando a condição de sede dos Jogos Olímpicos de 1992 em uma grande "oportunidade" para os negócios. Levando-se em conta a rentabilidade do capital imobiliário e a florescente economia do turismo, ela foi um sucesso – ainda que momentâneo. Com base nesse exemplo, especialistas da cidade catalã assessoraram a prefeitura do Rio na elaboração de seu próprio plano e, já em 1993, organizou-se o seminário "Rio-Barcelona: estratégias urbanas". Em seguida, o "modelo Barcelona" ganhou corpo no projeto olímpico Rio-2004.

Essa nova orientação foi idealizada para intervir nos problemas urbanos de acordo com a sua situação de urgência. O plano partia de um modelo que, além disso, parecia capaz de resgatar a imagem positiva da cidade. No entanto, não estava isento de contradições. Em meio à virada "modernizadora", o prefeito Cesar Maia lançou mão de uma retórica ambivalente, voltada para a "sociedade de carteira assinada" e acompanhada de campanhas contra os excessos da economia informal e das "alternativas" empregadas pelas populações de baixa renda (ver, por exemplo, a criação, na mesma época, de uma Guarda Municipal). Na perspectiva conservadora da administração da cidade, as estratégias de sobrevivência e a criminalidade misturavam-se em um quadro de desordem que deveria ser controlado. O aspecto contraditório dessa política tornou-se visível pelo fato de o governo, por um lado, insistir em "impor a ordem" e, por outro, adotar discriminadamente a prática de flexibilização das legislações e da administração para contemplar interesses corporativos e, sobretudo, para promover a adaptação da cidade aos "novos tempos". As intervenções orientadas pelo espírito do empreendedorismo urbano possuem enorme maleabilidade e presteza quando o que está em questão são os negócios das grandes empresas, mas caracterizam-se pela indiferença em relação aos despossuídos que dependem de pequenas atividades autônomas. Por isso, o "sucesso" é apenas relativo: em sua busca de lucro, produzem situações favoráveis para os segmentos mais integrados e "rentáveis" da população, mas encontram-se muito distantes da perspectiva dos programas sociais abrangentes. No caso do Rio, a ambivalência dessa dinâmica consiste em desregulamentar tudo que cria obstáculo ao lucro dos grupos privados e dificultar as estratégias de sobrevivência dos pobres, formalizando a precarização da miséria. Daí uma nova ambiguidade, pois a formalização desejada não significa somente impor regulamentos e outros obstáculos para as atividades informais. Com ela, tais "alternativas", antes identificadas como problemas, passam a ser reconhecidas – de modo tácito ou não – como antídotos contra a incapacidade de absorção da economia formal, isto é, tornam-se uma compensação para o fato de que a "sociedade de carteira assinada" não pode abranger o conjunto da população. Em sua fala no Fórum Universal das Culturas, em Barcelona, no dia 28 de julho de 2004, na mesma época em que esse urbanismo financeiro corporativo ganhava força no plano local, o presidente recém-eleito, Fernando Henrique Cardoso, cujo governo se esforçava para colocar o Brasil nesse mesmo rumo de abertura aos mercados mediante a precarização da regulação social, foi obrigado a reconhecer – em uma palestra no exterior (!) – que a globalização simplesmente não funcionava para todos e o desemprego e a exclusão social só tendiam a aumentar com a integração das economias nacionais periféricas no espaço funcional do mercado mundial.

O "plano estratégico", no entanto, não era sensível a esse tipo de preocupação. Passando da observação dos sintomas de decadência à terapêutica, adotou justamente os princípios do lucro e da competitividade (a fim de explorar "as vantagens da cidade") e as formas "inovadoras" de administração e execução. Mesmo as intervenções pontuais em áreas carentes passaram a ser vistas como estímulo ao "empreendedorismo popular". É claro que o novo princípio de intervenção urbana não poderia deixar de criticar as visões totalizantes, como aquelas que, seja por má consciência sociológica, seja por simples desfaçatez, ainda conseguiam identificar problemas sociais de natureza estrutural. Da parte dos governos, cumpria simplesmente reconhecer a falência das visões "gerais" e "abstratas" derivadas dos métodos tradicionais de planejamento e concentrar-se, sem rupturas drásticas, em ações de menor escala e objetivos imediatos. Tais ações passaram a visar em especial as áreas com alto potencial de valorização e os pontos importantes para a estruturação da "identidade" da cidade.

A vocação do Rio, de acordo com os autores do "plano estratégico", é a "cultura e a alegria de viver". Para realizá-la, seria necessário dar à cidade um aspecto acolhedor e cosmopolita. Por isso, juntamente com a "visão estratégica", cresceu em importância o *city marketing*, cuja função é fazer com que a cidade seja remodelada cenograficamente e promovida no exterior, além de criar, entre seus habitantes, um estado de espírito compatível com as expectativas de mercado. Portanto, a ideia de renovação urbana traz com ela o ideal estetizador e pressupõe um conjunto de operações para produzir efeitos simbólicos que contribuam para a afluência de consumidores e investimentos. Essa busca de visibilidade repleta de idealizações condicionadas pelo *ethos* dos agentes econômicos de vanguarda dos novos mercados corresponde ao reforço do papel dos grandes centros urbanos na economia mundial. Afinadas com a tendência que confere às grandes cidades um papel de centralidade financeira, comercial e cultural, as últimas administrações municipais têm se esforçado para mostrar o Rio, em campanhas publicitárias recentes, como a "marca registrada do Brasil", lugar de beleza, criatividade e alegria, no qual a paz tornou-se enfim um "sonho possível", praticamente já alcançado. A essa altura, estamos muito distantes das visões nuviosas do passado. A "cidade empreendedora" só existe em função das imagens com as quais ela deve se confundir. Um olhar retrospectivo mostra que o programa Rio Cidade, desenvolvido ao longo dos anos 1990, ensaiava a síntese entre a orientação pragmática, supostamente pós-ideológica, e a estetização do espaço urbano. Aspirava-se, ao mesmo tempo, realizar uma operação sem pretensões abrangentes e transformar a cidade a partir da remodelação visual de alguns de seus pontos específicos. Esse programa continua vivo na ideia de recuperação de áreas que sofreram com o abandono ou a desvalorização desde o início da crise. O projeto Porto Maravilha, criado pela prefeitura em 2009, é ilustrativo: como parte integrante do empreendimento olímpico, ele segue o modelo internacional consagrado, que se baseia na reestruturação homogeneizadora de áreas centrais degradadas – ainda tomando Barcelona como exemplo, pois foi ela que melhor capitalizou as mudanças urbanísticas e converteu-as em "marca registrada". De acordo com tal modelo, as áreas centrais devem ser investidas de novas funções. Assim, a zona portuária do Rio deverá se tornar a nova porta de entrada da cidade, e um centro de atividades culturais. Em última análise, o que está em jogo na substituição dos galpões e dos ferros-velhos industriais por grandes museus, ateliês, espaços de consumo, edifícios comerciais e modernos sistemas de transportes é a capacidade da refuncionalização de modificar o modo como os lugares são representados coletivamente, tendo em vista os fins da valorização imobiliária. Os bairros que compõem a nova área ocupada pela vanguarda cultural, essa "tropa de choque da elitização", como diz Neil Smith[9], sofrerão profundas modificações e serão núcleos turísticos culturais com maior adensamento e moradias de padrão mais elevado do que os atuais. Como palco das maiores intervenções, a zona portuária está prestes a se tornar a mais recente vitrine da "cidade empreendedora", que embeleza lugares degradados, expulsa a população de baixa renda e entrega serviços básicos à administração privada em regimes de concessão.

A estratégia de utilização dos grandes eventos esportivos para a "reversão da crise" possui uma lógica bem peculiar. Se, por um lado, ela aposta nos eventos para aumentar a visibilidade da cidade no exterior e mudar a representação negativa dominante, por outro, como observa Harvey, faz com que "a venda da cidade" dependa de uma "imagem urbana atraente"[10]. A nova imagem é tanto uma condição quanto o resultado a ser alcançado. Por trás da argumentação circular está o fato de que os megaeventos aceleram a aplicação de capitais, aumentam o preço dos imóveis e permitem "flexibilizar", em regime de urgência e em benefício dos agentes privados de sempre, obstáculos regulatórios no âmbito da legislação urbanística. O que resta, para além da apropriação privada, é a ideia de "legado", principal argumento do discurso dos defensores do "novo urbanismo". De modo geral, essa palavra se traduz em vantagens para agentes econômicos específicos, como a indústria do turismo, ou resulta na valorização de áreas centrais ou de expansão urbana. No caso dos anéis viários e corredores expressos em fase de construção no Rio, o efeito é uma reconfiguração dos padrões de circulação que leva em conta, em primeiro lugar, as demandas da especulação imobiliária e a logística dos próprios eventos. E já não cabe ao Estado estabelecer prioridades e marcos legais, apenas disponibilizar recursos para a

---

[9]   Neil Smith, "Nuevo globalismo, nuevo urbanismo", *Documents d'Anàlisi Geogràfica*, n. 38, 2001, p. 15-32.
[10] David Harvey, "Do administrativismo ao empreendedorismo", cit.

criação dos contextos de "conveniência comercial"; de fato, as cidades que pretendem se tornar sede desse tipo de evento precisam se submeter não só à dinâmica anônima da concorrência, que segue como a *ultima ratio* das políticas urbanas, mas também às condições impostas pelas entidades responsáveis. Nos Jogos Olímpicos, o principal instrumento de organização é o Comitê Olímpico Internacional (COI), uma entidade não governamental cujas atividades dependem não apenas da publicidade ou da exclusividade sobre a marca comercial e os direitos de difusão das imagens, mas também de contratos com parceiros privados, mediados pelo Estado, ou seja, com base em dinheiro público. Apesar disso, quem impõe as prioridades e as condições para a viabilização das obras é o próprio COI, cuja relação com os governos se dá, em vários aspectos, sob um regime legal de exceção. No caso da Copa do Mundo, é a Federação Internacional de Futebol (Fifa) que dita as normas para a realização dos eventos. O conjunto de regras vai desde a acomodação do público – criando exigências para excluir uma série de estádios prontos e forçando a construção, extremamente rentável para os atores privados envolvidos, de "arenas" hipermodernas – até a proibição de venda de determinadas marcas no entorno dos estádios. O mais significativo, contudo, é a imposição de isenção fiscal para a entidade e empresas parceiras, a suspensão de direitos do consumidor e a liberação de vistos de entrada no país para qualquer um que tenha vínculos com o evento (por exemplo, ter ingresso para um jogo da Copa). A Lei Geral da Copa torna o país-sede um verdadeiro paraíso fiscal momentâneo. Ocorre assim um grande acordo autoritário de gestão entre agentes políticos e todo o conjunto de organizadores, patrocinadores, empreiteiros e empresas prestadoras de serviços para transformar a cidade em um lucrativo "canteiro de obras".

No Rio, mas também em cidades que vivenciam de forma menos intensa esse tipo de reestruturação, o abandono de prioridades por parte dos governos, em seus vários níveis, não deixa de ser sentido pela população, mas esse tipo de incongruência perde visibilidade quando ignorado pelo otimismo oficial e pela insensibilidade interessada das grandes empresas de imprensa. Mais do que isso, o projeto olímpico é apresentado como um "sonho coletivo" que, em seguida, dissemina-se na sociedade a ponto de produzir uma imagem positiva unificadora, um verdadeiro consenso em relação a sua pretensa necessidade.

Quanto aos meios da realização, vende-se a ideia de que é mais "racional", ou melhor, mais lucrativo priorizar obras que drenem grandes quantidades de recursos do Estado do que utilizar os mesmos recursos na ampliação e na manutenção de serviços básicos indispensáveis a uma população que não pode pagar planos de saúde ou escolas privadas e continua sem acesso à infraestrutura urbana. Outra parte dos recursos é gasta diretamente ou na forma de isenção de impostos, cuja base são as expectativas de mercado, especialmente na construção civil e nos serviços ligados ao consumo turístico. Uma vez apropriados por empresas, que também se aproveitam indiretamente dos gastos públicos em infraestrutura e equipamentos coletivos, tais "investimentos" retornam, se tanto, como meros "efeitos colaterais" para uma população que continua amoldada à condição de prestadora de serviços baratos, sem perspectivas de inclusão substantiva nos processos econômicos. Com o definhamento do sistema de saúde e de educação, consolida-se a inversão de objetivos das políticas de governo, que abandonam tanto os princípios inclusivos quanto os chamados "meios de consumo coletivo", típicos do momento ascendente da modernização econômica, e começam a girar em torno das ideias de competitividade e consumo individual. A cidade precisa então correr contra o tempo, e contra as cidades "rivais", para se adequar, sem segurança jurídica, às exigências e aos custos elevados dos padrões internacionais. Nesse contexto, qualquer tipo de oposição à racionalidade econômica subjacente aos jogos, que é mimetizada por sujeitos igualmente submetidos, em sua vida diária, à dinâmica da concorrência generalizada, ganha ares de campanha "contra a cidade"[11].

---

[11] Pode-se discordar de algum detalhe ou denunciar algum "desvio", mas o conjunto do projeto de renovação urbana por meio do empreendedorismo e do projeto olímpico conta com aprovação quase unânime. Essa imagem positiva

No entanto, resta um problema capaz de atrapalhar esse sonho coletivo artificialmente induzido, e que ultrapassa as questões de logística e infraestrutura: a "violência urbana". Nenhuma exploração comercial dos eventos ou da imagem da cidade seria possível sem garantias do governo local quanto à "manutenção da ordem". No caso do Rio, a "segurança" aparece como o principal problema assinalado pelo COI, que exige dos governos uma solução imediata para que a realização dos jogos ocorra sem prejuízo à marca olímpica.

A reestruturação da lógica criminal

A presença de grupos armados com domínio sobre o território, incluindo favelas próximas ou no interior de áreas valorizadas da cidade, é um pesadelo permanente para o conjunto da população carioca e revela uma dimensão estrutural da ordem instituída. Mas é também um problema que demanda ações de urgência para quem pretende criar um ambiente favorável aos negócios e mascarar os efeitos da crise econômica e social. Sem uma articulação entre a reestruturação urbana e a iniciativa de diminuição seletiva da letalidade dos conflitos, qualquer tentativa de conferir à cidade do Rio uma imagem positiva e potencialmente lucrativa seria muito pouco factível. O primeiro passo dessa articulação é a "pacificação" das favelas. Por isso, com o avanço do projeto olímpico, a retórica belicista do primeiro ano do atual governo estadual saiu de cena. Era necessário mudar a estratégia de segurança, no sentido da recuperação do controle social e territorial de determinadas áreas, para mostrar ao mundo que a autoridade estatal está presente em toda a cidade. O objetivo do programa das Unidades de Polícia Pacificadora (UPPs),

---

contrasta com a situação de outras cidades, nas quais surgiram movimentos de protesto contra os jogos, todos ignorados pelos nossos meios de comunicação de grande audiência. Em Chicago e Tóquio, concorrentes diretas do Rio, a rejeição às candidaturas chegava aos 50%. Somente em Madri havia altos índices de aprovação. Em Chicago, por outro lado, o movimento "No Games" lembrava exemplos de cidades financeiramente arruinadas por causa dos jogos. Atenas, sede das Olimpíadas em 2004, nos oferece o exemplo mais recente.

iniciado em dezembro de 2008, assim como das intervenções militares anteriores, é diminuir o sentimento geral de insegurança. Em um primeiro momento, "pacificar" a cidade significa apenas acabar com a visibilidade da violência do tráfico de drogas e eliminar os conflitos armados em áreas de alta renda que concentram atrativos para os consumidores vindos de fora. A política de "pacificação" ganhou impulso quando, em outubro de 2009, apenas duas semanas após o festejado anúncio da vitória do Rio como sede das Olimpíadas, imagens de um helicóptero da Polícia Militar derrubado durante um conflito correram o mundo, indicando que a cidade estava longe de vencer a chamada "guerra contra o tráfico". Desde então, um dos objetivos declarados da política de segurança estadual é estabelecer um "cinturão de segurança" para a Copa de 2014 e as Olimpíadas de 2016.

As unidades "pacificadoras" estão presentes em quase todo o território do município, mas distribuídas de maneira muito desigual. Além disso, dados do Núcleo de Pesquisa das Violências (Nupevi) mostram que as UPPs estão presentes em menos de 3% das favelas da cidade, enquanto as milícias e o tráfico dividem entre si a maior parte delas (respectivamente, 41,5% e 56%). Levando em conta as populações residentes, o percentual correspondente às áreas que contam com unidades de policiamento permanente eleva-se de modo considerável, mas ainda assim continua pouco abrangente, se considerarmos a amplitude da favelização. Repetindo o padrão recente de intervenção urbanística, as operações de "pacificação" não seguem uma visão totalizadora: restringem-se a pontos estratégicos, ligados de maneira direta ou indireta aos locais economicamente mais valorizados ou à funcionalidade dos grandes eventos. Essencialmente, as UPPs promovem uma ocupação territorial que secundariza a tradicional lógica policial e midiática dos confrontos armados. Por esse motivo, as ocupações atuais têm seguido um padrão diferenciado que resulta em poucas mortes e prisões. Foi assim que, ao longo dos dois últimos anos, algumas "fortalezas" do tráfico foram desmanteladas e os integrantes das facções criminosas, que se digladiavam pelos pontos de venda e confrontavam o aparato policial, foram obrigados a se deslocar para outros lugares. Muitas abordagens consideram o avanço da "pacificação" parte de uma política de segurança pública convencional, dotada de uma lógica própria, tal como as políticas de governos anteriores. No entanto, uma análise da distribuição espacial das intervenções "pacificadoras" torna visível a natureza instrumental dessa concepção de enfrentamento da criminalidade violenta e sua estreita relação com o plano de segurança para os megaeventos catalisadores do novo urbanismo. Tais intervenções não se limitam, é claro, a uma ação temporária que vise garantir a segurança durante os eventos. Ele se articula à expansão do sistema de vigilância estatal sobre as "comunidades" com base no policiamento permanente e nos programas sociais de administração da pobreza, além de estimular processos de valorização imobiliária nas áreas abrangidas pelas UPPs. Em um primeiro momento, de forma apenas experimental, as ocupações se limitaram às pequenas favelas da Zona Sul. Em seguida, as UPPs chegaram à Cidade de Deus, considerada estratégica por dar acesso à Barra da Tijuca, bairro que lidera o ranking dos altos investimentos imobiliários. Em janeiro de 2010, algumas dessas experiências pioneiras, nos morros Santa Marta e Cantagalo, receberam "visitas" de representantes do COI. Em abril do mesmo ano, as UPPs chegaram ao centro e, pouco depois, começaram as ocupações na Tijuca e no entorno do estádio do Maracanã. Em 20 de junho de 2011, o jornal *O Globo* estampou na primeira página: "Com Mangueira ocupada, só falta Maré para a Copa". A ocupação da favela da Mangueira, diz o jornal, "fecha o cinturão em torno do Maracanã". O próximo desafio, acrescenta a reportagem, é o complexo de favelas da Maré, caminho obrigatório para quem desembarca no aeroporto internacional. Do mesmo modo, a cobertura da imprensa internacional não deixou de qualificar as ações espetaculares que mobilizaram grandes contingentes da polícia e das Forças Armadas como uma etapa da "preparação" da cidade para receber turistas e investimentos.

As favelas da Rocinha e do Vidigal, alvos mais recentes da "pacificação", consolidaram a ocupação das favelas das áreas privilegiadas da cidade. Duas exceções confirmam a regra: a favela do Batan, em

Realengo, e o Complexo do Alemão. A primeira é um caso particular não apenas por sua localização, mas também por ser a única favela "pacificada" dominada anteriormente por milicianos. O Complexo do Alemão, por sua vez, foi ocupado pelo Exército, e não por unidades pacificadoras. Nos dois casos, foram fatores imprevistos que forçaram a ação do Estado[12].

O que é, afinal, o processo de "pacificação"? Dadas sua distribuição espacial e sua relação com outros processos, ele tem se revelado, para além de simples contenção de conflitos, um meio de consolidar a concepção de cidade que administradores públicos e "promotores de vendas" desenvolveram ao longo das duas últimas décadas; mas a "pacificação" é sobretudo um elemento decisivo na esperada mudança da imagem da cidade. Ela se associa à criação dos cenários atrativos requeridos pelo urbanismo competitivo. Outro aspecto da "pacificação" é o seu caráter economicamente superior em relação à lógica de conflito aberto, que produziu uma guerra infrutífera entre a polícia e os gerentes do comércio de drogas. Nas experiências passadas, as incursões violentas do aparato policial não resultaram em nada além de estímulo à corrupção policial, hoje endêmica, e aceitação tácita da eliminação de partes da juventude pobre como política de Estado – o Brasil sempre foi alvo das campanhas internacionais de direitos humanos, o que contribuiu para a formação de uma imagem negativa do país no exterior. Além disso, ao restringir a ação do Estado nas favelas à truculência da repressão policial, as contínuas políticas de segurança não conseguiram evitar que as áreas "nobres" se convertessem em territórios de conflito. As operações "pacificadoras", ao contrário, seguem uma nova lógica de coexistência, pelo menos no que diz respeito aos espaços economicamente privilegiados e à legitimação das políticas de Estado.

Por outro lado, o processo de "pacificação" parece ter um pressuposto que não depende desse tipo de ação estatal. O relativo sucesso

---

[12] Sobre a ocupação do conjunto de favelas do Complexo do Alemão, ver Marcos Barreira e Maurilio Lima Botelho, "O Exército nas ruas: da Operação Rio à ocupação do Complexo do Alemão", nas p. 115-28 deste volume.

alcançado, em âmbitos locais, com a implantação das UPPs talvez possa ser considerado o resultado de uma importante reestruturação das formas de operação do crime[13]. Alguns fatores parecem contribuir diretamente para isso: em primeiro lugar, os custos cada vez maiores com armamentos pesados, exigidos pela guerra entre facções ou pela concorrência com grupos milicianos; em segundo lugar, a concorrência de novas drogas sintéticas, que chegam aos consumidores de alta renda sem passar pelas favelas; e por último, as altas quantias pagas aos policiais, vulgo "arrego", que consomem parte significativa do lucro obtido com a venda das drogas. Todos esses elementos teriam diminuído a viabilidade econômica do comércio varejista de drogas e, em última análise, minado o poder dos operadores. É óbvio que, com as UPPs, a situação se agrava e a guerra por territórios se intensifica.

A crise tornou os "comandos" da droga mais fragmentados, irracionais e autodestrutivos. Eles deixam de representar uma alternativa econômica, ainda que perigosa e ilegal, e tendem a se tornar núcleos de pura violência. Os diferentes "comandos" funcionam antes como pobres sucedâneos de identidades coletivas para indivíduos considerados supérfluos pela concorrência econômica. Para o jovem "soldado" do tráfico, a facção já não é um meio de vida ou uma opção racional, mas algo muito mais imediato e relativo a seu status dentro da favela[14]. Quando o sentimento de pertencimento comunitário se

---

[13] Essa é a hipótese de Luiz Eduardo Soares; para ele, "o tráfico, no modelo que se firmou no Rio, é uma realidade em franco declínio e tende a se eclipsar, derrotado por sua irracionalidade econômica e sua incompatibilidade com as dinâmicas políticas e sociais predominantes, em nosso horizonte histórico" ("A crise no Rio e o pastiche midiático"; disponível em: <http://luizeduardo soares.blogspot.com.br/2010/11/crise-no-rio-e-o-pastiche-midiatico.html>; acesso em abr. 2013).

[14] Entre os fatores atrativos do tráfico, a "escolha voluntária" por certa ascensão social conta menos do que a escassez de opções com a qual se deparam as crianças e os menores nas favelas. O apelo da estrutura organizacional do tráfico é, portanto, um produto da ausência de alternativas econômicas racionais, alimentada por sistemas de lealdades e por uma subcultura de facções "que promove e glorifica abertamente os traficantes [...] vistos como heróis poderosos

transfere para a facção, os vínculos com os locais de origem são eliminados. Essa nova condição de pertencimento, que envolve a demonização das facções rivais, se torna mais importante que a própria segurança do "soldado" do tráfico. Nem mesmo os chefes locais possuem esperança de sucesso duradouro. Não por acaso, surgem nas formas de expressão dos jovens das favelas analogias com o "homem bomba" dos noticiários internacionais, e o mesmo vazio de perspectivas se faz presente nas letras do funk proibido: "Quantos amigos eu vi ir morar com Deus no céu, sem tempo de se despedir, mas fazendo o seu papel". As finalidades econômicas são relegadas em nome de uma fidelidade ao grupo impregnada de chavões religiosos: "O dono do ouro e da prata é Jesus, e ninguém leva nada da Terra, o salário do pecado é a morte, morrer como homem é o prêmio da guerra". Do outro lado dessa relação, o dos consumidores das drogas ilícitas, verifica-se uma mudança igualmente reveladora à medida que a crise avança: a expansão do uso do crack, droga barata e destrutiva cuja venda não gerava lucros comparáveis aos da cocaína, criou um mercado recente, voltado não para os consumidores de alta renda, mas primordialmente para moradores das próprias favelas.

O Rio continua a ser (com ou sem "pacificação") uma cidade profundamente marcada pelo *apartheid social*. Os números, sempre atenuados, indicam que um alto percentual da população sobrevive em situações degradantes, sem emprego e condições mínimas de moradia e infraestrutura. O vasto território de pobreza presente na cidade foi dividido em áreas de influência de facções, e os conflitos, com altos índices de mortalidade para essa parcela da população, há mui-

---

que desafiam a polícia tão temida e que se recusam a sofrer a pobreza comum aos demais residentes das favelas". As "dificuldades" da adesão à violência armada organizada, caracterizadas pelos altos índices de letalidade e encarceramento, são parcialmente compensadas, no imaginário desses jovens, pela possibilidade de "tornar-se importante", ter acesso imediato a bens de consumo e até mesmo compartilhar momentaneamente com o grupo um "estilo de vida agitado". Ver "Crianças combatentes em violência armada organizada: um estudo de crianças e adolescentes envolvidos nas disputas territoriais das facções de drogas no Rio de Janeiro" (Rio de Janeiro, SER/Viva Rio, 2002), p. 102-4.

to se tornaram parte da vida diária. As UPPs não se integram a um plano de políticas abrangentes com respostas para essa situação. O alcance dos projetos sociais vinculados a elas é limitado, quase fantasioso, se levadas em consideração as verdadeiras dimensões das carências sociais. Além disso, o tipo de intervenção realizado para a consolidação das UPPs não funciona – e não pode funcionar – como modelo para o conjunto da cidade: há mais de mil favelas espalhadas pela capital fluminense, sem contar as que se estendem para além dos limites municipais, em cidades conurbadas, para as quais seria necessário um contingente policial cuja manutenção exigiria custos incompatíveis com os orçamentos estatais. Também não se pode imaginar um Estado capaz de controlar de maneira formal e eficaz a ocupação do espaço urbano por meio de um aparato policial dilatado, que muito rapidamente reforçaria sua capacidade de operar por conta própria[15].

Em todo caso, a questão da abrangência dessa política continua em aberto. De acordo com a Coordenadoria de Polícia Pacificadora, criada em janeiro de 2011, mais 22 UPPs serão implantadas até 2014 (num total de 40) e 160 favelas serão ocupadas por um contingente de 13 mil policiais militares até 2016. O modelo de segurança das UPPs revelou-se eficiente quando o que estava em jogo era a diminuição do poder das quadrilhas armadas, possivelmente já

---

[15] A hipertrofia do aparelho repressivo já começa a ser patente. No processo de "pacificação", o poder policial-militar recebeu novas atribuições. Agora, é a Polícia Militar que se responsabiliza pelo acesso da população aos serviços do Estado. A instituição policial deixa de ser uma garantidora das condições gerais de segurança e assume a função de agente ou veículo da "cidadania". Se no passado o Estado abandonava as áreas carentes da cidade e intervinha apenas por intermédio do aparato policial, agora é por esse mesmo aparato que o Estado tenta se fazer presente em suas outras funções. Essa mediação significa, é claro, uma ampliação da área de atuação dos serviços públicos, mas também indica uma mudança na natureza dessa intervenção, que se torna indissociável da vigilância e da coerção permanentes. Por outro lado, é cada vez mais difícil controlar o "aparato de segurança". A diminuição da influência política na indicação dos comandantes dos batalhões da Polícia Militar, percebida com frequência como um fato positivo, já dá indícios da escassa capacidade de controle efetivo que os governos têm sobre a corporação.

fragilizadas pela "concorrência". A quebra do poder territorial do tráfico e a retirada de seus agentes do campo de visão faz com que, da perspectiva do poder público, o principal resultado das UPPs seja a diminuição da margem de "descontrole social" em áreas consideradas estratégicas[16]. Mas daí advém outra consequência: a "pacificação" força, pelo menos de início, a migração do tráfico para as áreas periféricas, na Zona Norte e municípios vizinhos, pertencentes à Baixada Fluminense, que têm pouco a ver com o "ambiente" que está sendo criado na cidade, salvo talvez no que diz respeito ao fornecimento de mão de obra barata.

Com o falatório em torno da "pacificação", o discurso dominante reduz o crime à sua dimensão mais visível e espetacular, o conflito aberto, enquanto a favela permanece estigmatizada como território de violência em potencial, que demanda controle permanente. A compreensão das relações que transformam o território da pobreza em ponto de chegada de uma rede que passa pelo tráfico internacional, pela corrupção policial e pela lavagem de dinheiro dá lugar, na retórica legitimadora da "pacificação", à celebração das expectativas em torno das "novas oportunidades" de negócios. A venda de drogas ilegais, por sua vez, se estilhaça, mas não desaparece, mesmo nas favelas ocupadas pelas UPPs, onde, sob formas renovadas, continua a funcionar como meio de corrupção.

A recente mudança das estruturas criminosas tem outro aspecto, ainda mais controvertido: a formação de milícias. Estas só entraram no debate público-midiático e tornaram-se alvo de investigação após a onda de violência e "ataques" ocorridos na cidade do Rio, no

---

[16] No dizer do sociólogo Luiz Antonio Machado da Silva, "é como se as autoridades reconhecessem que pretendem apenas deslocar as atividades criminais. Por outro lado, não quero assumir uma atitude cínica, mas creio que mesmo o mero afastamento do crime violento para regiões menos visíveis socialmente e mais longe da grande mídia pode ser um fator positivo para desanuviar o ambiente e favorecer uma discussão mais serena sobre as políticas de manutenção da ordem pública [...]". ("UPPs: pacificação ou controle autoritário?"; disponível em: <http://www.comunidadesegura.org/MATERIA-upps-pacificacao-ou-controle-autoritario>; acesso em abr. 2013).

fim de 2006. Tratava-se novamente da violência do tráfico, mas, dessa vez, as quadrilhas reagiam não às operações de rotina da polícia, mas à ação de grupos armados que começaram a expulsá-las de seus pontos de operação. Em março de 2008, um desses grupos apareceu pela primeira vez, com grande destaque, após ameaçar, sequestrar e torturar jornalistas que investigavam a favela do Batan. Em 2007, as milícias controlavam mais de noventa áreas, em sua maioria favelas. Números recentes indicam que esse controle se estende hoje a mais de trezentas áreas, incluindo bairros inteiros, nas zonas oeste e norte da cidade.

O controle das milícias é uma mistura de ocupação territorial pela força das armas e exploração econômica de qualquer tipo de atividade capaz de gerar lucro imediato. A lógica da operação é muito mais sofisticada do que a das facções do tráfico: monopolização de "serviços" ilegais ou informais (gás, transporte alternativo, ligações clandestinas de TV a cabo etc.), taxas sobre a segurança e a venda de terrenos e imóveis. Em alguns casos, pontos de venda de drogas e casas de jogos funcionam de forma velada. Além disso, as milícias articulam-se politicamente e usam de sua influência para formar "currais eleitorais". Seus chefes cultivam relações com partidos tradicionais, financiam campanhas e criam uma rede de poder clientelista com influência sobre serviços de saúde, escolas e delegacias.

Depois do episódio de 2008, o governo estadual reconheceu publicamente o perigo representado pelas milícias. A ideia de um "poder paralelo", como amiúde são definidas, indica o fim do monopólio estatal da violência. Mas, ao contrário do tráfico, que desde o início estabeleceu conexões e contou com a cumplicidade do aparato policial, a relação das milícias com o Estado é mais intrincada e nunca externa ou "paralela". O tratamento que as lideranças políticas tradicionais deram a esse problema ao longo da última década é bastante revelador. Quando as primeiras informações sobre os grupos paramilitares começaram a circular, o prefeito Cesar Maia declarou que se tratava de "um problema menor" em relação ao tráfico. Mais de uma vez, os líderes dos partidos governistas se referiram às milícias de modo eufemístico, como um tipo de "autodefesa comunitária" contra o poder arbitrário das facções criminosas. Do mesmo modo, até 2008 a cobertura jornalística destacava que a atuação dos policiais militares envolvidos em tais grupos situava-se na contramão da violência produzida em áreas pobres controladas por traficantes. Enquanto isso, os líderes milicianos apoderavam-se das associações comunitárias e chegavam ao Estado como representantes eleitos. As milícias cresceram e organizaram-se com a conivência de agentes do Estado. Armaram-se e continuam a se financiar com a ajuda de apreensões policiais desviadas (armas, drogas e dinheiro). Numa operação espetacular no Complexo do Alemão, em fins de 2010, mesmo com a presença maciça da imprensa, a regra foi, mais uma vez, desviar o dinheiro e as armas apreendidas pelos policiais.

A "pacificação" foi concebida de forma pragmática e instrumental como parte das medidas necessárias aos eventos que serão realizados na cidade, mas é também um momento importante da efetivação de uma gestão do espaço com tendências segregadoras, que pode ser caracterizada como um "urbanismo de minorias". As UPPs abarcam uma área que se coaduna com a ação miliciana em outras partes empobrecidas da cidade e empurra o tráfico armado para regiões ainda mais periféricas. Isso significa que o poder público praticamente não levou sua política pacificadora para essas regiões. Por outro lado, o próprio modelo de ocupação permanente foi iniciado pelas milícias. Se a concepção de visibilidade da segurança trazida pelas UPPs transfere e modifica as formas de operação do tráfico, ela tem na atividade das milícias um tipo de ocupação "complementar" do território. Em termos espaciais, a ampla área de controle das milícias "encontra-se" com as áreas onde há a presença de UPPs (uma faixa da Zona Norte localizada nas proximidades do Estádio Olímpico). É possível que as ações oficiais do Estado continuem a se expandir, alcançando outros pontos importantes da cidade, mas, na conjuntura atual, nada indica que elas avançarão sobre os principais territórios das milícias a ponto de enfraquecê-las.

A coexistência de milícias e UPPs parece ocorrer de forma explícita quando relações de interesse se conjugam às articulações político--eleitorais. É o caso da Cidade de Deus, um dos primeiros locais a receber uma unidade pacificadora e a única favela dominada pelo tráfico em uma área com forte atuação de milícias. Seguindo a mesma lógica, é possível apontar outros aspectos dessa articulação:

> Em Vigário Geral a polícia sempre atuou matando membros de uma facção criminosa e, assim, favorecendo a invasão da facção rival de Parada de Lucas. Há quatro anos, o mesmo processo se deu. Unificadas, as duas favelas se pacificaram pela ausência de disputas. Posteriormente, o líder da facção hegemônica foi assassinado pela Milícia. Hoje, a Milícia aluga as duas favelas para a facção criminosa hegemônica.[17]

Outro caso recente, amplamente noticiado, dá indícios dessa articulação entre a estrutura do Estado e as redes mafiosas: um coronel responsável pelo batalhão da Polícia Militar de São Gonçalo, na região metropolitana do Rio de Janeiro, foi acusado de participar de um esquema de "espólio de guerra" pelo qual as armas apreendidas eram revendidas, bem como de ser o mandante do assassinato de uma juíza responsável pela prisão de policiais que faziam parte de grupos milicianos.

As milícias representam mais a fragmentação do poder político tradicional do que a pretensão de substituí-lo. Isso significa que elas se impõem pela força onde o Estado atua de modo apenas marginal. A militarização do espaço urbano também é informal: as milícias são constituídas, em sua maioria, de policiais, agentes penitenciários e outros funcionários do Estado que lançam mão de sua condição para se associar em "bandos" e obter renda de modo delituoso. Eles agem nas brechas do poder público, obrigando os governos a negociar suas formas de operação com as lideranças dos batalhões e delegacias policiais. Com a relativa autonomização que obtêm por meio desse tipo de negociação, as redes mafiosas tendem a transformar a "segurança" em um negócio privado a serviço de esquemas locais de poder. A proliferação desses bandos em fave-

---

[17] José Cláudio Alves, "Violência no Rio: a farsa e a geopolítica do crime", *CartaCapital*, 29 nov. 2010. Disponível em: <http://www.cartacapital.com.br/sociedade/violencia-no-rio-a-farsa-e-a-geopolitica-do-crime>; acesso em abr. 2013.

las e periferias não obedece a uma estratégia, ainda que não exclua associações de interesses; eles ocupam de modo quase automático os espaços de desagregação social criados pela ausência de ações contínuas do Estado. Em muitos momentos, o tráfico cumpriu papel semelhante em termos de controle sobre territórios. No entanto, as milícias têm mais facilidade de sair das margens sociais e organizar-se de maneira difusa, pois atuam *por meio* do Estado. A disseminação de formas privadas e ilegais de prestação de serviços, inclusive de "segurança", indica – mais do que a existência de uma estrutura ilegal paralela – a identidade cada vez maior entre um Estado que se desobriga dos fins universalistas e a "pilhagem"[18]. Quando a absorção produtiva da força de trabalho dá sinais de esgotamento, também as regras gerais ameaçam falhar, revelando o núcleo de violência da instituição estatal que se esconde por trás dos princípios de representação. O que Franz Schandl formula a respeito do recente contexto de desagregação da periferia europeia não deixa de ser uma situação típica de outros lugares:

> liberado da relação idealmente simbiótica com a sociedade, mas como antes dotado de direitos soberanos e dos correspondentes instrumentos para fazê-los implementar, foi fácil para parte do aparato estatal converter-se à pilhagem da sociedade.[19]

Não estamos diante de um simples desvio da norma legal. Em tempos de crise e agudização da ruptura do tecido social, o que se avizinha é a privatização violenta do imposto e da prestação de serviços:

> se o pagamento de propina ainda evoca um certo ar de arbítrio e liberalidade, o pagamento de proteção está sempre vinculado a uma coerção factual. Se no caso das propinas a situação ainda é dominada pelos compradores (de serviços, mercadorias, opções de investimentos), isso não é mais o que se verifica no caso do pagamento de proteção. Aqui cabe ao vendedor, que pode ser também um chantagista como outro qualquer, estipular os termos. [Desse modo,] no lugar do monopólio

---

[18] Ver Franz Schandl, "Pilhagem social: mosaico de uma desintegração feito com pedras desordenadas", *Sinal de Menos*, n. 1, 2009.
[19] Ibidem, p. 150.

fiscal temos *polos fiscais*, no lugar do monopólio da violência, polos *de violência*.[20]

Na Baixada Fluminense e em alguns bairros da Zona Oeste, os bandos armados, cujas origens remontam aos grupos de extermínio dos anos 1970 e 1980, operam diretamente. Em alguns casos, formam grupos políticos convencionais[21]. No município do Rio de Janeiro, especialmente nos bairros com forte presença de classes médias, o aparato policial tornou-se um acintoso mediador da "economia do crime" e da informalidade. Essa relação é antiga. Esquadrinhar o território à procura de fontes de lucro por meio de extorsão, propina e associação com atividades ilegais é há muito a principal ocupação do aparato de "segurança" estatal. Especula-se que mesmo a localização das delegacias tenha relação direta com atividades ilegais[22]. No entanto, ao contrário dos grupos de extermínio, as milícias não estão "a serviço" de interesses econômicos: expulsando as facções do tráfico ou restringindo sua atuação, elas se escusam da função mediadora e controlam diretamente as atividades ilegais e o próprio território. Como agem de maneira mais discreta que o tráfico, sem ostentação de armas, conseguem manter um controle eficiente sobre favelas e bairros periféricos, nos quais nada que entre em conflito com os interesses mafiosos consegue se desenvolver.

Na recente ocupação da favela da Rocinha, no fim de 2011, a

---

[20] Ibidem, p. 154.

[21] Em seu livro *Dos barões ao extermínio: uma história da violência na Baixada Fluminense* (Rio de Janeiro, APPH-Clio, 2003), José Cláudio Alves descreve como se deu a ascensão de políticos ligados aos grupos de extermínio na região da Baixada Fluminense.

[22] "Num estudo recente, a Secretaria de Segurança descobriu que a lógica centenária da divisão de delegacias era determinada pela divisão dos territórios dos bicheiros. Isso porque os delegados tratavam de estabelecer por meios próprios sua área de influência para garantir o domínio da corrupção num determinado espaço. Com o tempo, a ligação com o jogo do bicho abriu caminho para o tráfico de drogas [...]" (Marcelo Carneiro e Silvia Rogar, "É caso de polícia", *Veja*, 29 mar. 2000; disponível em: <http://veja.abril.com.br/290300/p_048.html>; acesso em abr. 2013.

euforia inicial em torno da "guerra contra o tráfico" deu lugar a muitas dúvidas em razão da quantidade de denúncias contra policiais, mas também pela assistência precária dada às "comunidades" ocupadas e, sobretudo, pela repercussão negativa dos crimes ligados às milícias. Durante a operação da Rocinha, houve uma tentativa de resposta por parte do governo, que, ao contrário das ações anteriores, efetuou mais prisões e apreensões e inibiu saques, proibindo que policiais subissem o morro com malas ou mochilas. Era o reconhecimento implícito de que o crime parece ter apenas mudado de forma e lugar.

Na ocasião, o secretário de Segurança Pública do Rio, José Mariano Beltrame, falou dos "êxitos" da política atual e, de modo mais enfático do que no passado, garantiu que o combate às milícias "continuaria a ser" uma prioridade do governo. Parece um daqueles casos em que o fracasso sobe à cabeça, já que, ao longo dos últimos anos, as milícias não pararam de crescer. De acordo com o relatório de uma Comissão Parlamentar de Inquérito (CPI) instalada em 2008 na Assembleia Legislativa do Estado do Rio de Janeiro (Alerj), mais da metade do território hoje ocupado por grupos milicianos não estava sob o domínio de facções do tráfico. Nessas áreas, foi a estrutura de segurança do Estado que garantiu, por omissão ou cumplicidade, a ampliação das atividades ilegais. Por outro lado, as restrições impostas ao comércio varejista de drogas em algumas favelas tendem a fazer com que essa economia se reorganize, livrando as áreas consideradas estratégicas dos efeitos colaterais mais visíveis do tráfico. Essa é uma política adequada à criação de uma imagem de cidade pacificada: atacar a organização das facções criminosas, empurrando-as, enfraquecidas, para as periferias, ajuda a criar uma sensação de segurança nos bairros de onde foram expulsas e a disseminar, entre as classes médias, a ideia de que houve "resultados concretos". Um desses resultados, porém, é a intensificação das disputas territoriais em bairros pobres, que passam a servir de abrigo para os integrantes do tráfico. Nesse sentido, a retomada territorial e simbólica das favelas pode contribuir para a criação de um "novo ambiente" para os negócios e para um tímido reformismo social, mas os conflitos armados e o poder informal das milícias continuam fortes, na sombra da "pacificação".

A imagem da cidade competitiva

A consolidação do novo modelo urbano se dá pela acomodação das políticas públicas às forças do mercado. A outra contradição desse modelo competitivo voltado para uma minoria de consumidores é a mudança de percepção da violência. Visto que nada indica uma diminuição global e continuada dos índices de criminalidade violenta, o que está em jogo nessa "nova questão urbana" é como a estratégia de marketing para a segurança pública se amplifica nos discursos sem réplica dos meios de comunicação até se tornar consensual, pintando o quadro atual de cor-de-rosa para que a cidade possa alcançar o padrão competitivo almejado[23].

Como vimos, o objetivo perseguido pelos últimos governos tem sido a construção da imagem do Rio como uma cidade "atraente", sem conflitos e conectada com os padrões internacionalizados de consumo. Além disso, a cidade deveria integrar, da forma mais harmoniosa possível, as populações economicamente marginalizadas. Entretanto, as transformações socioespaciais em curso não indicam a existência de projetos de inclusão para as maiorias empobrecidas. Ao contrário, o "efeito olímpico" se traduz em um tipo de crescimento concentrador de riqueza. Em vez de políticas abrangentes, que podem ser apenas simuladas, como mostra o maior programa habitacional do governo federal, há as operações de salvamento dos "parceiros privados" e o fortalecimento das tendências especulativas e segregadoras do novo padrão urbanístico.

---

[23] Para citar apenas um exemplo, um estudo do Ipea (Daniel Cerqueira, "Mortes violentas não esclarecidas e impunidade no Rio de Janeiro", *Textos para Discussão Ipea*, n. 1697, jan 2012) aponta distorções nas estatísticas de homicídios do Rio de Janeiro relativas ao ano de 2009. De acordo com a pesquisa, que emprega termos como "omissão" e "escamoteamento", a redução do número de homicídios anunciada pelo governo estadual como uma conquista de sua política de segurança coincide com o aumento dos óbitos de causa indeterminada.

A modificação permanente do espaço em função do lucro contribui para a adaptação da cidade e do espírito dos habitantes ao movimento sempre idêntico da valorização econômica, criando um modo de vida condicionado pela necessidade de mudanças que se impõe incessantemente e pela cultura do consumo. No início da década de 1980, Henri Lefebvre observou que os processos de homogeneização e fragmentação social atuam simultaneamente na conformação da vida cotidiana moderna[24]. Esses processos contraditórios derivam da racionalidade burocrática que ajudou a construir as metrópoles atuais e das equivalências e estratificações ligadas ao "mundo da mercadoria". A modalidade de intervenção estatal que se verifica em todo o mundo está voltada para a mercantilização repressiva da sociedade, isto é, para a construção de uma sociabilidade atomizada e concentrada na fruição de bens e serviços que se impõe maciçamente através dos mecanismos de "consumo dirigido". Nas grandes cidades do capitalismo globalizado, políticas que fortalecem o ambiente econômico homogêneo e eliminam direitos, espaços de convivência e alternativas de sobrevivência são a regra, e as formas escalonadas de acesso aos bens de consumo criam hierarquias e separações.

Esse padrão de intervenção estatal é facilmente reconhecível. No Rio, ele segue um modelo de intervenção padronizado, o "modelo Barcelona", que continuou a orientar os projetos municipais após a derrota do projeto Rio-2004, e adquire características próprias durante a sua realização. No caso dos Jogos Olímpicos, o novo urbanismo revela da maneira mais cristalina seu caráter autoritário e socialmente injusto. Uma reportagem do *Globo* diz que "o Rio correu atrás e o sonho de sediar as Olimpíadas se tornou realidade. Agora, falta arrumar a casa"[25]. Explica, em seguida, no que consiste essa arrumação: gastos desmedidos, da ordem de dezenas de bilhões de

---

[24] Henri Lefebvre, *Critique de la vie quotidienne* (Paris, L'Arche, 1981, v. 3). Note-se que, desde os anos 1960, Lefebvre fala, em sua sociologia crítica, dos segmentos privilegiados da moderna sociedade de consumo como os novos "olímpicos". O termo refere-se ao modo como as elites se colocam acima das contradições do cotidiano vivido pela maioria dos habitantes "comuns".

[25] *O Globo*, Rio de Janeiro, 30 out. 2009.

reais, para a realização de projetos de melhoria em transportes, segurança e hospedagem dos futuros consumidores da "Cidade Olímpica". As melhorias previstas não abarcam o conjunto da cidade, embora os custos sejam socializados. As obras tendem a se concentrar nos problemas relativos ao "sonho" recém-alcançado e negligenciam demandas urgentes. É assim que os problemas gerais de circulação são reduzidos à necessidade imediata e dispendiosa de integração dos núcleos do projeto olímpico e a segurança é entendida como venda de imagens de ordem e tranquilidade durante os eventos. O cronograma olímpico exige do poder público não apenas uma postura permissiva, mas um verdadeiro engajamento na elaboração de mecanismos de exceção, como obras sem licitação que atropelam as legislações ambientais e burlam a regulação jurídica da ocupação da cidade. O espaço urbano também se submete a leis de exceção para que contratos e eventos sejam viabilizados e os orçamentos são modificados, conforme as determinações do obscuro "Comitê Olímpico Internacional" ou da Fifa, que, informalmente, têm poder para definir e orientar os gastos públicos.

O impacto das obras sobre a população é enorme. A lógica do gasto público a favor da apropriação privada resultou em uma concentração de investimentos em poucas áreas de valorização imobiliária, limitadas à Barra da Tijuca, ao entorno do estádio do Maracanã, a partes do centro e da Zona Sul e à região de Deodoro, na periferia carioca. A parte dos recursos não destinada às áreas privilegiadas da cidade é usada na construção de grandes vias expressas para conectá-las. Destacam-se, nesse contexto, os processos arbitrários de desapropriação, com preços muito abaixo dos de mercado, sobretudo quando há grandes obras viárias envolvidas – e cujos traçados cortam invariavelmente os bairros mais carentes da cidade. O recrudescimento de remoções e despejos irregulares de pequenas favelas (a prefeitura anunciou a remoção de 119 favelas até 2016) revela uma clara intervenção segregadora. Em algumas áreas, em especial no centro da cidade, a população de baixa renda é obrigada a se deslocar por pressão do aumento dos preços de serviços e aluguéis, dando lugar a novas moradias de classe média.

Entre projetos anunciados e obras em andamento na cidade do Rio, não faltam exemplos de ações discricionárias do poder público. Misturadas a interesses privados, essas ações criam um grande número de situações de exceção: na favela do Metrô, próxima ao estádio do Maracanã, a comunidade estabelecida ali há mais de trinta anos será removida para dar lugar a um grande estacionamento; no centro da cidade, sessenta famílias foram removidas em abril de 2011 para garantir a expansão do Sambódromo[26]. A obra, financiada pelos patrocinadores do carnaval carioca, tem como pretexto a utilização do espaço nos jogos de 2016; em Campinho, a construção de um "mergulhão" para ligar a Barra da Tijuca ao aeroporto internacional provocou uma série de despejos irregulares e reassentamentos em lugares distantes e sem infraestrutura. Apenas para essa obra preveem-se 3.500 desapropriações. Em outras áreas, o único objetivo das intervenções é retirar os pobres da paisagem turística e dos terrenos que interessam ao setor privado – os argumentos "técnicos" e as legislações ambientais, que nunca são levados em consideração quando se trata de grandes empreendimentos comerciais, servem de pretexto para garantir os lucros da incorporação imobiliária. Não por acaso, os planos de remoção de favelas se concentram em áreas com alto potencial de valorização, como a "Vila Autódromo", na lagoa da Barra da Tijuca. No Recreio dos Bandeirantes, pequenas favelas como a Vila Harmonia e a Restinga foram removidas para a construção da Transoeste, apesar de denúncias de violações sistemáticas da Lei Orgânica.

O padrão das intervenções é idêntico em todas as obras: gastos públicos exorbitantes e expectativas de lucro privadas. O consenso midiático em torno do ideal da "Cidade Olímpica" faz com que grande parte da população não diretamente afetada veja com simpatia um projeto que, em sua essência, produz desigualdades e separa-

---

[26] Instituto de Pesquisa e Planejamento Urbano e Regional, "Projeto metropolização e megaeventos: os impactos da Copa do Mundo 2014 e das Olimpíadas 2016. Relatório parcial", Rio de Janeiro, abr. 2012. Disponível em: <http://www.observatoriodasmetropoles.net/download/Relat_RJ%202012.pdf>; acesso em abr. 2013.

ções em larga escala. Mas a decepção parece inevitável. Os Jogos Pan-Americanos de 2007 são um exemplo patente: ao contrário do que foi anunciado, os eventos não legaram nada à cidade, e mesmo os equipamentos esportivos, que deveriam servir também para as Olimpíadas, foram declarados insuficientes pelo COI, demandando novos gastos. Em outras palavras, a herança positiva desses eventos espasmódicos é tão fugaz quanto as formas atuais da riqueza financeirizada. Terminado um ciclo de capitalização, o abandono ou o desmonte são inevitáveis. Do ponto de vista econômico, os resultados podem ser desastrosos para a cidade[27]. Os gastos para a preparação dos jogos de 2007 foram tão mal dimensionados que ultrapassaram em quase dez vezes as previsões iniciais, de R$ 400 milhões para quase R$ 4 bilhões, um dispêndio que durante dois anos comprometeu o orçamento municipal. O que restou como "legado" foram a ampliação do endividamento público, a modificação irregular das legislações urbanas e o deslocamento forçado de populações de baixa renda.

A produção incessante de espaços segregados contrasta com a imagem de integração social fartamente oferecida pelo discurso publicitário. A concepção de uma cidade competitiva e "global", longe de atingir os objetivos propalados, apenas reforça tendências negativas já existentes, como a disparidade entre as áreas economicamente centrais e as periferias abandonadas. Naturalmente, a Barra da Tijuca é o principal laboratório dessa nova urbanidade: ponto de junção dos empreendimentos ligados aos eventos esportivos e ao entretenimento, ela é o lugar da expansão descontrolada e do autoisolamento das elites. Ali, os condomínios com segurança privada, os espaços de consumo fechados e as vias de circulação hostis aos pedestres constituem um símbolo da perda de qualidade dos espaços públicos e da

---

[27] Na disputa para receber a imprensa durante a Copa do Mundo de 2014, o governo de São Paulo, derrotado, economizou em torno de R$ 100 milhões ("Nos bastidores, SP festeja derrota para RJ por centro de mídia", *Folha de S.Paulo*, 28 maio 2011; disponível em: <http://www1.folha.uol.com.br/esporte/922098-nos-bastidores-sp-festeja-derrota-para-rj-por-centro-de-midia.shtml>; acesso em abr. 2013).

afirmação de uma cidade aberta apenas aos consumidores. A proliferação de "espaços diferenciados" de habitação e consumo é uma das muitas contradições que afloram na cidade, reforçando o isolamento dos que permanecem alijados do modo de vida baseado no consumo conspícuo. Por outro lado, os aspectos harmoniosos de uma vida urbana mantida tanto quanto possível a distância são simulados esteticamente em arquiteturas de fantasia, segundo os padrões de consumo da "cultura globalizada".

Enquanto as camadas de alta renda se protegem e constroem cenários apropriados ao seu "estilo", a violência se expande na maior parte das periferias da cidade. Manter os espaços abandonados e empobrecidos sob vigilância e controle parece ser a lógica da "pacificação" urbana. Em tais lugares, onde a deterioração das condições de vida é incessante, a massa de indivíduos supérfluos – ou, no jargão econômico, de "inempregáveis" – continua a crescer. A informalidade e a precariedade ainda são a condição estrutural da força de trabalho nas periferias urbanas. De toda essa massa de pessoas comuns, só uma minoria tem condições de participar da esfera "rentável" da economia de serviços ditada pelo ritmo do mundo corporativo. Como apontam alguns estudos, até mesmo a mobilidade das populações periféricas é restringida pela formação de alternativas precárias de sobrevivência desconectadas do centro, pelo avanço da economia informal e de baixa qualificação nas periferias ou simplesmente pelo aumento da população "desocupada"[28].

Os efeitos mais visíveis da nova configuração urbana produzida pela cidade competitiva são encontrados nas favelas cariocas. O alvo da reestruturação urbana não são os "subúrbios" e os municípios que, junto com eles, formam o cinturão de pobreza em torno da cidade do Rio de Janeiro, mas as favelas localizadas nas proximidades das áreas mais "nobres" da cidade. Os moradores das favelas ocupadas pela polícia "pacificadora" não esperam nenhuma melhoria em termos de infraestrutura, mas já sofrem um processo de "re-

---

[28] Luciana Corrêa do Lago, *Desigualdade e segregação na metrópole: o Rio de Janeiro em tempo de crise* (Rio de Janeiro, Revan/Fase, 2000).

gulamentação" das condições de vida que, somado ao "efeito olímpico", produz resultados fortemente segregadores[29]. A valorização imobiliária no local gera ganhos patrimoniais e comerciais para uma minoria, mas também significa a expulsão dos mais pobres. A formalização do "circuito inferior da economia" aumenta e novas hierarquias se estabelecem. O segmento mais desassistido da população, em vez de se beneficiar de políticas públicas, é governado pelo "darwinismo social" da lógica empresarial.

A implantação de UPPs é acompanhada de cobranças de serviços que inviabilizam a manutenção de muitas moradias. A política de "pacificação" age como um elemento de produção do deslocamento da pobreza. E a justificativa para a produção de novas desigualdades são os princípios igualitários do direito. Como diz um economista, "quem vive em favela é um cidadão especial, que não precisa se submeter nem à Constituição e não tem os mesmos deveres dos outros brasileiros", como se as carências da população fossem "direitos inacessíveis aos demais brasileiros" – ou pelo menos essa é a ideia que se deve combater para fazer com que as regras da "cidade formal" se consolidem[30]. Ao mesmo tempo que o poder público flexibiliza regras para atender seus "parceiros privados" e procura esconder o controle informal das milícias que se alastra pela cidade, os moradores das favelas ocupadas pelas UPPs são submetidos a pressões econômicas baseadas no princípio da regulamentação garantido por um sistema de vigilância permanente. Nesse quadro, é sintomático que as

---

[29] A valorização imobiliária que as UPPs provocam nas favelas "pacificadas" propicia a uma "pequena burguesia" local benefícios análogos aos que colhem as classes médias dos bairros vizinhos. Além da diminuição dos conflitos e dos homicídios, essa parece ser uma importante base de apoio ideológico das políticas atuais nas favelas. Com a insegurança geral, desaparece a capacidade de organização coletiva autônoma. Mesmo nas favelas, verifica-se a predominância de ideologias "ilusórias e problemáticas" de classe média hegemonizadas pela lógica do capital a que Lefebvre aludia em sua crítica da vida cotidiana (Henri Lefebvre, *Critique de la vie quotidienne*, cit., p. 156).

[30] Sérgio Besserman (entrevistado por Monica Weinberg e Ronaldo Soares), "Por um Rio sem favelas", *Veja*, 21 abr. 2010. Disponível em: <http://veja.abril.com.br/210410/rio-sem-favelas-p-017.shtml>; acesso em abr. 2013.

ideias sobre segurança comunitária tenham dado lugar ao controle das populações e ao modelo belicista da ocupação militar. Dessa vez, não estamos mais diante de um ideal buscado em Barcelona ou algum outro modelo aparentemente bem-sucedido, mas da imitação, pouco alardeada, do padrão de intervenção em favelas adotado pela cidade de Medellín. O governador Sérgio Cabral chegou a afirmar, referindo-se à diminuição dos homicídios na cidade: "se em Medellín é possível fazer, por que nós não faremos no Rio?". No entanto, após uma redução imediata do número de mortes violentas, motivada mais pelo rearranjo interno do narcotráfico do que pela ofensiva policial contra os cartéis, Medellín voltou a registrar altos índices de mortalidade, especialmente entre os moradores jovens das favelas. Além disso, a operação Orión, realizada em outubro de 2002 na Comuna 13, revelou a articulação das forças governamentais com grupos paramilitares como parte do plano nacional de "pacificação", implantado desde meados da década de 1990. Nos últimos dez anos, a influência dos grupos insurgentes diminuiu nas periferias dos centros urbanos, à medida que os grupos paramilitares, também ligados ao tráfico de drogas, ampliavam sua atuação e reduziam o número de violações aos direitos humanos atribuídos ao Estado. Hoje, do ponto de vista da segurança, o que resta da "retomada" dos morros e dos projetos de integração em Medellín é a presença dos herdeiros diretos dos bandos de "autodefesa" que lograram estabelecer uma forte aliança entre o crime organizado e o *establishment*, além do conflito permanente, aberto ou latente, entre a população e as forças policiais[31]. Nas favelas do Rio, temos não só o saldo da mediação autoritária dos conflitos (abuso de autoridade policial e violação sistemática de direitos), como o início de uma relação semelhante entre o poder oficial e o paramilitarismo. Em 2006, o atual prefeito do Rio, Eduardo Paes, classificou a atuação de grupos milicianos de Rio das Pedras, no bairro de Jacarepaguá, como uma "retomada da soberania" do Estado. Em sua administração, houve denúncias de que a

---

[31] Forrest Hylton, "Medellín: a paz dos pacificadores", *Margem Esquerda*, São Paulo, n. 11, 2008.

prefeitura, ao estabelecer convênios com associações que, na realidade, constituem "braços sociais" das milícias, teria criado condições favoráveis à ampliação das fontes de financiamento desses grupos. Por outro lado, uma CPI concluída em 2008 resultou na prisão de vários milicianos e gerou uma mudança da "opinião pública" em relação a esse tipo de atividade criminosa. É difícil imaginar qual será o desfecho desse processo. Atualmente, o que se verifica é uma dissociação entre o discurso político oficial e as quadrilhas mafiosas. No entanto, com o aumento dos confrontos em áreas empobrecidas da cidade, não é implausível que, *mutatis mutandis*, o modelo colombiano de subcontratação de grupos paramilitares, cuja fachada institucional foi prontamente elogiada por autoridades locais, apareça como uma opção "razoável", seguindo a lógica da conversão do informal em política oficial, sem que o aparato policial tenha a dispendiosa necessidade de impor sua presença ostensiva no conjunto do território. Em um cenário como esse, competiria ao Estado "legalizar e regular" os grupos informais de "segurança privada", inaugurando uma forma original de resolução dos confrontos pela via do clientelismo armado infiltrado na estrutura institucional. Nada muito distante da realidade, como se observa no caso das cooperativas do transporte dito "alternativo" ou nos preparativos para os Jogos Pan-Americanos, quando ficou evidente que a ação ilegal dos policiais era bastante funcional ao projeto da prefeitura[32]. A configuração atual dessa estrutura mafiosa de poder existe há mais de uma década e é obra do tipo de cidade que a ideologia do empreendedorismo urbano planejou. Num contexto como esse, a ênfase no discurso sobre segurança soa como pretexto para a administração repressiva dos focos de instabilidade social, enquanto a cidade torna-se mais "segura" apenas para os grandes investimentos privados.

---

[32] Como relata a *Folha de S.Paulo* em 2007: "grupos de policiais e ex-policiais controlam favelas vizinhas a praças esportivas e não permitem crimes nas imediações" ("Milícias expulsam tráfico e dominam arredores do PAN", *Folha de S.Paulo*, 22 jan. 2007). Na mesma matéria, podemos ler que "a presença das milícias em favelas se intensificou no ano passado, quando o esquema de segurança do Pan-Americano já estava todo elaborado".

A gestão militarizada do espaço urbano, o avanço do controle territorial informal das milícias e a elevação do custo de vida reforçam a ideia do caráter aparentemente insolúvel dos problemas das favelas e das periferias cariocas. Na conformação da nova urbanidade, a cidade é redesenhada de acordo com seus polos de lucratividade. Programas abrangentes de reurbanização e habitação nem sequer são cogitados. O resultado é a produção em larga escala de novas desigualdades. Tudo isso sugere um quadro de fragmentação que se sobrepõe aos dramas da nossa velha questão urbana, mais vivos do que nunca. No entanto, para o marketing urbano, empenhado na produção de uma imagem de unificação feliz, conta apenas a máxima panglossiana de que "tudo vai da melhor forma".

Uma reportagem recente do *Globo* afirma que "o mapa das comunidades cariocas ganhou um novo desenho": órgãos da prefeitura concluíram que 44 comunidades deixaram de ser favelas, entre elas Santa Marta, Vidigal e Borel, "porque já contam com serviços básicos idênticos aos desfrutados por moradores do asfalto"[33]. A Cidade de Deus, famosa até no exterior, não é considerada favela por ser originalmente um conjunto habitacional, edificado na década de 1960 como parte de uma política de remoção. Poderia ser classificada, dizem os especialistas, como um bairro "planejado" e "assistido"; mais uma vez, a situação real, a despeito de sua gravidade, torna-se aceitável para a "opinião pública" e para os organismos internacionais por meio de técnicas de manipulaçãoda informação. Ainda assim, o último censo do IBGE sobre "aglomerados subnormais" revela que, no Rio de Janeiro, o número de pessoas que residem em favelas e loteamentos irregulares corresponde a 22% da população. Um estudo baseado em critérios mais realistas apontaria uma situação ainda mais crítica. E não há sinal de que um novo ciclo de crescimento seja capaz de absorver os bolsões de pobreza, interrompendo assim a desintegração social que, em última análise, propicia a

---

[33] "Cidade do Rio ganha 44 ex-favelas", *O Globo*, 29 maio 2011. Disponível em: <http://oglobo.globo.com/rio/cidade-do-rio-ganha-44-ex-favelas-2764079>; acesso em abr. 2013.

atuação de diferentes bandos armados ou a legitimação idealizada da barbarização policial. Aqui, assim como em outros lugares, para escamotear os efeitos da crise social, resta ao poder público a manipulação das estatísticas e a modificação dos critérios de classificação da pobreza, além das "barreiras acústicas" nas favelas, da contenção das camadas populares e outros recursos bem ajeitados às estratégias de mercado. Trata-se, naturalmente, de uma conclusão pessimista. Mas, como diria Jacques Ellul, essa postura é tão realista quanto a de um médico que, depois de examinar o paciente, diagnostica um câncer. Cabe a nós, portanto, depositar menos expectativas na capacidade do poder político-administrativo de mudar essa situação e identificar os vetores da "luta contra a autoridade que se espalha em todos os setores da sociedade"[34].

---

[34] Jacques Ellul, *Civilizações: entrevistas do Le Monde* (São Paulo, Ática, 1989), p. 14.

5
CRISE URBANA NO RIO DE JANEIRO: FAVELIZAÇÃO E EMPREENDEDORISMO DOS POBRES

Maurilio Lima Botelho

Em poucas ocasiões a chamada opinião pública foi tão esquizofrênica quanto no tratamento do tema das favelas. As catástrofes sociais dos últimos anos no Rio de Janeiro exigiram de jornalistas, intelectuais e "formadores de opinião" muita desenvoltura para tratar de assuntos como o "11 de Setembro de Beira-Mar" em 2002, os ataques criminosos de 2006, a derrubada de um helicóptero da polícia em 2009, os deslizamentos de terra em 2010 e a "guerra do Alemão" no fim do mesmo ano – cujo antecedente de grande expressão havia sido a "batalha do Alemão" em 2007.

Todos esses eventos, ligados direta ou indiretamente ao problema das favelas, foram envolvidos em uma teia de lugares-comuns sociológicos, opiniões especializadas que regurgitam obviedades, avaliações sumárias e preconceitos sombrios. O mais significativo nesse emaranhado ideológico é a contradição e a alternância de juízos que repercutem a instantaneidade a que foi reduzida a reflexão.

Exemplo expressivo é a posição do jornal *O Globo*. Em 11 de abril de 2010, o caderno *Revista da TV* saudava a transformação das favelas em conteúdo e locação de novelas, coroando a estetização e o consumo das formas de habitação populares. O título da reportagem de capa era "A novela sobe o morro". Enquanto isso, na mesma edição, o editorial do jornal condenava a "falácia da urbanização de favelas" e denunciava o populismo implícito na "indústria da urbanização", uma estratégia política de obtenção de votos em comunidades que tiveram melhorias superficiais, entre elas as favelas atendidas pelo programa Favela-Bairro. Uma década antes, o jornal apresentava o mesmo Favela-Bairro como uma "revolução democrática" em nossas terras, como um "novo urbanismo social" que já apresentava sucesso no "maravilhoso plano de sanear, reformar e incluir na cidade essa tragédia secular"[1].

O tratamento ambíguo do problema da favela não é uma mudança repentina de opinião diante da sucessão de eventos. Tampouco representa a diversidade de opiniões num mesmo periódico. A confusão deve-se ao fato de que a "opinião pública" atua de maneira esquizofrênica em relação ao conteúdo e à forma social contida naquilo que chamamos de *favela*. De um lado, ela tem verdadeira ojeriza aos moradores dessas formas habitacionais e, principalmente, ao seu significado socioeconômico – a fratura social e étnica (racial) exposta na condição de um grupo que sofre os mais elevados níveis de exploração, exclusão e violência. Não é por acaso que a classe média intelectualizada convive com a má consciência de sua condição social privilegiada depender dessa superexploração. De outro lado, como um secular espaço de socialização, de construção de uma cultura popular e de uma experiência habitacional espontânea, a favela é reduzida a uma *forma* a ser assimilada culturalmente: como é típico na cultura moderna, acaba separada de seu contexto social de origem para servir como objeto de consumo estético.

Ao longo da história da favela é possível notar uma progressiva tensão entre estes dois momentos da opinião pública: o ódio declarado ao seu significado social e a aceitação condicional dessa forma de habitação popular como um "produto cultural". Essa tensão repercute na contraposição entre os projetos de remoção e de urbanização das favelas, na medida em que o polo pende para a negação ou para a aceitação. Embora essa polarização no enfrentamento urbanístico da questão da habitação popular permaneça até hoje, há cerca de três décadas as propostas de remoção de favelas – consideradas "autoritárias" no trato do problema – perderam terreno e tornaram-se

---

[1] Arnaldo Jabor, "A favela-bairro é uma revolução democrática", *O Globo*, Rio de Janeiro, 30 maio 2000.

residuais, sendo lembradas apenas em discursos inflamados, saudosistas da "autoridade do passado", ou levadas a cabo em casos pontuais, em que o interesse imobiliário pressiona o poder público em sua "ação estratégica".

Desde a década de 1980 há um predomínio de propostas de urbanização de favelas na cidade do Rio de Janeiro. As formulações dessa urbanização partem do universo político tanto de direita quanto de esquerda, tanto dos "populistas" quanto dos "administradores eficientes". É preciso destacar que as atuais políticas de "pacificação" de favelas incluem-se nesse contexto ainda presente de *contorno* do problema habitacional que toma a própria favela como solução. As políticas mínimas de intervenção pública são investidas no urbanismo, fazendo com que a regularização habitacional das moradias seja transformada num modelo de "revitalização urbana".

Se as favelas sempre foram um problema social e, ao mesmo tempo, uma solução habitacional, a aceitação oficial desse caráter solucionador desenvolve-se num contexto progressivo de intervenção público-estatal mínima nas questões sociais e de ampliação constante da repressão. Para que essa solução habitacional seja reconhecida oficialmente, o problema social precisa ser combatido por forças policiais. Ao contrário do que prega o discurso unidimensional contemporâneo, as Unidades de Polícia Pacificadora (UPPs) não são uma reviravolta ou uma originalidade no tratamento estatal da "questão urbana", mas a consolidação e o ápice da transformação de um problema social em um problema policial, mantendo ordeiramente intactos os conflitos sociais por meio da cristalização de uma forma habitacional precária.

A favelização da cidade do Rio de Janeiro

Os limites do projeto desenvolvimentista manifestaram-se na década de 1970 como uma derrocada do *boom* do pós-guerra, atingindo a periferia capitalista durante a chamada "década perdida". O Brasil sentiu logo o clima de fim de festa, apesar da euforia política com a redemocratização: empobrecimento expressivo da população, redução das taxas de crescimento econômico ou mesmo depressão, desindustrialização parcial e incapacidade de financiamento deram um fim definitivo ao sonho desenvolvimentista.

Todos esses problemas repercutiram no espaço urbano por meio da eliminação de políticas estatais que tentavam dirimir problemas sociais, mas que, na verdade, serviram para ampliar o fosso entre a classe média integrada aos direitos civis e econômicos e a grande massa sobrante que não cabia no "milagre" econômico periférico – a não ser como *background* servil de uma sociedade acostumada com o trato pessoal na vida doméstica. Planejamento urbano, política de transporte de massa, programa habitacional, zoneamento espacial, todos os principais pontos de uma política urbana ampla desapareceram com a crise geral do Estado e da economia desenvolvimentista. Foi nesse contexto que o chamado "problema favela" explodiu, já que essas áreas de precariedade urbana e habitacional continuaram a crescer aceleradamente, apesar de o país estar passando por um freio demográfico, isto é, próximo da última fase da transição populacional.

No Rio de Janeiro, o problema se amplificou não apenas em virtude do papel central dessa ex-capital federal e "capital cultural do Brasil", mas também pelo próprio patamar geográfico que havia atingido: as áreas de expansão imobiliária se esgotaram, forçando a corrida da população mais pobre para áreas sem infraestrutura ou "assentamentos subnormais".

O ritmo de crescimento da população de favelas no município do Rio de Janeiro foi sempre duas vezes maior, em média, que o índice geral de crescimento da população carioca. Quando houve uma desaceleração demográfica, na década de 1980, ocorreu também uma pequena queda nos índices de expansão da população das favelas, mas esta continuou a crescer a taxas consideráveis: 2,5% ao ano durante a "década perdida". Contudo, no início da década seguinte, como expressão da permanência da crise geral, houve um incremento no crescimento das favelas que, em 1991, ultrapassou 2,6%. Entre 1991 e 1996, enquanto a população do município se estabilizava, as favelas cresceram 1,6% ao ano. Ou seja, *a população moradora de fa-*

velas cresceu tanto absoluta quanto relativamente, revelando uma tendência *de favelização no Rio de Janeiro*[2].

Para além dos problemas gerais que afetam a sociedade brasileira e mundial neste momento, é preciso registrar um dado específico da realidade carioca: o esgotamento ou o fechamento da fronteira urbana do Rio de Janeiro. Com exceção de terrenos caríssimos, que estão aguardando a melhor ocasião para investimento imobiliário e, por isso, são protegidos pelo aparato repressivo e jurídico do Estado, não há mais área de escape disponível na cidade[3]. O crescimento populacional em regiões administrativas mais longínquas, como Barra da Tijuca, Jacarepaguá e Campo Grande (todas na Zona Oeste), é a demonstração desse fechamento da fronteira urbana da cidade do Rio: nas décadas de 1980 e 1990, tais áreas tiveram o maior

---

[2] Informações e análises mais completas sobre a dinâmica do crescimento das favelas nas últimas décadas podem ser encontradas em Luiz César de Queiroz Ribeiro e Luciana Corrêa do Lago, "A divisão favela-bairro no espaço social do Rio de Janeiro", XXIV Encontro Anual da Anpocs, GT 07, Seção II, 2000, p. 1-23 (disponível em: <http://www.observatoriodasmetropoles.ufrj.br/download/divisao_favelabairro.pdf>; acesso em abr. 2013), e "A oposição favela-bairro no espaço social do Rio de Janeiro", *São Paulo em Perspectiva*, v. 15, n. 1, 2001, p. 144-54 (disponível em: <http://www.scielo.br/scielo.php?script=sci_arttext&pid=S0102-88392001000100016>; acesso em abr. 2013).

[3] Há ainda terrenos de difícil acesso, como os pontos mais elevados dos morros, e, por isso, as ocupações irregulares realizadas nos últimos anos acima da cota de cem metros de altitude suscitaram o ódio público. Foi o caso do vice-governador e secretário estadual do Meio Ambiente Luiz Paulo Conde, que anunciou em 2004 uma proposta de construção de um muro de três metros de altura para impedir a expansão da Rocinha morro acima, proposta que veio a ser implantada mais tarde, metamorfoseada em "ecolimites". O secretário estadual do Meio Ambiente, Carlos Minc, deixou claro o critério que movia a intervenção pública quando enviou uma equipe à favela Chácara do Céu para notificar judicialmente as moradias populares construídas acima da cota 100 no morro Dois Irmãos. Vários moradores receberam notificação de despejo e um "puxadinho" foi derrubado, já que a lei permite a demolição de construções irregulares que não sejam utilizadas como moradia. Contudo, a mesma equipe descobriu uma quadra de tênis construída acima da cota 100 por um condomínio de luxo do Alto Leblon e deixou-a intacta (o condomínio pagava uma "taxa" à prefeitura para mantê-la) (ver Elio Gaspari, "Vocês são invasores, nós somos tenistas", *Folha de S.Paulo*, 6 jan. 2008).

crescimento populacional do município, assim como a maior expansão da população residente em favelas. Afora o problema do esgotamento da terra, a financeirização da economia brasileira e as altas taxas de juros da década neoliberal levaram ao fim dos programas habitacionais voltados para a classe média baixa e parte dos assalariados. Somada a isso, a extinção do Banco Nacional da Habitação (BNH), na década anterior – voltado primordialmente à classe média –, decretou a inviabilidade do acesso à moradia para grande parte das camadas de baixa renda. Os juros astronômicos tornaram qualquer financiamento habitacional de longo prazo impraticável para grande parte dos assalariados: as parcelas do crédito imobiliário tornaram-se altíssimas e o acúmulo de juros sobre juros fez o dispêndio final do mutuário chegar a várias vezes o preço do imóvel adquirido. É notório que, entre 1984 e 2004, houve uma queda significativa na média anual de licenciamento de imóveis para habitação no município do Rio de Janeiro, o que foi interpretado pela Secretaria Municipal de Urbanismo como um período "de conjunturas macroeconômicas adversas e mesmo de crise, como em 1998 e 2002"[4].

Na virada do século, a situação não melhorou quase nada: com mais de 1 milhão de moradores, as favelas do Rio de Janeiro, que já apresentavam um crescimento populacional expressivo, tinham agora uma expansão horizontal visível e cuidadosamente mapeada[5]. Estudos

---

[4] Eugênia Loureiro e Salomão Quadros, "Mercado imobiliário do Rio de Janeiro", Conselho Estratégico de Informações da Cidade, Rio de Janeiro, ata n. 52, 24 out. 2007, p. 3.

[5] O número de 1,09 milhão de residentes em favelas no Rio de Janeiro no início do século XXI é uma avaliação estatística imprecisa. A mensuração utiliza critérios divergentes, pois as categorias pressupostas não são compartilhadas: a definição de aglomerados subnormais, assentamentos precários ou o próprio conceito de *favela* dependem do pesquisador ou da instituição (IBGE, IPP, ONU etc.). Em diversas classificações e levantamentos oficiais, por exemplo, os condomínios populares ficam fora desse universo, ainda que muitos sejam abertamente reconhecidos como *favelizados*. O problema aqui é mais profundo e refere-se ao próprio significado do termo, dificilmente traduzido para outros países ou mesmo para condições especificamente regionais brasileiras. Como

realizados com ortofotografias digitais (fotos obtidas por avião) acompanharam a dinâmica geográfica de 750 favelas cariocas entre 1999 e 2004[6]. O resultado da pesquisa impressiona: 356 favelas, ou seja, quase a metade delas (47,47%), apresentaram crescimento em suas áreas; apenas 43 (5,73%) tiveram suas áreas reduzidas e as demais não apresentaram modificação. Se tomarmos como base as Áreas de Planejamento (APs) da prefeitura, a única que apresentou redução na área das favelas foi a da Zona Sul, mas mesmo assim uma redução quase inexpressiva de 0,2%, o que equivale a 0,01 quilômetros quadrados.

As favelas na Zona Oeste tiveram o maior crescimento de área, com uma ampliação de 6% nesses cinco anos. É significativo que as Regiões Administrativas (RAs) que apresentaram maior crescimento na área de favelas sejam as de Guaratiba (21,99%), Barra da Tijuca (6,02%) e Santa Cruz (5,19%), todas na Zona Oeste. Conclui-se daí que, apesar dos interesses das incorporadoras e da especulação imobiliária na região (em particular na Barra da Tijuca e em Jacarepaguá), o movimento geral de ocupações irregulares por parte da população pobre segue a fronteira urbana, onde estão as últimas áreas disponíveis do município. Das sete RAs com maior expansão de favelas no período, apenas uma não fica na Zona Oeste: Inhaúma. Isso comprova o movimento geral de *favelização* da cidade, já que as RAs com maior crescimento percentual são exatamente aque-

---

nossa discussão se refere ao espaço urbano carioca (origem histórico-geográfica da "favela") e nossa reflexão posterior enfatizará a favelização por meio de dados oficiais, não há prejuízo aqui. Lembramos que, na década de 1980, levantamentos realizados por uma empresa pública (Light) já indicavam uma população residente em favelas de mais de 1 milhão. Quanto a isso, ver Lílian Fessler Vaz, "Novas questões sobre a habitação no Rio de Janeiro: o esvaziamento da cidade formal e o adensamento da cidade informal", XXI International Congress Latin American Studies Association, Chicago, 1998.

[6] Todas as informações dos parágrafos a seguir foram obtidas em Fernando Cavallieri e Gustavo Peres Lopes, "Favelas cariocas: comparação das áreas ocupadas (1999-2004)", *Coleção Rio Estudos*, n. 233, dez. 2006. Disponível em: <http://portalgeo.rio.rj.gov.br/estudoscariocas/download/2415_favelas%20cariocas%20-%20compara%C3%A7%C3%A3o%20de%20%C3%A1reas%20ocupadas%20-%201999%20e%202004.pdf>; acesso em jan. 2012.

las que ainda apresentam menor proporção de áreas ocupadas por favelas – Barra da Tijuca e Guaratiba –, com exceção do centro, que não possui favela, segundo a classificação e o mapeamento oficiais. Realengo, terceira RA com menor área de favelas (1,3% de sua superfície), é a nona com maior percentual de crescimento. Ainda que o estudo seja voltado exclusivamente para a expansão horizontal, a conclusão de que a expansão ocorre em áreas de menor incidência de favelas indica uma *favelização absoluta da cidade*, uma elevação geral das áreas favelizadas.

Mas esse quadro está longe de ser completo: a pesquisa considerou apenas as 750 favelas cadastradas em 1999 pelo Instituto Pereira Passos, sem remeter à ampliação do número de favelas na cidade durante o período de estudo. Várias outras fontes, principalmente levantamentos realizados pela imprensa, já indicavam que o município do Rio possuía pelo menos mil favelas em 2004. O quadro de favelização da cidade é, portanto, muito mais complexo do que as estatísticas ou a representação cartográfica permitem observar, sobretudo porque a tendência de expansão absoluta das favelas ocorreu em meio à euforia provocada pelos programas "revolucionários" de urbanização, como o Favela-Bairro. A pretensa "solução" para o "problema favela" acompanhou-se de proliferação, e não de controle – e isso se deve não à complacência do poder público ou à ineficácia das medidas urbanizadoras, mas ao fato de que, para a maioria da população pobre, as favelas nunca foram um problema.

As favelas como solução

Como há muito se sabe, a favela é a solução mais imediata para o problema histórico da habitação popular no Rio de Janeiro. A interdição do acesso à propriedade imobiliária, à terra e, mais especificamente, à moradia é contornada pelo assentamento precário em terrenos irregulares, abandonados, sem uso ou mesmo topograficamente perigosos.

Essa forma habitacional, porém, é uma solução não apenas para a moradia, mas também para o acesso a serviços como água e energia, que, mesmo básicos, consumiriam parte significativa da renda de assalariados e trabalhadores informais, se tivessem de obtê-los por meios comerciais. Como a favela dá acesso informal a esses serviços, parte da população "moradora do asfalto" migrou para o morro quando sentiu os efeitos da precarização social, do desemprego e da exclusão[7]. As "comunidades" servem, desse modo, para fugir dos efeitos sociais da decadência econômica, do empobrecimento ou, para usar uma expressão considerada antiquada, da *marginalização*. A passagem para o "circuito inferior da economia urbana" é uma tentativa de driblar os efeitos da queda na escala social, já que em condições sociais capitalistas a "exclusão" propriamente dita é quase impossível, pois o acesso aos meios de sobrevivência somente se dá quando se passa de algum modo pelo buraco da agulha da relação mercantil, isto é, pela mediação fetichista da mercadoria.

A criação de um circuito inferior nas cidades do mundo subdesenvolvido, acompanhando a explosão urbana no período desenvolvimentista, não significou apenas "informalidade" e "ilegalidade" no manejo de pequenos instrumentos de produção por parte da força de trabalho "tradicional". O desenvolvimento de uma verdadeira economia submersa e complementar à economia oficial atende às necessidades de uma parcela da sociedade que foi envolvida na crise urbana e na situação retardatária dos Estados periféricos, assim como na incapacidade estrutural da economia de mercado de "integrá-la" de maneira adequada aos moldes da cidadania e do consumo do centro capitalista[8].

---

[7] Em diversos momentos, utilizamos *morro* como sinônimo de *favela*, ainda que a identificação seja redutora, incompleta. Somente o município do Rio de Janeiro apresenta inúmeras materializações da favela, desde o morro propriamente dito, isto é, as construções precárias erguidas em terreno acidentado, em encostas e montanhas próximas do centro ou áreas de classe média da Zona Sul e Grande Tijuca, até as amplas favelas planas da Baixada de Jacarepaguá, passando pelos condomínios de apartamentos favelizados (Cidade de Deus, Amarelinho de Irajá etc.) e pelas palafitas da Maré (um complexo que mistura morro, terrenos planos e condomínios construídos sobre áreas aterradas da Baía de Guanabara).

[8] "A existência de uma massa de pessoas com salários muito baixos ou vivendo de atividades ocasionais, ao lado de uma minoria com rendas muito elevadas,

Essa condição – que remete a uma *integração incompleta* ou *exclusão parcial* – fomentou longos debates sobre o dualismo e a marginalização. Contudo, ainda que haja semelhanças aparentes entre a situação atual da moradia em favelas e "assentamentos subnormais" e o contexto que serviu de objeto ao grande debate sobre a marginalização – principalmente no que se refere ao acesso a uma gama de serviços que a precarização não permite[9] –, o período que estamos vivendo desde que a globalização entrou em pauta não é mais apenas o da "hipertrofia do setor terciário" nas grandes cidades do Terceiro Mundo. Mesmo que suas características mais evidentes sejam muito próximas nas relações de trabalho – ou em sua ausência, isto é, o trabalho por conta própria[10] –, uma nova fase do desenvolvimento

---

cria na sociedade urbana uma divisão entre aqueles que podem ter acesso de maneira permanente aos bens e serviços oferecidos e aqueles que, tendo as mesmas necessidades, não têm condições de satisfazê-las. Isso cria ao mesmo tempo diferenças qualitativas no consumo. Essas diferenças são a causa e o efeito da existência, ou seja, da criação ou da manutenção, nessas cidades, de dois circuitos de produção, distribuição e consumo de bens e serviços" (Milton Santos, *O espaço dividido: os dois circuitos da economia urbana dos países subdesenvolvidos*, Rio de Janeiro, Francisco Alves, 1979, p. 29).

[9] É ainda mais expressiva a alternativa que a favela oferece para manter o acesso a determinados serviços e bens, à medida que se multiplicam as formas de "gatos": hoje, em favelas e bairros pobres do Rio de Janeiro, TV a cabo, conexão de banda larga à internet e até gás encanado já são possíveis por meio de ligações clandestinas. Contudo, ao contrário do que aparece no discurso conservador do furto e do não pagamento de impostos, esse acesso clandestino tem uma face negativa evidente, pois a manutenção de toda essa infraestrutura informal exige uma relação direta entre agentes da lei, forças repressivas e crime organizado e, por isso, é explorada por grupos paramilitares violentos: as milícias cariocas transformaram os "gatos" em negócio lucrativo.

[10] Para esclarecer o fundo social da favelização na década de 1990: enquanto, nas décadas anteriores, houve uma diminuição nos índices oficiais de subutilização da força de trabalho (o que inclui empregados por conta própria, indivíduos sem remuneração e desempregados), a tendência se inverteu nos primeiros anos da década de 1990 e a força de trabalho subutilizada passou a englobar 37,7% da população economicamente ativa (Márcio Pochmann, "Economia: desestruturação do mercado de trabalho", *Teoria & Debate*, n. 37, fev./mar./abr. 1998; disponível em: <http://csbh.fpabramo.org.br/o-que-fazemos/editora/teoria-e-debate/edicoes-anteriores/economia-

capitalista envolve o mundo inteiro, e não apenas o Sul, criando uma situação mundial de favelização. Se vivemos agora num *Planeta Favela*[11], então é porque não estamos sozinhos.

A "crise da dívida" no caso brasileiro e latino-americano, enfatizemos, é apenas a face monetária e financeira mais óbvia do esgotamento das políticas desenvolvimentistas dos países periféricos. Mais do que representar apenas uma crise do Estado ou a falência do "projeto social-democrata", ela corresponde à emergência e à explosão de contradições intrínsecas do desenvolvimento capitalista que esbarra em limites absolutos. Desde o esgotamento do *boom* econômico do pós-guerra, quando houve a quebra do padrão dólar-ouro e o choque do petróleo na década de 1970, todos os países industrializados (e os não industrializados a reboque) têm se livrado da regulação econômica baseada no binômio fordismo-keynesianismo em função das exigências de uma indústria tecnologicamente superior, mas que também economiza força de trabalho. Pesadas burocracias, gastos estatais crescentes, orçamentos militares exorbitantes e dívida pública exponencial deram um fim ao Estado planejador. Dificuldades na reprodução da economia de mercado, de um lado, e o problema da "crise fiscal do Estado", de outro, deram força ao conservadorismo político, que tenta de todos os modos privatizar qualquer recurso disponível e reduzir ao máximo as políticas sociais implementadas pelo Estado. Baixa geral de lucros, desemprego em massa e ficcionalização da riqueza nos mercados financeiros mundiais tornaram-se regulares. Acrescentemos a tudo isso o obstáculo insuperável criado pela base tecnológica, que se renovou com a microeletrônica, a robótica e a reenge-

---

desestruturacao-do-mercado-de-trabs>; acesso em abr. 2013). Em toda a América Latina, de 1986 a 1996, para cada dez empregos criados, oito eram informais, segundo dados da OIT (Kjeld Jakobsen, "A dimensão do trabalho informal na América Latina e no Brasil", em Kjeld Jakobsen, Renato Martins e Osmir Dombrowski (orgs.), *Mapa do trabalho informal: perfil socioeconômico dos trabalhadores informais na cidade de São Paulo*, São Paulo, Perseu Abramo, 2000, p. 15).

[11] Mike Davis, *Planeta Favela* (São Paulo, Boitempo, 2006).

nharia industrial: pela primeira vez na história da economia de mercado, a capacidade de racionalização dos processos produtivos superou a expansão dos mercados derivada da produção, o que significa que a capacidade produtiva alcançada é tamanha que, além de abrir um fosso em relação ao consumo, reduz a própria massa de força de trabalho empregada (*downsizing*). Como o balanço não se fecha se as duas colunas não tiverem lançamentos correspondentes, o resultado é que o capitalismo entrou num período de crise estrutural sem previsão de saída[12].

A crise do Estado repercutiu de imediato no espaço urbano, já que para muitos essa "esfera da reprodução social" só pode se manter graças ao aporte de recursos socializados por parte da iniciativa pública. Em todo o mundo, a crise do Estado capitalista se transformou no canto do cisne dos grandes projetos de planejamento urbano, na eliminação da reforma urbana em grande escala, no fim do programa público de construção de moradias[13]. Finalmente, a crise do Es-

---

[12] Para uma análise detalhada dos limites estruturais enfrentados pelo desenvolvimento capitalista e das suas diversas formas de "fuga para frente", principalmente pela manutenção do endividamento monstruoso e pelas estratégias de ficcionalização da riqueza, ver Robert Kurz, *O colapso da modernização: da derrocada do socialismo de caserna à crise da economia mundial* (Rio de Janeiro, Paz e Terra, 1993), e Robert Kurz et al., *Manifesto contra o trabalho* (São Paulo, Conrad, 2003). Para uma análise da crise estrutural do Estado, ver Claus Offe, *Problemas estruturais do Estado capitalista* (Rio de Janeiro, Tempo Brasileiro, 1984). Uma discussão sobre o problema do "crescimento sem emprego", ainda que o método utilizado seja o de uma teoria econômica eclética, pode ser vista em Marcus Alban, *Crescimento sem emprego: o desenvolvimento capitalista e sua crise contemporânea à luz das revoluções tecnológicas* (Salvador, Casa da Qualidade, 1999).

[13] Destaquemos que o término do financiamento da reforma urbana ampla e radical não se deve a uma "redução do Estado", como se acusa vulgarmente à esquerda e à direita. A crise do Estado não implica sua redução estrutural, pois, conforme demonstram os dados econômicos, mesmo o corte dos direitos sociais, a flexibilização da legislação trabalhista e a privatização no Brasil e no Primeiro Mundo não significaram um enxugamento dos gastos estatais: os serviços com a dívida, a ampliação da repressão interna (policial), a administração carcerária e os gastos militares continuaram a aumentar o peso do Estado sobre a economia. A crise do Estado representa mais adequadamente uma

tado keynesiano representa "a ruína sistêmica de todo um projeto de época"[14], cujo resultado imediato é o "giro na questão urbana", isto é, a transformação e a redução dos problemas urbanos em problemas menores, individuais, e/ou em problemas que devem ser tratados por medidas de mercado – em outras palavras, pela iniciativa privada e pela oficialização do empreendedorismo:

> Se durante largo período o debate acerca da *questão urbana* remetia, entre outros, a temas como crescimento desordenado, reprodução da força de trabalho, equipamentos de consumo coletivo, movimentos sociais urbanos, racionalização do uso do solo, a *nova questão urbana* teria, agora, como nexo central a problemática da *competitividade urbana*.[15]

Não é por acaso que esse período de crise estrutural do Estado capitalista tenha sido simultaneamente o de mudança no modo como os políticos enfrentam o "problema favela". Em todo o mundo ocorre um giro também no trato com os "assentamentos urbanos subnormais", ainda que em cada país, região ou cidade essa mudança de paradigma tenha suas peculiaridades. O giro se dá pela própria mudança de definição: de problema social a ser resolvido, de problema urbano a ser enfrentado – ou mesmo "extirpado", no caso do discurso oficial dos regimes autoritários –, a favela passa a ser encarada oficialmente

---

polarização de sua atuação: de um lado, a administração social da crise (programas assistencialistas, bolsas, empregos subsidiados etc.) e, de outro, a repressão dos inimigos internos e externos da democracia e do livre mercado. James O'Connor, analisando o caso dos Estados Unidos ainda na década de 1970, apontou de forma absolutamente original para esse fato quando demonstrou a formação de um "Estado previdenciário-militar" (James O'Connor, *USA: a crise do Estado capitalista*, Rio de Janeiro, Paz e Terra, 1977, p. 45 e 107).

[14] Otília Beatriz Fiori Arantes, "Uma estratégia fatal: a cultura nas novas gestões urbanas", em Otília Beatriz Fiori Arantes, Carlos Vainer e Ermínia Maricato, *A cidade do pensamento único: desmanchando consensos* (Petrópolis, Vozes, 2000), p. 21.

[15] Carlos Vainer, "Pátria, empresa e mercadoria: notas sobre a estratégia discursiva do planejamento estratégico urbano", em Otília Arantes, Carlos Vainer e Ermínia Maricato, *A cidade do pensamento único*, cit., p. 76.

como uma "solução" para o problema da moradia. Se, no fim das contas, a favela sempre foi a alternativa da população pobre para as carências urbanas, agora os organismos públicos a adotam como saída para a falta ou a ineficiência dos planejamentos urbanísticos.

Os governos neoliberais, os acordos de financiamento do Fundo Monetário Internacional (FMI) e do Banco Mundial, os intelectuais ligados à reflexão urbana que fizeram sua conversão intelectual e os "planos diretores" delinearam novas formas de enfrentar o problema do déficit de moradias: a favela não expressava mais a dívida habitacional nas cidades, e sim como saldá-la.

Não apenas os "planos estratégicos", mas também os pacotes econômicos de aperto fiscal, a popularidade da ideologia das organizações não governamentais (ONGs), o apelo midiático ao voluntariado, o discurso do livre-empreendimento e, por fim, a própria teoria social foram tragados por propostas que buscavam minimizar o problema habitacional por meio da manutenção das moradias já existentes nos "assentamentos precários", da melhoria das condições de saneamento e circulação, da ampliação dos equipamentos urbanos e, mais importante, da garantia da propriedade imobiliária por meio da formalização e da legalização da casa na favela. O geógrafo Mike Davis apresenta de modo absolutamente sintético essa mudança:

> Melhorar as favelas em vez de substituí-las tornou-se a meta menos ambiciosa da intervenção pública e privada. Em vez da reforma estrutural da pobreza urbana imposta de cima para baixo, como havia sido tentado pelas democracias sociais da Europa no pós-guerra e defendido pelos líderes revolucionários-nacionalistas da geração dos anos 1950, a nova sabedoria do final da década de 1970 e início da de 1980 exigia que o Estado se aliasse a doadores internacionais e, depois, a ONGs para tornar-se um "capacitador" dos pobres. Em sua primeira iteração, a nova filosofia do Banco Mundial, influenciada pelas ideias do arquiteto inglês John Turner, insistia numa abordagem de oferta de "lotes urbanizados" (fornecimento de infraestrutura básica de água e esgoto e obras de engenharia civil) a fim de ajudar a racionalizar e melhorar as habitações construídas pelos próprios moradores. Entretanto, no final da década de 1980, o Banco Mundial defendia a privatização da oferta de habitações já prontas, e logo tornou-se o megafone institucional

mais poderoso dos programas de Hernando de Soto, economista peruano que advoga soluções microempresariais para a pobreza urbana.[16]

Toda reviravolta no trato da "questão urbana" é parte do "giro culturalista" ocorrido na filosofia e na teoria social nas últimas décadas: os projetos de reforma urbana em grande escala, remoção, reordenamento viário e territorial, seja planejados por um Estado socialista ou fascista, seja realizados por governos democráticos, todos são tratados como soluções traumáticas e "radicais" para a questão urbana e, por isso, descartados[17]. O planejamento global, assim como a teoria social urbana, cede lugar ao discurso sobre a revalorização do espaço comunitário, do fortalecimento dos laços sociais desenvolvidos na pobreza, da viabilização das "soluções criativas" e até estéticas dos favelados diante das adversidades sociais e econômicas das grandes cidades. O modo espontâneo como o trabalhador precário ou assalariado sub-remunerado resolve as dificuldades de acesso aos serviços públicos no espaço urbano é transformado em "modelo de iniciativa particular", já que expressa a flexibilidade inerente ao empreendedor em ambiente competitivo. Isto é, o elogio da "práxis dos pobres tornou-se uma cortina de fumaça para revogar compromissos estatais históricos de reduzir a pobreza e o déficit habitacional"[18]. O Estado deixa de ser o principal responsável pela solução dos problemas sociais e torna-se mero coparticipante, *associado*, entre outros, na busca de meios para capacitar os indivíduos a resolver seus próprios problemas. As formas privadas de enfrenta-

---

[16] Mike Davis, *Planeta Favela*, cit., p. 80.

[17] Com raras exceções, as intervenções urbanísticas foram efetivamente autoritárias, pois no próprio espírito dos projetos modernistas de amplo alcance estavam embutidas perspectivas de enquadramento econômico (acesso à propriedade imobiliária), reeducação por via arquitetônica ou integração social forçada. A alternativa "arquitetura ou revolução" de Le Corbusier é a síntese disso. Mas o abandono de toda essa herança representou também o esquecimento dos debates sobre a reformulação da natureza das cidades, a transformação dos espaços de habitação e mesmo a esperança de superação dos limites contraditórios entre cidade e campo.

[18] Ibidem, p. 81.

mento da carência habitacional tornam-se o centro das políticas públicas, que se limitam a outorgar para terceiros as ações urbanas, como o financiamento público de empreendimentos privados, a concessão de obras de infraestrutura para empreiteiras, o fomento à ação das ONGs e a mobilização de "atores" da sociedade civil para substituir a fiscalização pública. Enfim, uma série de medidas de terceirização e privatização do modo como operar o problema habitacional entra na ordem do dia em todo o mundo.

A proliferação de conceitos como "capital social", "capital cultural", "microcrédito" e "autoempreendimento" veio comprovar na teoria social a colonização da reflexão crítica pelas necessidades imediatas da administração social da miséria. O resultado teórico desse tipo de reflexão é a legitimação das condições sociais dadas – a assunção e a afirmação do positivo, isto é, do que está dado e que, como *dado*, deve ser melhorado, e não radicalmente criticado ou superado. O limite disso, em nome de um pretenso respeito ao ato individual dos sujeitos que conseguem resolver seus problemas sem depender da assistência estatal, é a transformação da precariedade em modelo de "iniciativa empresarial individual"[19].

O giro no "problema favela" no Rio de Janeiro

O Rio de Janeiro tornou-se o exemplo privilegiado dessa mudança no modo de enfrentar o problema da habitação: na falta de solução

---

[19] "A imprensa econômica há muito que deixou de fazer segredo da perspectiva que idealiza para o futuro do trabalho: as crianças do Terceiro Mundo, que limpam os para-brisas dos automóveis nos cruzamentos poluídos, são o luminoso exemplo de 'iniciativa empresarial' que deve orientar, tão solicitamente quanto possível, os desempregados da nossa sociedade, supostamente 'carenciada de prestação de serviços'. 'O modelo do futuro é o indivíduo na qualidade de empresário da sua força de trabalho e da sua proteção social', escreve a Comissão para as Questões do Futuro, dos Estados Livres da Baviera e da Saxônia. E prossegue: 'A procura de serviços indiferenciados, diretamente prestados a um particular, é tanto maior quanto menos custarem os serviços, ou seja, quanto menos ganharem os prestadores de serviços'" (Krisis, "Manifesto contra o trabalho", 1999, disponível em: <http://www.krisis.org/1999/manifesto-contra-o-trabalho>; acesso em abr. 2013).

para um problema ou de reflexão para resolvê-lo, resolvido está. Projetos em diversas esferas públicas (municipal, estadual e federal) passaram a tratar a favela como uma forma adequada de assentamento urbano de grupos sociais mais pobres, desempregados, subempregados e assalariados sub-remunerados, bastando regularizá-la e oficializá-la após medidas de melhoria urbanística. Contudo, há de se perguntar – em virtude das peculiaridades de nossa formação social, em que a impessoalidade das relações de mercado interagiu com o capricho das relações patriarcais – se a manutenção *oficial* dessa forma de habitação precária é realmente uma novidade histórica.

Um breve retrospecto sobre a história da favela no Rio de Janeiro revela que esse "problema" nunca foi um problema, isto é, a demonização e o combate direto das favelas sempre dependeram das áreas em que se localizavam. Assim como em outros departamentos de nossa convivência social, não há universalidade abstrata no trato com essa forma urbana: com exceção das áreas mais nobres e economicamente importantes da cidade do Rio de Janeiro – em especial o centro, as áreas de classe média da Zona Norte e da Zona Sul –, a favela não chegou a ser um problema social ou de administração urbana mais grave, pois, longe da vista, foi tolerada e até glamorizada culturalmente (em virtude, sobretudo, das escolas de samba e dos compositores ligados a elas). Por isso, é significativo que, durante o século XX, 70% de todas as remoções de domicílios em favelas tenham ocorrido em áreas da Zona Sul, Tijuca e Méier. Afastadas dos terrenos mais valorizados da cidade ou, pelo menos, situadas em locais que não saltam tanto à vista da população abastada, as favelas não apenas foram toleradas ao longo de nossa história, como se tornaram funcionalmente necessárias.

Maurício de Abreu mostrou que, no início do século XX, houve um deslocamento da questão social no Rio de Janeiro, e a favela substituiu os cortiços como a principal forma de habitação popular[20]. O registro importante que se deve fazer aqui é que a mudança

---

[20] Maurício de Almeida Abreu, "Habitação popular, forma urbana e transição para o capitalismo industrial: o caso do Rio de Janeiro", em Antônio Christofoletti et al. (orgs.), *Geografia e meio ambiente no Brasil* (São Paulo, Hucitec, 1995).

na forma de habitação popular foi, na verdade, uma espécie de resolução (temporária) de um problema social, na medida em que esvaziou o potencial conflitivo da *forma* da habitação propriamente dita para o *espaço urbano*. Trocando em miúdos, enquanto o ideal modernizador presente nas reformas urbanas do início do século atacava a forma de habitação popular que representava ainda o patriarcalismo da moradia colonial, o nascimento da favela e do subúrbio representava a passagem do problema social para outro patamar. A *solução* aparecia para a cidade moderna que nascia no centro do Rio, mas o *problema* reverberava no espaço urbano metropolitano, agora transferido para os morros, para o subúrbio estendido pelas linhas de trem e para as terras da Baixada Fluminense. A transferência do *conteúdo social* (trabalhadores assalariados, trabalhadores informais, ex-escravos etc.) do cortiço para subúrbios e favelas (uma nova *forma* de habitação) é uma superação que nada resolve, ainda que sua distensão pela paisagem urbana represente a envenenada dialética negativa do conflito social brasileiro.

Amortecida pela convivência da norma com a tolerância à sua infração, a mudança na forma de moradia popular não foi capaz de criar uma condição qualitativamente nova para os trabalhadores cariocas: o espaço serviu de válvula de escape para resolver os problemas relacionados à intervenção urbana visando a modernização do centro do Rio de Janeiro. Tensionado pelos conflitos sociais no início do século, o problema habitacional girou em falso em torno de sua própria solução e conseguiu permanecer nos mesmos quadros de precariedade, mudando apenas de endereço e topografia.

Sendo, por isso, tão complexo o problema, não é estranho que, ao longo do século XX, ideais conservadores e extremados de remoção direta das favelas tenham convivido com projetos de criação de condições mínimas para manter a população já presente nos morros[21]. No período em que ocorreu o maior número de remoções,

---

[21] Criada em 1946, a Fundação Leão XIII atuou até 1954 em mais de trinta favelas do Rio de Janeiro, implantando serviços básicos e visando "recuperar os favelados", num espírito que mesclava o assistencialismo da Igreja Católica com

justamente durante a ditadura militar, objetivos políticos foram determinantes para liberar áreas ao investimento imobiliário (como ocorreu na Zona Sul), pois as intervenções buscavam dissolver as organizações de favelados e desmobilizar as lideranças comunitárias que haviam demonstrado um forte peso na escolha de figuras políticas do Estado da Guanabara (como no caso da disputa entre Carlos Lacerda e Negrão de Lima)[22]. Comprovação dessa tese de motivos políticos nas remoções é que mesmo os governos militares ensaiaram projetos de regularização imobiliária e garantia de posse para moradores de favelas, como em 1982, quando o presidente João Figueiredo distribuiu títulos de propriedade no morro do Timbau, na favela da Maré, após a conclusão do programa de urbanização.

Passados os "anos de chumbo", não foi difícil reconhecer na favela um espaço de moradia justificável e legítimo para a população pobre. A partir do primeiro governo de Leonel Brizola (1983-1987) essa ideia se transformou em política oficial aberta, e ganhou fôlego a ideia de que era possível converter a favela em uma área de habitação popular regular, legalizando a propriedade da terra e levando infraestrutura e saneamento até ela. As mobilizações em torno da abertura política deram respaldo ideológico a essa política, pois se consolidou a defesa do morador da favela como um cidadão de direitos plenos, portanto como um "ator político" que tem os mesmos direitos do "morador do asfalto", para quem as condições básicas de habitação são o primeiro passo para o "exercício de cidadania".

---

o anticomunismo da época (Anthony Leeds e Elizabeth Leeds, *A sociologia do Brasil urbano*, Rio de Janeiro, Zahar, 1978, p. 198-200). A fundação preenchia o lugar anteriormente ocupado pela política de construção dos parques proletários, que, quase incipientes – foram construídos apenas três –, não haviam dado resultados.

[22] "O 'remocionismo' objetivava não apenas desocupar áreas de grande valor imobiliário, mas também desmantelar a organização política dos excluídos" (Marcelo Baumann Burgos, "Dos parques proletários ao Favela-Bairro: as políticas públicas nas favelas do Rio de Janeiro", em Alba Zaluar e Marcos Alvito, *Um século de favela*, Rio de Janeiro, FGV, 1999, p. 38). Não é casual que, na segunda metade da década de 1970, os projetos de remoção tivessem se esgotado, pois a oposição política já havia sido eliminada.

Somem-se ainda as transformações na conjuntura política fluminense a partir de 1982, data que marca o início da adoção pelos poderes públicos locais (governo estadual e municipal) de políticas de reconhecimento das favelas e dos loteamentos irregulares e clandestinos como solução dos problemas de moradia das camadas populares. Essas políticas, ao proporem a legalização da posse da terra e a urbanização das favelas, reduziram as incertezas quanto à manutenção dos moradores em suas ocupações e criaram expectativas de melhores condições de vida, cujo resultado foi a redução das barreiras para novas ocupações.[23]

Foi nesse momento que o tratamento "populista" tardio da favelização e da violência crescente nos morros criou o primeiro grande conflito no cenário político fluminense do período posterior à ditadura, envolvendo o brizolismo e o conservadorismo das elites que identificavam ou impregnavam a imagem de Leonel Brizola de tolerância e conivência com a desordem urbana e a violência[24].

Durante a violenta e espetacular ação policial no Complexo do Alemão em 2007, o secretário estadual de Segurança Pública José Mariano Beltrame justificou o enfrentamento repressivo do tráfico de drogas como uma espécie de "remédio amargo" diante da decisão "inevitável" de romper um "pacto silencioso de não agressão" do poder público estadual com os traficantes, que teria começado nos anos 1980. A lembrança imediata da imprensa foi o governo de Brizola, sinal de que o *modus operandi* do político gaúcho deixou profundas marcas na relação "asfalto-favela":

> O pacto teria começado no governo Leonel Brizola, na década de 1980. Preocupado com a violência costumeira da Polícia Militar nas incursões nas favelas cariocas, o governador, recém-chegado do exílio político im-

---

[23] Luiz César de Queiroz Ribeiro e Luciana Corrêa do Lago, "A oposição favela-bairro no espaço social do Rio de Janeiro", cit., p. 147.
[24] Numa entrevista ao jornal *The New York Times*, em 1987, o próprio Roberto Marinho exprimiu esse ponto de vista: "Em determinado momento, me convenci de que o sr. Leonel Brizola era um mau governador. Ele transformou a cidade maravilhosa que é o Rio de Janeiro numa cidade de mendigos e vendedores ambulantes. Passei a considerar o sr. Brizola daninho e perigoso e lutei contra ele. Realmente, usei todas as possibilidades para derrotá-lo".

posto pela ditadura militar, baixou determinação para que a PM só subisse o morro em casos excepcionais e, estando lá, respeitasse os moradores favelados como respeitava os do asfalto.[25]

Essa imagem de um "pacto silencioso" entre o poder público e a ilegalidade da favela – que agora vem à tona para a "opinião pública" por meio do intrincado problema da segurança pública e do tráfico – tem certamente motivos para estar associada à figura política de Brizola. Contudo, a abordagem histérica dessa forma de tratamento do problema habitacional e da violência nos morros reduz e simplifica a própria história dessa tensa relação entre poder público e áreas favelizadas.

Em primeiro lugar, o "pacto" estava longe de ser "silencioso": pelo contrário, Leonel Brizola foi o primeiro governador a trazer o problema para o debate político, defendendo abertamente a manutenção e a legalização das favelas. Nesse aspecto, sua política é uma continuação do que vinha sendo feito, mas assumindo-se como tal e, por isso, propiciando projetos de criação de infraestrutura nas favelas. O governo do Partido Democrático Trabalhista (PDT) *descortinou*, pela primeira vez, políticas públicas voltadas para a legitimação da favela como moradia popular. Mas essa continuidade trouxe consigo um tratamento mais aberto e oficializado que era fruto da nova conjuntura econômica nacional e mundial: a aceitação, o saneamento e a legalização das favelas eram um *upgrade* – diante da crise econômica mundial e da incapacidade global de intervenção urbana do Estado – do tratamento dessas áreas de moradia precária como *local próprio* para as camadas sociais mais pobres, assalariados precários e trabalhadores informais. Na falta de uma capacidade de reformulação urbana radical, a alternativa viável para o problema da habitação popular era conduzi-lo *oficialmente* nos moldes do que já vinha sendo feito *espontaneamente* – o não trato do problema como problema é sua solução[26].

---

[25] "Batalha no Alemão", *CartaCapital*, 4 jul. 2007, p. 21.
[26] Na época em que Brizola era governador do Rio de Janeiro, o endividamento do Estado brasileiro ainda não havia chegado ao limite na obtenção de crédito

O segundo aspecto a ser ressaltado nesse "pacto" é a já notável incapacidade de atuação policial nos morros cariocas no período: a década de 1980 marca exatamente o *boom* da cocaína, o que tornou possível ao tráfico de drogas ter acesso a armamentos pesados e iniciar uma escalada de disputas entre facções. O problema da violência – que, segundo a imprensa oficial, chegou a um "nível insuportável", porque não se limitava mais aos morros e às áreas pobres – já estava colocado naquele momento, fato que impedia qualquer solução fácil para o problema da expansão das favelas. Na aplicação posterior das mesmas medidas pontuais de reforma das condições habitacionais da favela por parte da prefeitura do Rio de Janeiro, na década de 1990, por intermédio do programa Favela-Bairro, um dos objetivos seria exatamente facilitar o acesso do poder público às "comunidades" por meio da abertura de ruas e do alargamento de vielas e corredores. Atualmente, as obras do Programa de Aceleração do Crescimento (PAC) nas favelas do Rio têm sido acompanhadas de um esforço conjugado de atuação repressiva das polícias civil e militar, da Força de Segurança Nacional e das Forças Armadas que culminou com as UPPs. Essa explosão da violência nos morros na década de 1980 é o sinal evidente de que o problema social da habitação – que havia sofrido uma distensão com a eliminação dos cortiços, a abertura dos subúrbios e a expansão das favelas – voltava a ser marcado por um potencial conflitivo extremamente violento[27].

Por último, e completando a observação anterior, é possível verificar a continuidade histórica no tratamento político-urbanístico da favela com os governos posteriores. Os governadores Marcello Alen-

---

internacional, fato que explica por que, embora não fossem feitos investimentos públicos em grande escala para a reforma urbana, ainda foi possível a construção de centenas de escolas de grande porte em todo o estado (cerca de quinhentos Cieps ou "brizolões" durante seus dois governos).

[27] O caso do projeto Cimento Social no morro da Providência é ainda mais exemplar da tensão e da complexidade que voltou a ser o problema habitacional: o projeto de reforma de moradias de um bispo-senador é executado por uma empreiteira privada, que, por sua vez, emprega força de trabalho da própria favela, e o canteiro de obras recebe proteção do Exército, cujas unidades revelaram ligações diretas com o tráfico de drogas.

car e Anthony Garotinho, assim como Cesar Maia, prefeito do Rio de Janeiro por três mandatos e criador do Favela-Bairro, são herdeiros políticos do brizolismo e foram incapazes de apresentar alternativas originais à forma de tratamento legitimadora da favela. Pelo contrário, todos continuaram e ampliaram as políticas de Brizola; mais ainda, o programa Favela-Bairro, nas palavras de uma de suas idealizadoras, é resultado de um acúmulo de experiências que remonta às primeiras iniciativas brizolistas de levar saneamento básico às favelas do Rio[28].

Desse modo, os projetos de saneamento, criação de infraestrutura e legalização levados a cabo sob o governo de Brizola – o Programa de Favelas da Companhia Estadual de Água e Esgotos (Proface) levou água e esgoto a cerca de sessenta favelas da cidade do Rio de Janeiro entre 1983 e 1985 – não foram políticas "populistas", "populares" e muito menos "pré-socialistas", mas *realpolitik* em seu sentido mais preciso, o abandono progressivo das soluções (ou de uma reflexão) de natureza estrutural. Já que o Estado em crise não poderia enfrentar o

---

[28] A história do enraizamento das principais referências do programa Favela-Bairro na urbanização de favelas ensaiada durante o primeiro governo de Brizola pode ser vista numa publicação oficial da prefeitura do Rio de Janeiro (*Das remoções à célula urbana: evolução urbano-social das favelas do Rio de Janeiro,* Rio de Janeiro, Secretaria Especial de Comunicação Social, 2003). Uma das iniciativas pioneiras é o projeto Mutirão, "que consolida intervenções urbanísticas baseadas em 'saberes locais', executadas em parceria com o poder público" (Américo Freire, Bianca Freire-Medeiros e Mariana Cavalcanti (orgs.), *Lu Petersen: militância, favela e urbanismo,* Rio de Janeiro, FGV, 2009, p. 9). A trajetória da arquiteta e urbanista Maria Lúcia Petersen é expressiva dessa continuidade de políticas voltadas para a manutenção das favelas: militante de esquerda na década de 1960, exilada política, retornou ao Brasil depois de uma experiência no urbanismo europeu e foi uma das responsáveis pelos projetos de urbanização das favelas em vários governos estaduais e administrações da cidade do Rio de Janeiro, por isso era considerada a "mãe loira" do Favela-Bairro. Um dos conceitos primordiais da "prática urbanística" de Lu Petersen é a "urbanização simplificada" (ibidem, p. 70 e 76), que aponta para esse achatamento de horizonte teórico em que a complexidade de um problema urbano é enfrentada pela simplificação da intervenção prática. Valeria lembrar aqui que o discurso que parece respeitar a diversidade desenvolve-se num empirismo do entendimento que acaba por reduzir a complexidade.

"problema favela" de modo radical, proporcionando a reforma urbana e a reestruturação espacial do Rio de Janeiro, restou a alternativa política, econômica e urbanisticamente mais singela de legitimação e manutenção da favela como moradia popular. Em certo sentido, portanto, as políticas estaduais brizolistas, pelo menos aquelas referentes ao tratamento da questão urbana, são um anúncio do "Estado mínimo" que veríamos encenado nos anos 1990 em todos os níveis de governo, o início da "urbanização simplificada"[29].

Isso pode parecer um *nonsense* político-ideológico, mas é confirmado pela originalidade "neoliberal" do brizolismo: as ações e as declarações do Banco Mundial já reforçavam o papel que as favelas teriam no novo modo de proceder da política mundial, o que mostra que o governo do "caudilho" estava antenado com os novos ares da política mundial.

Os empréstimos do Banco Mundial para desenvolvimento urbano aumentaram de meros 10 milhões de dólares em 1972 para mais de 2 bilhões de dólares em 1988. E, entre 1972 e 1990, o Banco ajudou a financiar um total de 116 programas de oferta de lotes urbanizados e/ou urbanização de favelas em 55 países. É claro que em termos da necessidade isso não passou de uma gota num balde d'água, mas deu ao Banco enorme influência nas políticas urbanas nacionais, além de uma relação de patrocínio direto com as ONGs e comunidades faveladas locais; também permitiu ao Banco impor as suas próprias teorias como ortodoxia mundial da política urbana.[30]

Essa abertura do financiamento para a micropolítica urbana foi aproveitada em nossas terras por um governo "trabalhista": o governo estadual, encabeçado por Leonel Brizola, passou o chapéu no

---

[29] Como foi dito anteriormente, a única política significativa que destoou desse "Estado mínimo" foi a da Secretaria da Educação, graças à grandiosa construção de escolas. Mas essa é uma exceção que confirma a regra, já que a educação pública de base havia sido negligenciada pelos governos militares anteriores. Além disso, tal exceção garante a regra posterior: os efeitos do endividamento estadual para a realização dessas escolas serão sentidos durante anos, inviabilizando novos projetos de caráter mais amplo.

[30] Mike Davis, *Planeta Favela*, cit., p. 79.

Banco Mundial a fim de angariar recursos para projetos de urbanização, como os US$ 80 milhões que conseguiu em seu segundo governo para um programa de combate a enchentes. Não é absolutamente descabido que Brizola, no fim de sua vida, ao se envolver em embates políticos no Rio de Janeiro, tenha dito que o Favela-Bairro era uma criação original de seu governo.

A valorização da favela: o empreendedorismo dos pobres

O programa Favela-Bairro, implantado na cidade do Rio de Janeiro na década de 1990, tornou-se a principal expressão da urbanização das favelas, representando, ao mesmo tempo, o paradigma desse giro da questão urbana e do problema habitacional na cidade do Rio.

A popularidade do programa foi imensa, servindo de referência não apenas para outras cidades do país, como para outras regiões do mundo. A repercussão internacional foi ampla, mas não impressionante, já que o programa se enquadrava na pauta das agências de financiamento internacionais e, logo após seu início, recebeu forte aprovação da imprensa, da elite municipal, das ONGs e de parte significativa da intelectualidade, que encontrou nele uma ratificação de seus ideais – ideais agora prestigiados pelo achatamento do horizonte intelectual.

O Favela-Bairro foi o carro-chefe da primeira administração de Cesar Maia (1993-1996). Implementado em conjunto com o Rio Cidade (programa de reforma urbana e embelezamento das áreas do asfalto), foi o responsável direto pela permanência do prefeito por mais dois mandatos à frente da prefeitura (2001-2004 e 2005-2008), sem contar seu prolongamento na administração de Luiz Paulo Conde (1997-2000), que, contudo, depois de eleito, rebelou-se contra o padrinho político.

O programa contou com várias fontes de financiamento, conforme a dimensão da favela, entre as quais o Banco Interamericano de Desenvolvimento (BID), a Caixa Econômica Federal (CEF), a União Europeia (cujos recursos foram fornecidos a fundo perdido) e o próprio orçamento da prefeitura do Rio de Janeiro. Implantado desde 1994 em pouco mais de cem favelas, o programa estabelecia como objetivo, segundo a orientação do Grupo Executivo de Assentamentos Populares (Geap), "construir ou complementar a estrutura urbana principal (saneamento e democratização de acessos) e oferecer as condições ambientais de leitura da favela como bairro da cidade"[31]. O jargão utilizado já denuncia os parâmetros da transformação subjetiva: a integração da favela se dá por via de uma "leitura" – sendo um dos lugares-comuns do culturalismo pós-moderno tratar a cidade como um texto, nada mais significativo do que buscar a *experiência subjetiva* da integração.

Com esse objetivo geral, o programa previa, ao longo de sua execução, a implantação de rede de água e esgoto, canalização de rios e valas, abertura de vias de acesso (corredores, ruas e escadas), regularização fundiária e instalação de serviços públicos municipais (postos de saúde e creches). Embora pareça abranger um espectro amplo, o programa não reedita os grandes projetos de reforma urbana – ainda que o prefeito tenha declarado diversas vezes ser um "novo Pereira Passos". Ao contrário, o Favela-Bairro segue à risca os modelos de intervenção urbana mínima, pois, conforme expresso oficialmente, o objetivo primordial do programa era o reconhecimento da favela como um bairro da cidade, e não sua eliminação, substituição ou conversão efetiva em bairro.

> Portanto nota-se que, ao contrário de outros programas de urbanização de favelas realizados na cidade [...] o Favela-Bairro tem por princípio intervir o mínimo possível nos domicílios, definindo-se como um programa eminentemente voltado para a recuperação de áreas e equipamentos públicos.[32]

Se lembrarmos que, para a execução do programa, criou-se especialmente a Secretaria de Habitação, uma contradição em termos parece se estabelecer diante dessa "intervenção mínima", já que o

---

[31] Geap, citado em Marcelo Baumann Burgos, "Dos parques proletários ao Favela-Bairro", cit., p. 49.

[32] Idem.

problema habitacional demanda esforços monumentais. Mas não há nada contraditório aí: a intervenção mínima nos domicílios não significa de modo algum uma negação do Favela-Bairro como programa habitacional, mas, ao contrário, demonstra o reconhecimento público e oficial pleno da favela. Segundo a versão da prefeitura, contida no Plano Estratégico da Cidade, "a premissa básica do programa é o reconhecimento do esforço despendido pelas populações de baixa renda na produção de sua moradia, visando estimulá-lo e complementá-lo"[33].

Esse reconhecimento oficial da favela como solução para o problema habitacional ocorre exatamente num momento em que há uma expansão absoluta e relativa da população favelada. Conforme demonstrado acima, enquanto a população total da cidade se estabilizou, a parcela de habitantes que moram em favelas tem aumentado nas últimas décadas, e é possível até verificar o crescimento das áreas ocupadas pelas favelas. Um levantamento feito por uma empresa de geoprocessamento, a pedido da Federação das Indústrias do Estado do Rio de Janeiro (Firjan), acompanhou 219 favelas das zonas norte e sul, além da Baixada de Jacarepaguá e centro, entre 2002 e 2005. Constatou-se um crescimento total de 250.279 metros quadrados na área das favelas, concentrado principalmente na área de Jacarepaguá. É mais uma fonte distinta demonstrando que a favelização acompanha os investimentos imobiliários realizados na cidade.

Se a população da cidade deixou de crescer, mas as favelas continuam a se ampliar em área e em número de moradores, então é fácil constatar que vivemos uma *favelização da cidade do Rio de Janeiro*, o que significa que parte da "população do asfalto" está se dirigindo para as favelas. Trata-se de uma situação, para famílias inteiras e milhares de indivíduos, que não pode ser analisada apenas pelo aspecto da transformação urbana, pois é um processo social complexo, em que atuam fatores como a precarização das ocupações, o desempre-

---

[33] "Plano Estratégico da Cidade do Rio de Janeiro", disponível em: <http://www.rio.rj.gov.br/planoestrategico/old/plano93_96/pl_proje2.html>; acesso em 2008.

go, a decadência econômica da cidade nas últimas décadas, a violência, a ampliação relativa dos custos de moradia etc., todos fatores que interferem na questão habitacional[34].

Não é por acaso que nas últimas décadas ocorreu a proliferação espontânea de um pequeno mercado imobiliário no interior das favelas. A regularização fundiária ou a escritura da construção não são condição necessária para que as precárias moradias nas favelas sejam objeto de compra e venda: desde o princípio, a história das favelas foi marcada por certa comercialização de terrenos, lotes e barracos[35]. Contudo, em particular nos últimos anos, um vigoroso mercado imobiliário explodiu nas favelas do Rio de Janeiro, impulsionado pela procura crescente de alternativa barata de moradia, pelo acesso a diversos tipos de serviço e também pelas regularizações, que promovem um efeito de estabilização mesmo para as moradias não regularizadas.

Lembramos ainda que, hoje, a situação precária das moradias em favelas não representa necessariamente falta de estrutura mínima de saneamento. Graças a pelo menos duas décadas de projetos oficiais de urbanização e manutenção das favelas, a velha definição de área favelada como carente de condições de saneamento deixou de ser

---

[34] "O surgimento e a expansão de novas favelas (localizadas predominantemente na Zona Oeste) têm ocorrido por meio da mobilidade espacial no interior do próprio município, seja do bairro para a favela, seja de favelas consolidadas para favelas recentes. A fuga do aluguel, tanto no mercado formal quanto informal, e a redução da oferta de habitação ou lote popular explicam essa mobilidade em direção às favelas periféricas" (Luiz César de Queiroz Ribeiro e Luciana Corrêa do Lago, "A oposição favela-bairro no espaço social do Rio de Janeiro", cit., p. 148). A questão é ainda mais complexa: é possível verificar, como trataremos adiante, um movimento de favelização do próprio "asfalto".

[35] "[...] há várias referências ao aluguel de barracos, de 'cavas', do 'chão' e de terrenos nas primeiras favelas. A questão da cobrança de aluguel remete à forma de propriedade: algumas das primeiras favelas não resultaram de invasões, mas de grupos de imóveis de aluguel. Alguns proprietários de cortiços possuíam também imóveis de aluguel nas primeiras favelas [...]; em 1948, 31,4% das unidades pagavam aluguel [dos barracos] e 6,4% pagavam aluguel 'do chão'" (Lílian Fessler Vaz, "Dos cortiços às favelas e aos edifícios de apartamentos: a modernização da moradia no Rio de Janeiro", *Análise Social*, v. 29, n. 127, 1994, p. 592).

uma realidade para boa parte desses assentamentos do Rio de Janeiro. O censo das favelas, realizado em 2008-2009, indicou que comunidades como Rocinha e Complexo do Alemão estão bem atendidas por infraestrutura de água e esgoto: há quase uma universalização no abastecimento de água, e os índices de esgotamento sanitário, em alguns casos, estão acima da média brasileira. No Complexo do Alemão, 92% das moradias têm esgotamento sanitário e, na Rocinha, 86,5%. No ano de 2007, 91% dos domicílios do Estado do Rio de Janeiro poderiam ser classificados como adequados quanto a esse serviço, que, nacionalmente, só atendia a 73,6% dos domicílios[36]. O mercado imobiliário do circuito inferior foi despertado também por isso.

Por uma construção de tijolos sem revestimento, de 4x5 metros, 20 metros quadrados, portanto, paga-se, em Rio das Pedras, R$ 320,00 mensais. Se for para o lado da Lagoa, são grandes as possibilidades de afundar na lama. Nesse espaço, geralmente um quadrilátero de cortinas isola o vaso sanitário e o que sobra acomoda a vida de quatro pessoas. Na Rocinha, um quarto e sala chega a R$ 550,00 [...]. Na favela do Vidigal, no Rio, a passagem do Favela-Bairro valorizou os imóveis e alargou a trilha da especulação imobiliária. Como na favela do Jacarezinho, onde os aluguéis subiram de R$ 170,00 para R$ 220,00, ali romperam o teto de R$ 300,00 para R$ 350,00, mesmo preço de um apartamento de quarto e sala no condomínio Parque dos Passarinhos, na estrada de Jacarepaguá, bairro do Anil.[37]

---

[36] IBGE, Diretoria de Pesquisas, Coordenação de Trabalho e Rendimento, "Pesquisa Nacional por Amostra de Domicílios 2007-2009". Disponível em: <http://www.ibge.gov.br/brasil_em_sintese/tabelas/habitacao.htm>; acesso em abr. 2013. Márcia Frota Sigaud, "Caracterização dos domicílios na cidade do Rio de Janeiro", *Coleção Estudos Cariocas*, n. 20070402, abr. 2007, p. 13. Disponível em: <http://portalgeo.rio.rj.gov.br/estudoscariocas/download/2386_Caracteriza%C3%A7%C3%A3o%20dos%20domic%C3%ADlios%20na%20cidade%20do%20Rio%20de%20Janeiro.pdf>; acesso em abr. 2013.

[37] Xico Vargas, "Os brasileiros da riqueza invisível", *NoMínimo*, 24 nov. 2003. Disponível em: <http://www.consciencia.net/2003/12/12/xico1.html>; acesso em abr. 2013.

Segundo informações de uma pesquisa em quinze favelas do Rio de Janeiro, o aumento do aluguel nas favelas foi de 12%, em 2002, para quase 30%, em 2005. Em determinadas áreas da cidade, o mercado imobiliário nas favelas é mais vigoroso do que no asfalto:

> Em 1998, a favela Parque Acari, por exemplo, apresentou índice de rotatividade (número de imóveis transacionados no ano, sobre o número de imóveis existentes na área) de 14,66%, enquanto os bairros ao seu redor tiveram uma média de 2,58%. A favela da Tijuquinha, próxima ao Itanhangá e à Barra da Tijuca, apresentou índice de 10,12%, enquanto os bairros do seu entorno tiveram índice médio de 5,68%.[38]

O vigor imobiliário é tal que mesmo métodos informais de financiamento têm sido utilizados: uma pesquisa sobre compra e venda dos imóveis num conjunto de quinze favelas do Rio de Janeiro apontou que, já em 2001, ocorria financiamento em 17% das transações imobiliárias[39].

Essa situação completamente nova para o status da favela criou um mercado virtuoso. Não apenas a compra e o aluguel de casas, puxadinhos e barracos, mas também a consolidação do direito sobre a laje, a verticalização das construções e a proliferação do mercado de imóveis comerciais, como botequins, salões e lojas, abriram os olhos do poder público para o potencial desse circuito econômico inferior. A lista de pequenos empreendimentos em favelas é quase infinita e oferece uma série de serviços e produtos que desobrigam os moradores das maiores comunidades de "sair para o asfalto" no momento de consumir ou se divertir. Aviários, armazéns, açougues, bares, restaurantes, cabeleireiros, fliperamas, *lan houses*, lojas de penhores, agências imobiliárias e mesmo bancos se

---

[38] Marina Ramalho, "Imóveis em favelas são concorridos no mercado informal", *Boletim da Faperj*, 31 ago. 2006. Disponível em: <http://www.faperj.br/boletim_interna.phtml?obj_id=3093>; acesso em abr. 2013.

[39] Pedro Abramo, "Mercado imobiliário carioca: algumas conclusões", *Coleção Estudos Cariocas*, n. 20020902, set. 2002, p. 4. Disponível em: <http://portalgeo.rio.rj.gov.br/estudoscariocas/download/2337_Mercado%20Imobili%C3%A1rio%20Carioca%20algumas%20conclus%C3%B5es.pdf>; acesso em abr. 2013.

estabelecem no espaço urbano favelado para aproveitar as oportunidades de negócio[40].

A pesquisa sobre o mercado imobiliário nas favelas, realizada pelo Instituto Pereira Passos (IPP) em convênio com o Instituto de Pesquisa e Planejamento Urbano e Regional (Ippur), indicou que os preços dos imóveis não são irregulares ou arbitrários. A conclusão "interessante" da pesquisa a respeito dos preços dos imóveis nas favelas é:

> eles obedecem a uma certa lógica e regularidade revelando que há efetivamente um funcionamento do mercado informal em favelas, isto é, ele não é aleatório ou sazonal. Em outras palavras, o volume e o patamar de preços das transações imobiliárias confirmam a existência de um mercado informal que regula o acesso à terra urbana nas favelas consolidadas.[41]

Essa constatação entusiasmada do óbvio tem servido para fundamentar teoricamente as ações minimalistas de reforma urbana: o neoliberalismo praticado pelas políticas públicas no espaço urbano

---

[40] Assim como o mercado regular, o mercado imobiliário inferior também tem seus exemplos de *self-made man*. Mário José Rezende de Seixas, o Marinho, chegou à Rocinha quando ela era ainda uma forma popular de ocupação quase bucólica num morro da Zona Sul. Aproveitando os terrenos disponíveis no que se tornaria uma das maiores favelas da América Latina, Marinho passou a construir espaços comerciais e a alugá-los, conseguindo acumular o suficiente para expandir seu "pequeno" negócio dentro e fora da favela. Atualmente, é dono de um prédio de cinco andares na rua de entrada da Rocinha (o térreo é alugado pelo Bradesco, maior banco privado do país: a agência ocupa um imóvel sem registro e, em 2008, pagava mais de R$ 6 mil de aluguel), de outras lojas alugadas e da Marinho Móveis, cuja clientela principal vive na favela. Além disso, possui um apartamento em São Conrado e outro na Vila do Pan. Depois de trinta anos, a imprensa não sabe se ele mora na Rocinha ou no apartamento do Residencial Paraíso, na avenida Niemeyer, n. 915, também de sua propriedade (ver "Os novos-ricos da construção", *O Globo*, 24 ago. 2008).

[41] Pedro Abramo, "A dinâmica do mercado de solo informal em favelas e a mobilidade residencial dos pobres", *Coleção Estudos Cariocas*, n. 20030301, mar. 2003, p. 7. Disponível em: <http://portalgeo.rio.rj.gov.br/estudoscariocas/download/2344_A%20Din%C3%A2mica%20do%20Mercado%20de%20Solo%20Informal%20em%20Favelas.pdf>; acesso em abr. 2013.

direciona-se para a consolidação desse mercado empobrecido, estimulando seu desenvolvimento por meio de iniciativas de regularização imobiliária e apoio logístico. Se o mercado é o regulador universal por excelência, nada mais adequado ao espírito do tempo do que o estímulo à mercantilização de qualquer iniciativa de intervenção urbana. O economista peruano Hernando de Soto tornou-se o maior teórico do tema. Sua tese é que a desoneração jurídica dos mercados subterrâneos e seu reconhecimento flexível poderiam fomentar o desenvolvimento de uma espécie de "capitalismo dos pobres" nos países subdesenvolvidos, coisa que o Primeiro Mundo permitiu no passado a seus camponeses e sua pequena burguesia. Mobilizando todo o jargão da autonomia individual, desregulamentação, entre outros, Hernando de Soto defende uma "despolitização da economia" para emancipar os indivíduos da tutela do Estado, isto é, para que assumam definitivamente seu potencial empreendedor. Sua proposição fundamental, no que se refere ao mercado urbano, é uma oficialização acompanhada de desregulamentação, para que o informal deixe de ser encarado como ilegal e, portanto, coibido ou reprimido:

> Na prática, desregulamentação significaria quatro coisas: substituir o controle regulatório do Estado sobre a economia por um controle expresso nas decisões judiciais, dar acesso ao mercado e estender os instrumentos facilitadores do direito a todos os cidadãos, aumentar a proporção de recursos disponíveis para que o Estado realize o que os particulares não podem fazer bem e, por fim, delegar às organizações informais o que elas sabem fazer melhor.[42]

Vemos, por esse ângulo, como os novos estrategistas da prefeitura do Rio aprendem a questão urbana hoje. A iniciativa "dos de baixo" deve ser estimulada e desimpedida, já que a solução para os problemas urbanos – a habitação à frente – materializou-se desde sempre na configuração secular dessa forma que chamamos de favela. O giro copernicano no tratamento da questão urbana não pode-

---

[42] Hernando de Soto, *Economia subterrânea: uma análise da realidade peruana* (Rio de Janeiro, Globo, 1987), p. 334-5.

ria ser mais explícito do que a formulação de Hernando de Soto, reproduzida por um entusiasmado publicista brasileiro:

> Referindo-se à escumalha que vive em invasões e loteamentos clandestinos, vende muambas na rua, recolhe passageiros em filas de ônibus e não emite notas fiscais das mercadorias que vende ou dos serviços que presta, ele [De Soto] escreve: "Esses heroicos empreendedores são vistos como parte do problema mundial da pobreza. Eles não são o problema. São a solução". Ou: "A verdadeira causa da desordem não é a população, nem o crescimento da população, nem mesmo a minoria de pobres. É um sistema econômico de propriedade legal".[43]

Não foi por acaso que as milícias surgiram como um fenômeno urbano completamente novo e desafiaram a capacidade de apreensão teórica – a combinação de forças oficiais de segurança (policiais, bombeiros, ex-militares e guardas municipais) com lideranças e políticos locais das comunidades do Rio de Janeiro percebeu o potencial econômico contido nesse mercado latente. Os conflitos com o tráfico de drogas e a substituição de algumas facções no controle territorial violento das favelas pelos milicianos (muitas vezes em aliança estratégica com as facções rivais) mostraram a consolidação da exploração econômica de todo esse virtuoso mercado. A amplitude das atividades desenvolvidas, exploradas ou taxadas pelas milícias revela uma inserção na economia subterrânea que tem muito a ensinar às "pesquisas de mercado" de consultorias que buscam a diversificação de investimentos para seus clientes. O relatório produzido pela Comissão Parlamentar de Inquérito (CPI) sobre as milícias atesta o amplo espectro de atuação dessa *joint venture* do crime:

---

[43] Elio Gaspari, "Os 'heroicos empreendedores' do andar de baixo", *O Globo*, 21 jan. 2001. Vê-se mais uma vez a pretensa "diversidade" de opiniões num mesmo periódico: a defesa da regularização das favelas numa coluna do jornal *O Globo*, reafirmando a proposta de um livro publicado pela editora Globo nos idos de 1987, é classificada como "populismo" pelos objetivos e imparciais editorialistas desse mesmo veículo de comunicação.

De um modo geral, podemos dizer que o controle econômico exercido pelas milícias se dá pela coação dos moradores a pagar:
Taxa de segurança
Taxa diferenciada para moradores que possuem veículos
Taxa de instalação e mensalidade dos serviços de sinal de TV a cabo e internet
Controle e ágio na venda de gás e garrafão de água
Cobrança de alimentos para composição da cesta básica para os milicianos
Taxa que varia de 10% a 50% do valor da venda de imóveis
Taxa para legalização de imóveis
Taxa para permitir construções na comunidade.[44]

Ora, não há dúvida de que toda essa movimentação em torno do comércio imobiliário nas favelas demonstra a capacidade criativa de enfrentamento da situação de pobreza pela população carioca, mas revela sobretudo o vanguardismo mercantil dos criminosos, sejam eles provenientes do tráfico ou das forças de segurança que atuam em parcerias público-privadas por intermédio das milícias. Não por acaso a organização das UPPs tem seguido a mesma linha de operação implementada pelos paramilitares cariocas: garantia repressiva da ordem e da paz (até por toque de recolher) para fomentar a iniciativa privada e o desenvolvimento do mercado. As medidas oficiais que se seguem à implantação das UPPs têm sido a regularização e o estímulo ao empreendedorismo urbano dos "atores sociais" nas comunidades, fato que tem levado até instituições financeiras a subir o morro para oferecer microcrédito aos moradores. O próprio Sebrae resolveu ir à favela:

> Cerca de mil empreendimentos já foram legalizados nas comunidades de Borel, Cidade de Deus e Providência, pelos cálculos do Sebrae-RJ, que desenvolve o Programa Sebrae nas Comunidades Pacificadas. O projeto atua em três frentes: formalização, treinamento e economia

---

[44] Assembleia Legislativa do Estado do Rio de Janeiro (Alerj), "Relatório final da Comissão Parlamentar de Inquérito destinada a investigar a ação de milícias no âmbito do estado do Rio de Janeiro" (Rio de Janeiro, Alerj, 2008), p. 125. Disponível em: <http://www.marcelofreixo.com.br/site/upload/relatoriofinalportugues.pdf>; acesso em abr. 2013.

solidária. "As principais atividades são de estética, alimentação e pequenas confecções", afirma Sergio Malta, diretor-superintendente do Sebrae-RJ.[45]

Mais ainda, o espírito empreendedor tem sido oficialmente destacado como o condutor de iniciativas para aproveitar a intimidade com os negócios demonstrada até mesmo pelos inimigos da ordem pública. As palavras francas de Ricardo Henriques, secretário estadual de Assistência Social e Direitos Humanos, atualmente um dos responsáveis pelas políticas implantadas por meio das UPPs nas favelas cariocas, dispensam qualquer interpretação teórica:

> Os donos do morro foram embora, mas ficou o jovem que estava na endolação, que ia para a escola e tirava uma grana enrolando baseado. Precisamos ter um projeto sedutor para ele, que vivia numa rede de poder perverso. Era quem carregava o fuzil que ficava com a menina mais bonita do morro. A juventude desses locais tem um perfil curioso. O jovem tem grandes fragilidades, como baixíssima escolaridade, mas uma grande capacidade de iniciativa, de trabalhar em equipe e de fazer que os outros trabalhem, tudo o que o mercado de trabalho valoriza hoje. E aprenderam tudo isso no mundo do tráfico, da ilegalidade.[46]

O que o secretário de Direitos Humanos, as instituições capacitadoras do empreendedorismo dos pobres, as pesquisas pasteurizadas sobre o mercado imobiliário informal ou mesmo os livros de Hernando de Soto não revelam é que a proliferação desse mercado nas favelas – o acirramento e a perpetuação de relações mercantis mesmo em condições de pobreza extrema – tem como contraface a amplificação e o aprofundamento das fraturas sociais, da exclusão e da desigualdade no acesso à moradia e aos serviços básicos. Se a formação de um mercado imobiliário no interior das favelas pode significar a vitória do discurso contemporâneo do "autoempreendimento", ela implica também o escalonamento social ainda mais

---

[45] Cássia Almeida, "Depois da pacificação, é hora de negócio legal", *O Globo*, 21 nov. 2010.

[46] Carla Rocha, "Após pacificação, UPP social é a aposta do secretário estadual de Assistência Social para levar cidadania às favelas", *O Globo*, 17 out. 2010.

complexo das condições habitacionais e o fechamento das possibilidades de moradia definitiva para os mais miseráveis:

> levantamento feito em 2005 mostrou que o preço médio de um apartamento de dois quartos em Acari, Zona Norte, era de R$30 mil, enquanto uma casa de dois quartos na favela Parque Acari custava em torno de R$15 mil. Em São Cristóvão, um imóvel de dois quartos custava em média R$60 mil, enquanto uma casa com dois dormitórios na favela do Tuiuti beira os R$20 mil [...]. Com custos cada vez mais elevados, o mercado de locação em favelas tem crescido muito nos últimos anos. Enquanto em 2002 o aluguel representava 12% das transações de imóveis, em 2005 essa proporção subiu para quase 30%.[47]

Ou seja, se a favela é desde sempre a solução para o problema da habitação popular no Rio de Janeiro, já que viabilizou para muitos o acesso a preços baixos ou mesmo não mercantil à terra – grilagem, loteamento e aluguel de terras sempre conviveram com a ocupação de terrenos baldios, terras devolutas ou áreas abandonadas –, a ênfase agora oficial e regular sobre essa solução – sua consolidação, portanto – significa a reprodução em outro patamar do mesmo problema de sempre. Assim como o combate aos cortiços causou a primeira mudança no modo como a carência habitacional era solucionada pela população mais pobre – que se dirigiu aos morros, subúrbios etc. –, vemos agora uma mudança de natureza do problema e de foco em sua solução popular. Se o mercado imobiliário das favelas tem ampliado o fosso entre os pobres e os ainda mais pobres – que nem sequer são capazes de se imiscuir no mercado pre-

---

[47] Marina Ramalho, "Imóveis em favelas são concorridos no mercado informal", cit. Talvez o caso mais curioso e ilustrativo da possibilidade aberta por esse mercado imobiliário alternativo seja o de um prédio de 11 andares que foi erguido de modo absolutamente informal e, com seus 56 apartamentos, foi apelidado de *Empire States* da Rocinha (ver "Onze andares na Rocinha... e só a prefeitura não viu", *O Globo*, 28 set. 2005). Depois de muita histeria por parte da imprensa, "chocada" com essa afronta às regras urbanísticas da Cidade Maravilhosa, o prédio foi demolido pela prefeitura. Segundo levantamento de um arquiteto encarregado de elaborar um plano diretor para a favela, 70% das construções da Rocinha têm de três a seis andares (ver "Na Rocinha, quase 70% das construções têm de três a seis andares", *O Globo*, 6 set. 2007).

cário de lajes e barracos –, então a alternativa de moradia são as calçadas da cidade, as fábricas abandonadas, os lixões, as colunas dos viadutos, os muros das linhas férreas etc.

Se a população do Rio de Janeiro está se encaminhando progressivamente para as favelas, se há um fenômeno estatisticamente comprovado de expansão dos moradores e das áreas de favelas do Rio, não é menos verdade que um fenômeno complementar está ocorrendo: a favela está descendo o morro e ocupando o asfalto. Em várias áreas da cidade, a decadência dos equipamentos públicos, a desestruturação do espaço urbano, a crise econômica e a degradação urbanística estão transformando o bairro em favela. A alternativa miserável à urbanização das favelas, que elevou os preços dos imóveis nas comunidades, é a *favelização do espaço urbano* já consolidado.

Os obstáculos à expansão imobiliária geraram uma situação tão grave que a população mais miserável, enfrentando a limitação das favelas – por questões geográficas ou impedimento oficial[48] – e o mercado imobiliário formal ou informal – que está elevando os preços e os aluguéis –, não tem alternativa a não ser expandir a favela rumo ao asfalto. Enquanto a cidade apresentava uma ampliação urbana extensiva (para terrenos afastados e de preços mais baixos) e intensiva (nas áreas mais valorizadas via verticalização das construções), a favela era alternativa e complemento à expansão da estrutura urbana regular. Com o esgotamento urbano, a favela volta-se para o "asfalto" e começa a "fagocitar" partes da cidade.

Acrescenta-se a isso o empobrecimento da população da cidade: uma pesquisa recente sobre renda e desigualdade econômica no município do Rio de Janeiro revelou que, de acordo com os critérios da Fundação Getulio Vargas (FGV), o Brasil teria reduzido a pobreza extrema no período de 1996 a 2008, mas *o Rio de Janeiro apresentou um aumento desse grau mais extremo de pobreza.* Enquanto os índices oficiais demonstram que houve uma diminuição da desigualdade de renda no país (medida pelo índice de Gini de renda domiciliar *per*

---

[48] Ver a questão dos ecolimites ou ecobarreiras, que nada mais são do que muros para conter o crescimento das favelas em bairros da Zona Sul.

capita), na cidade do Rio de Janeiro ocorreu um aumento. E mais significativo ainda é que houve uma ligeira melhora na renda das favelas cariocas pesquisadas, ou seja, o aumento da desigualdade ocorreu fora da favela: "a desigualdade dentro dos setores 'não favela' da cidade do Rio é hoje maior que a desigualdade brasileira"[49]. Esse é o fundamento econômico para o que estamos indicando aqui como a favelização da própria cidade, a expansão da favela rumo ao "asfalto"[50].

Nos últimos anos, pequenas favelas, conjuntos de casas de alvenaria sem acabamento, muitas vezes sem colunas de sustentação, ou simplesmente barracos de madeira foram erguidos em qualquer espaço livre da cidade. Exemplos não faltam: uma favela se expandiu para a calçada da avenida Pastor Martin Luther King Jr., antiga avenida Suburbana, acompanhando os muros da Ceasa, entre os bairros de Colégio e Irajá. Sob as torres que sustentam os cabos de alta tensão, onde é proibido construir, casas e barracos brotam ao lado das tradicionais hortas. Os muros que cercam a linha do trem são as paredes iniciais para a construção irregular em bairros de Campo Grande. Os muros que protegem as linhas de metrô também têm servido de apoio para moradias extremamente precárias ao longo de toda a Linha 2. Em alguns casos, a rapidez da ocupação supera a capacidade de intervenção do poder público.

> O crescimento das favelas em direção ao asfalto tem sido tão rápido que chega a confundir José Eduardo Rangel, subprefeito da Grande Irajá, região que contabiliza oito favelas [...]: "Na altura da Ceasa não tem mais barracos junto ao muro do metrô. Apenas uma casa, autorizada pela própria companhia. Tiramos oito famílias há cerca de três meses", afirmou, antes de ser informado pela repórter do *Globo* que há mais barracos. "Já tem de novo? Vou lá olhar", disse.[51]

---

[49] Marcelo Cortes Neri, *Desigualdades e favelas cariocas: a cidade partida está se integrando?* (Rio de Janeiro, FGV/CPS, 2010), p. 32.

[50] A melhora da renda média na favela – em análise histórico-geográfica, e não meramente estatística – pode ser explicada pela transferência de uma população em condições econômicas um pouco melhores (classe média baixa) para as áreas favelizadas, e não por um aumento geral da renda.

[51] Maria Elisa Alves, "Quando o bairro vira favela", *O Globo*, 10 nov. 2003.

Em algumas situações, a pequena comunidade já estabelecida cria uma série de mecanismos de sobrevivência para os moradores, como é o caso da favela do Metrô, em São Francisco Xavier, onde bares, borracharias e oficinas mecânicas dividem o espaço da calçada com as casas e parte da avenida com os automóveis[52].

As favelas estabelecidas no asfalto crescem a um ritmo vertiginoso: na rua Paim Pamplona, em Sampaio, uma favela instalada há algumas décadas sob um viaduto cresceu mais de 20% em apenas cinco anos. Em Tomás Coelho, as calçadas do viaduto sobre a linha do metrô foram ocupadas por barracos. Em Benfica, a favela de Manguinhos já se estende por parte da rua Leopoldo Bulhões.

Galpões, prédios e fábricas fechados em vários bairros atravessados pelo Complexo do Alemão foram divididos pelos moradores, e os terrenos, cortados por paredes para formar condomínios irregulares. As diversas favelas que compõem o complexo estão provocando uma espécie de conurbação e digerindo os bairros que se situam em seus interstícios[53]. Ao redor das comunidades de Jacaré e Jacarezinho, tradicional bairro operário do Rio de Janeiro, a desindustrialização oferece aos sem-teto a oportunidade de ocupar os antigos galpões das fábricas. Ao longo de toda a avenida Brasil é possível observar dezenas de lojas, fábricas e galpões abandonados que agora servem de moradia para a população mais pobre da cidade, que não tem condições de participar do mercado imobiliário enaltecido pela intelectualidade neoliberal pós-moderna.

Um morador da Penha, testemunha da expansão da Vila Cruzeiro sobre as ruas do bairro, conseguiu resumir em uma expressão todo esse caminho invertido do desenvolvimento urbano do Rio de

---

[52] O local passa por um processo de remoção devido à reorganização urbana para a Copa do Mundo: por sua proximidade com o Maracanã, o espaço ocupado por lojas e moradias precárias será utilizado como estacionamento.

[53] Em alguns casos, a apropriação dos equipamentos mostra lampejos de utilização coletiva transformadora: os sem-teto que ocuparam uma fábrica próxima à favela do Jacarezinho dividiram o prédio entre si e ergueram casas no terreno à volta; contudo, a quadra poliesportiva foi mantida para uso comunitário, e uma imensa pichação na parede alertava: "Favor não construir sobre a quadra".

Janeiro: "Enquanto a prefeitura faz o Favela-Bairro, a gente vira o bairro-favela"[54].

Essas ocupações mais recentes são o principal alvo da política de remoções recuperada pela administração de Eduardo Paes. Longe de oferecer uma alternativa estrutural ao problema habitacional e, portanto, de enfrentar de modo profundo a questão da carência de moradia popular, os eventos internacionais recém-aprovados para a cidade (Copa do Mundo, Olimpíadas etc.), assim como o quadro catastrófico já apresentado, têm pressionado a prefeitura a "mostrar serviço". Isso aparece na forma de remoções pontuais, seja a pretexto de regularizar e ordenar o espaço urbano (operação Choque de Ordem, realizada pela Secretaria Especial de Ordem Pública), seja representando os interesses do capital imobiliário. Mesmo acalmando os ânimos conservadores da chamada "opinião pública", que volta a clamar por expulsões, e viabilizando as intervenções do grande capital de incorporadoras e construtoras, as remoções são apenas um complemento pontual da política oficial e mais ampla de manutenção e ordenamento policial do espaço favelizado do Rio de Janeiro.

A instalação de UPPs em diversas favelas da cidade, principalmente nos morros da Zona Sul e na Grande Tijuca, tem promovido uma alta geral nos preços dos imóveis – não apenas daqueles localizados nas áreas de classe média, ao redor das favelas, mas também dos imóveis regulares ou irregulares do morro. Levantamento realizado pelo governo estadual indica que, no morro Santa Marta, o preço dos aluguéis subiu cerca de 200% com a instalação de uma UPP: imóveis de quarto e sala custavam cerca de R$ 450 ao mês em meados de 2010. Os preços explodiram também na parte baixa do Chapéu Mangueira e morro da Babilônia, onde lojas são alugadas por R$ 4 mil e residências de dois quartos por R$ 2 mil. Na Ladeira dos Tabajaras e no morro dos Cabritos, principalmente em sua parte mais baixa, os preços dos imóveis também dispararam: uma loja pode ser vendida por R$ 80 mil e uma casa de dois quartos por R$ 70 mil[55].

---

[54] Maria Elisa Alves, "Quando o bairro vira favela", cit.
[55] "Imóveis em favelas com UPP sobem até 400%", *O Globo*, 29 maio 2010.

A pacificação repressiva e a valorização imobiliária têm atraído a classe média e até mesmo estrangeiros interessados em comprar casas em pontos turísticos do Rio. Por sua vez, a titulação fundiária e a regularização de serviços como água, luz e TV a cabo pressionam o custo de vida, que tem subido rapidamente na Zona Sul. O próprio governo estadual já admitiu a possibilidade de que isso represente uma espécie de substituição de classes de moradores:

> O governo do Estado reconhece o risco de haver uma "remoção branca" nas favelas pacificadas. "O morador de algumas favelas aguentou ficar ali com o tráfico, com a polícia violenta, enfrentou políticas de remoção, passou por mil coisas", diz a coordenadora do projeto UPP Social, Silvia Ramos. "Seria muita ironia do destino se agora, com as UPPs, eles não aguentassem e tivessem de sair."[56]

Na Cidade de Deus, os preços também dispararam: alguns imóveis, como os de um quarto, tiveram uma valorização de 400%! Hoje, uma casa de dois quartos no interior da favela pode custar mais de R$ 60 mil, apontando para uma realidade que aprofunda as diferenças de renda e coloca num novo patamar o histórico problema da habitação popular.

À medida que o mercado imobiliário avança sobre a informalidade das favelas, suprimindo-a (via regularização) ou submetendo-a a seus próprios critérios de rentabilidade, a exclusão social aumenta e a própria condição histórica da favela como "solução" espontânea e popular para os desafios da vida urbana na periferia do capitalismo se perde. Favelização do espaço urbano e incorporação imobiliária da favela são dois movimentos contraditórios e complementares: assim como na fronteira agrícola os pioneiros são expulsos pela reta-

---

[56] "Pacificadas, favelas do Rio de Janeiro já vivem boom imobiliário", *O Estado de S. Paulo,* 26 set. 2010. Esse reconhecimento oficial da pressão exercida pelo mercado imobiliário em favelas não é uma novidade. Desde as primeiras experiências com a regularização de favelas, os urbanistas da prefeitura do Rio perceberam a "sucessão ecológica" promovida pelos mecanismos econômicos do mercado de terras, o que fez com que se evitasse até mesmo a titulação, para que os mais pobres fossem mantidos em seus devidos lugares (prefeitura do Rio de Janeiro, *Das remoções à célula urbana,* cit., p. 57-8).

guarda formalizadora, que se instala na clareira aberta por eles, a valorização da favela na Cidade Maravilhosa atrai o empreendedorismo imobiliário e pressiona a expansão dessa forma social precária de habitação para além de seus limites convencionais.

Notas finais: o consumo da forma da pobreza urbana

Não há melhor meio de identificar a relação contraditória da sociedade carioca com a favela do que a valorização cultural intensificada nos últimos anos. Acompanhando o processo de pacificação repressiva, a pretensa integração entre favela e asfalto realiza-se sobretudo pelo consumo de certos aspectos simbólicos da vida cotidiana das comunidades. Contudo, a assimilação dessas formas se dá por meio da negação ou recalque dos conteúdos sociais: a cultura da favela é consumida simplesmente como forma, isto é, como representação separada e desprovida de conteúdo.

Nos últimos anos, a produção cultural relacionada à favela explodiu. Para além do samba e do funk, a favela tornou-se cenário de filmes, romances, novelas e seriados de TV. O "Olimpo carioca" – como um enredo de escola de samba chamou recentemente a favela – tornou-se um artigo cultural que se consome independentemente de seu conteúdo social. Ora, é evidente que todo o conjunto de problemas sociais da vida na favela é abordado nessas produções culturais: violência, tráfico de drogas, repressão policial, desemprego... Todas as manifestações do principal problema urbano brasileiro vicejam na trama dos filmes ou das novelas que, graças às pacificações repressivas, tiveram locação em favelas cariocas. Contudo, essa manifestação temática é superficial, porque o fundo social mais elementar que origina todo esse caldeirão de desgraças sociais permanece inatingível por causa da estetização desenfreada que visa o barraco de alvenaria, as vielas, os mototáxis ou as conflagrações armadas filmadas à Tarantino.

O exemplo mais marcante dessa incapacidade de problematizar o conteúdo social presente na favela é a refilmagem, sob uma pretensa perspectiva *do morro*, do clássico do cinema novo *5x favela*. A reelaboração de cinco historietas tendo como pano de fundo a favela carioca foi marcada pela montagem herdada da teledramaturgia da TV

Globo e tocou em questões que, embora pertençam ao cotidiano da favela, são incapazes de exprimir a profundidade de um problema habitacional e social que não se restringe a festas, salvação individual conquistada por meio de um emprego regular obtido graças ao acesso à universidade, lazer com pipas ou violência do tráfico. Ora, se a proposta oficial do filme era mostrar que o dia a dia da favela não se limita à violência, como acredita a visão preconcebida do asfalto, ele pouco avançou, porque não buscou as origens do cotidiano marcado por uma situação econômica e profissional precária e, principalmente, o fundo daquela *forma urbana* particularizada e materializada na vida cotidiana. O filme de 1962, muito menos ambicioso na pretensão de revelar um ponto de vista não maculado sobre a favela, ainda era capaz de problematizar o fundamento social da propriedade imobiliária, do grilo e do despejo na favela, sem deixar de abordar as formas da vida cotidiana produzidas nesse meio.

Outros exemplos do consumo cultural da favela poderiam ser listados em abundância: desde o turismo nos morros da Zona Sul até o funk politicamente correto que toca em rádios e programas de auditório (versões expurgadas de palavrões e indelicadezas feitas por funkeiros a partir de suas próprias composições), passando pelo Museu do Samba (que simula diariamente pequenas apresentações carnavalescas para estrangeiros) e por concursos de culinária de botequim promovidos por jornalistas em favelas onde há unidades de "policiamento comunitário". Entretanto, o caso mais grosseiro e evidente do consumo culturalista da forma aparente da favela é seu enaltecimento arquitetônico.

Há tempos a construção espontânea de favelas tornou-se referência espacial estética: arquitetos de diversas nacionalidades valorizam a improvisação de materiais, a labiríntica disposição das casas e a falta de padronização de plantas e gabaritos para estabelecer os princípios de uma arquitetura pós-moderna não racionalista, fragmentária e rizomática[57]. Os próprios urbanistas da prefeitura, inspirando-se na "urbanização simplificada", legitimaram os esforços de

---

[57] Paola Berenstein Jacques, "Estética das favelas (1)", *ArquiTextos*, n. 13, 8 jun. 2001. Disponível em: <http://www.vitruvius.com.br/revistas/read/arquitextos/02.013/883>; acesso em abr. 2013.

urbanização das favelas como uma manutenção de "soluções de espaço simplesmente geniais", uma aceitação de forma composta de "infinitos becos e vielas, que serpenteiam os casarios entrelaçados em estruturas criativas de arquitetura minimalista"[58]. Recentemente, a favela foi transformada até mesmo em conceito arquitetônico: o especialista em planejamento urbano holandês Eric Vanderfeesten faz projetos habitacionais que utilizam um sistema modular de blocos de construção diretamente inspirados nas favelas brasileiras, onde a padronização de habitação para as massas funde-se com a singularidade individual, já que cada bloco é único em arranjo e combinação[59].

O exemplo mais significativo, contudo, ainda é oferecido em nossa própria terra pela valorização da forma de moradia das favelas por arquitetos que servem ao poder público por meio de licitações e que, mesmo em projetos voltados para moradores de baixa renda, conseguem romper o vínculo do *design* habitacional com seus con-

---

[58] Prefeitura do Rio de Janeiro, *Das remoções à célula urbana*, cit., p. 16. Embora os urbanistas municipais sejam respeitosos da "genialidade arquitetônica" das favelas que "conformam pequenos bairros, numa multiplicação de culturas negras e nordestinas (somadas às dos imigrantes estrangeiros), interagindo de forma dialética com as típicas da cidade" (idem), esse mesmo documento demonstra a incapacidade de refletir sobre os fundamentos sociais dessa forma de moradia. Mesmo o apelo à valorização dos "saberes locais" mostra-se mero espantalho discursivo quando se percebe que, ao longo da experiência de urbanização de favelas cariocas, o poder público passou as obras para a responsabilidade de empreiteiras e construtoras em virtude da "*baixa qualidade da mão de obra local*" (ibidem, p. 52, grifo nosso). Mais ainda: um dos projetos iniciais da prefeitura, sob influência de organismos internacionais, preconizava que "a contrapartida da família deveria ser o fornecimento da mão de obra gratuita, caracterizada, inclusive, como um processo participativo". Contudo, o projeto, que deveria ser orientado em regime de mutirão, foi inviabilizado porque "o universo de problemas era imenso e diversificado, acrescido da falta de vontade da população de trabalhar de graça" (ibidem, p. 50). Maior falta de sintonia do conteúdo social desses pobres favelados com o espírito do tempo, impossível; afinal, quem não quer trabalhar de graça nessa era do voluntariado?

[59] Eric Vanderfeesten, "Confection for the masses in a parametric design of a modular favela structure", *Studio Evanderfeesten*, 5 abr. 2005. Disponível em: <http://www2.ds.arch.tue.nl/~vanderfeesten>; acesso em abr. 2013.

teúdos sociais. Na favela Bento Ribeiro Dantas – popularmente conhecida como Fogo Cruzado por se localizar numa área limítrofe entre duas facções criminosas rivais –, a Companhia Estadual de Habitação (Cehab) construiu um condomínio popular formado por pequenos prédios de apartamentos de menos de cinquenta metros quadrados. Os moradores desse conjunto viviam em "favelas de rua", exatamente como as inúmeras construções irregulares que pipocaram pela cidade em avenidas, calçadas e viadutos e foram removidas pelo poder público. A forma arquitetônica utilizada inspira-se no próprio aspecto das construções das favelas: as paredes de tijolo vermelho *imitam* a falta de emboço das casas. Mas essa referência à arquitetura espontânea das favelas é meramente formal: a cobertura dos prédios é inclinada, impedindo que os moradores proprietários ampliem a área construída. A *autoconstrução*, principal característica do esforço popular para solucionar, mesmo que precariamente, o problema habitacional, foi previamente eliminada pelos arquitetos responsáveis por sua valorização. Justificado como uma tentativa de manter o desenho original, o design busca, na verdade, impedir a proliferação de construções, de *puxadinhos*. A forma de moradia popular tornou-se um simulacro desprovido de conteúdo social, uma representação afastada de sua substância sociológica real. Assim como nos museus a cultura perpetua-se pela abstração de seu contexto social e torna-se arte, o consumo culturalista da favela mata o fundo social dessa forma e torna-a *mera forma*.

6
SERÁ GUERRA?

Felipe Brito, André Villar e Javier Blank

> Isso é uma guerra. É uma guerra e guerra tem de ser enfrentada como guerra. Direitos humanos devem ser respeitados sempre, é nossa filosofia. Mas isso é uma guerra.
>
> Sérgio Cabral, governador do Rio de Janeiro,
> 11 de novembro de 2007

> Além de conseguirmos o objetivo de tomar o território, se derrubou uma crença de invencibilidade. [...] Não vencemos a guerra, vencemos a mais importante e difícil batalha.
>
> José Mariano Beltrame, secretário de Segurança Pública do Rio de Janeiro, 28 de novembro de 2010

Entre 1980 e 2010, o Brasil registrou 1.091.125 de mortos por homicídio, uma média de 4 vidas dizimadas por hora. De 11,7 homicídios por 100 mil habitantes, em 1980, passamos para 26,2, em 2010. Um aumento real de 124%[1]. Situando-nos na faixa de mais de 50 mil homicídios por ano, alcançamos a tétrica posição de sexto país com mais mortes violentas no mundo[2]; se considerarmos apenas os casos de jovens entre 15 e 24 anos, pulamos para a quinta colocação, com 51,6 homicídios por 100 mil habitantes[3]. Esta-

---

[1] Informações retiradas de Júlio Jacobo Waiselfisz, *Mapa da violência 2012: os novos padrões da violência homicida no Brasil* (São Paulo, Instituto Sangari, 2011), que, por sua vez, baseou-se no Sistema de Informação sobre Mortalidade (SIM), do Ministério da Saúde. Disponível em: <http://mapadaviolencia.org.br/pdf2012/mapa2012_web.pdf>; acesso em abr. 2013.

[2] Eduardo Sales de Lima, "Limbo legal da segurança particular", *Brasil de Fato*, 8 dez. 2011. Disponível em: <http://www.brasildefato.com.br/content/limbo-legal-da-seguran%C3%A7a-particular>; acesso em abr. 2013.

[3] Gelsom Rozentino de Almeida, "A violência no Rio de Janeiro: perdas e possibilidades", *Revista História e Luta de Classes*, n. 11, 2011, p. 14-9.

dos Unidos, França, Alemanha e Inglaterra registraram respectivamente 6, 0,7, 0,6 e 0,3 homicídios por 100 mil habitantes[4]. À frente do Brasil encontram-se apenas El Salvador, Colômbia, Guatemala, Venezuela e Ilhas Virgens[5]. Os ecos da escravidão ainda retumbam implacavelmente no quadro brasileiro de homicídios: em 2002, foram assassinados 46% mais negros do que de brancos; em 2008, essa proporção saltou para 103% – isto é, para cada três mortos no Brasil, dois eram negros. Na Paraíba, são mortos 1.083% mais negros do que brancos; em Alagoas, essa proporção é de 974% e, na Bahia, 439,8%. Até mesmo os suicídios ecoam a escravidão, na medida em que, entre os negros, tiveram um aumento de 51,3% e, entre os brancos, de 8,6%[6].

A distribuição espacial dos homicídios no Brasil é assimétrica: algumas localidades apresentam taxas equivalentes às menores do mundo, ao passo que outras, às maiores. O peso da seletividade, por conseguinte, é econômico, étnico e espacial.

As mortes em massa por homicídio no Brasil acomodaram-se ao funcionamento cotidiano do regime democrático em voga no país. Contudo, formam um painel social tão horripilante que ultrapassa, em termos de média anual, o somatório de mortes dos doze maiores conflitos armados no mundo. É o que atesta o "Relatório sobre o peso mundial da violência armada", que mapeou as mortes provocadas por 62 conflitos armados espalhados pelo mundo entre 2004 e 2007[7]. Num cômputo geral de 208.349 mortes, os doze maiores conflitos mundiais foram responsáveis por 169.574. No Brasil, não há guerras civis nem enfrentamentos étnicos e/ou religiosos oficialmente declarados ou reconhecidos. Não obstante, há uma torrente

---

[4] Idem.

[5] Idem.

[6] Cynara Menezes, "Ecos da escravidão", *CartaCapital*, São Paulo, 9 mar. 2011, p. 24-7.

[7] Esses conflitos dizem respeito a Iraque, Sudão, Afeganistão, Colômbia, República Democrática do Congo, Sri Lanka, Índia, Somália, Nepal, Paquistão, Caxemira, Israel e territórios palestinos. Cf. Julio Jacobo Waiselfisz, "Mapa da violência 2012", cit.

de 192.804 vítimas, bem próxima, aliás, do total de mortes provocadas pelos 62 conflitos supracitados[8].

O Rio de Janeiro, cuja polícia é a que mais mata e morre no mundo, sempre teve participação abundante no morticínio brasileiro. A cidade e a região metropolitana do Rio de Janeiro computaram 62,2 homicídios por 100 mil habitantes em 1990, 70,6 em 1995 e 56,7 em 2000. Enquanto o governo estadual e a fatia apologeta da sociedade civil carioca alardeavam um decréscimo em torno de 28% dos homicídios nos últimos anos (de 7.099 em 2006 para 5.064 em 2009), eis que o tino de pesquisador competente de Daniel Cerqueira, do Instituto de Pesquisa Econômica Aplicada (Ipea), identificou fortes indícios de "má classificação e manipulação dos dados"[9]. O número oficial de homicídios no Rio de Janeiro manteve-se relativamente estável de 2006 a 2009, ao passo que a quantidade de "óbitos por causa indeterminada" aumentou de modo considerável. Em 2009, o número de homicídios registrados oficialmente foi de 5.064 e o de "homicídios ocultos" foi de 3.165, num total de 8.229 óbitos por homicídio. Embora possua apenas 8% da população nacional, o Rio de Janeiro foi responsável por 27% das mortes violentas provocadas por causas externas "indeterminadas" em todo o país[10].

O fato é que o Rio de Janeiro apresenta várias semelhanças com outras áreas urbanas saturadas de conflitos armados, algumas oficialmente em "estado de guerra" e outras em "estado de paz" (ou, pelo menos, de ausência oficial de guerra). Além disso, é um significativo laboratório de regulação social armada, que abarca dimensões variadas e relacionadas entre si: a tendência da política de se converter em

---

[8] Esses índices assustadores não se explicam pelas dimensões do Brasil. Paquistão e Índia, que têm, respectivamente, 185 milhões e 1,21 bilhão de habitantes, apresentam índices de homicídios bem menores.

[9] Daniel Cerqueira, "Mortes violentas não esclarecidas e impunidade no Rio de Janeiro", Fórum Brasileiro de Segurança Pública, 21 out. 2011, p. 1. Disponível em: <http://www2.forumseguranca.org.br/files/MortesViolentasNao EsclarecidaseImpunidadenoRiodeJaneiro.pdf>; acesso em abr. 2013.

[10] Idem.

"política de segurança", ou seja, de se referenciar progressivamente pelo vetor da "segurança"; a tendência do regime democrático de se reproduzir como "estado de exceção" (que inclui o "urbanismo de exceção" praticado no bojo dos megaeventos esportivos e culturais); a gestão policial/militar dos territórios; a *war on drugs* [guerra às drogas] na esteira de um vasto entrelaçamento entre licitude e ilicitude que abarca o tráfico de armas (com participação de agentes do Estado); a atribuição do "poder de polícia" às Forças Armadas e a crescente intervenção destas em conflitos internos; o processo de militarização das polícias; a expansão das guardas municipais "policializadas" e organizadas em estrutura militar; a hipertrofia do mercado de segurança e da *indústria do controle do crime*; a privatização da segurança e das intervenções vigilantes-repressivas-punitivas; a infiltração da "lógica da segurança" na sociedade civil; a avassaladora promoção e naturalização da experiência cultural da violência, entre outros.

O laboratório de regulação armada surge num contexto de mudanças profundas nas configurações específicas da violência que caracterizaram o padrão clássico de guerra na modernidade capitalista. Essas mudanças geraram uma série de análises, transmitidas por um mosaico de (re)conceituações: "novíssimas guerras", "guerra assimétrica", "guerra irregular", "guerra molecular", "estados de violência" etc.[11] Podemos divisar uma linha de continuidade, não obstante as diferenças, entre os fenômenos de violência (e de "governança" em meio e com o recurso à violência) em diversas partes do mundo, como Porto Príncipe, Bogotá, Cidade do México, São Salvador, Cisjordânia, Faixa de Gaza, Bagdá, Cabul, Somália, Ruanda e Congo. A própria diplomacia norte-americana, num telegrama enviado do Brasil para o governo estadunidense, assinala as semelhanças entre a "pacificação" vigente de determinadas favelas cariocas, por intermédio das Unidades de Polícia Pacificadora (UPPs) e

---

[11] O alcance dessas modificações levou alguns pesquisadores a enunciar o "fim da guerra" e sua consequente substituição por inéditos estados de violência. Ver Frédéric Gros, *Estados de violência: ensaio sobre o fim da guerra* (São Paulo, Ideias e Letras, 2009).

a doutrina da contrainsurgência empregada no Iraque e no Afeganistão. O pesquisador Eduardo Teixeira destacou trechos reveladores desse telegrama, publicado no WikiLeaks:

> O Programa de Pacificação de Favelas compartilha algumas das características da doutrina e da estratégia de contrainsurgência dos EUA no Afeganistão e no Iraque. O sucesso do programa dependerá, em última instância, não apenas de uma efetiva e duradoura coordenação entre a polícia e os governos estadual/municipal, mas também da percepção dos moradores das favelas quanto à legitimidade do Estado. [...] Outro fator significativo para que o projeto seja bem-sucedido é o quão receptivos serão os moradores das favelas para assumirem as suas responsabilidades cívicas, tais como pagar por serviços e taxas legítimas. O lugar-tenente do Bope [Batalhão de Operações Policiais Especiais], Francisco de Paula, o qual também é residente da favela do Jardim Batan [favela controlada por "milícias" antes da Unidade de Polícia Pacificadora – UPP], contou-nos que muitos da sua comunidade resistiam à ideia de terem que passar a pagar taxas mais elevadas por serviços como eletricidade e água, outrora providos por fontes piratas. Carvalho [José Vieira de Carvalho Júnior] também disse que os seus oficiais encontraram uma confusão generalizada entre os moradores que, até agora, vinham pagando por eletricidade e TV a cabo providas por fontes clandestinas. "É muito difícil para eles ter que pagar, de uma hora para outra, por serviços que antes eles recebiam por menos ou até mesmo de graça", disse ele. Carvalho também se lamentou pela mentalidade dominante entre os moradores de favelas que viveram por décadas sob o controle de grupos de narcotraficantes. "Esta geração está perdida", disse ele. "Precisamos nos concentrar nas crianças através da promoção de programas de esporte e educação." [...] Assim como na contrainsurgência, a população do Rio de Janeiro é o verdadeiro centro de gravidade. [...] Um dos principais desafios deste projeto é convencer a população favelada que os benefícios em submeter-se à autoridade estatal (segurança, propriedade legítima da terra, acesso à educação) superam os custos (taxas, contas, obediência civil). Assim como para a doutrina de contrainsurgência americana, não devemos esperar por resultados do dia para a noite. [...] Se, contudo, o programa conquistar "mentes e corações" nas favelas e continuar a gozar do apoio genuíno do governador e do prefeito, amparado pelas empresas privadas seduzidas pela perspectiva de reintegrar um milhão de moradores das favelas para os mercados formais, então este programa poderá

refazer o tecido econômico e social do Rio de Janeiro. O posto [diplomático] irá trabalhar ao lado das autoridades estatais relevantes para facilitar trocas, seminários e parcerias institucionais visando este fim.[12]

Se se trata de "contrainsurgência carioca", quem desempenha o papel de "insurgente"? Levando em conta os discursos e as práticas governamentais, além da dramatização espetacular da violência promovida pela grande mídia, encontramos a resposta sem dificuldade: os varejistas de drogas instalados nas favelas, embora não tenham nenhuma pretensão de derrubar o poder estatal posto para estabelecer um novo Estado dentro de outra ordem social e não obstante o confronto armado com a autoridade estatal ter o estrito intuito de viabilizar as finalidades econômicas do comércio de substâncias ilícitas. Mas, como avaliou a diplomacia estadunidense, os alvos não são apenas os "insurgentes". O escopo é mais amplo.

As "operações contrainsurgentes" devem conter mecanismos de imantação social da massa de indivíduos com pouco ou nenhum dinheiro, e esses mecanismos funcionam sob o auspício das armas. Logo, não é fortuita a identificação da "pacificação" via UPPs com a doutrina da contrainsurgência. As UPPs, sob o auspício da intervenção armada, visam a população favelada e mantêm a posição iníqua e subalternizada que lhe foi destinada no edifício social. Paramentadas por fileiras de organizações não governamentais (ONGs), entre outras coisas, as UPPs veiculam um modelo de cidadania mediado pelo consumo e, em meio à lentidão das políticas públicas, preparam o caminho para a proliferação de serviços pagos e estimulam a ideologia do "empresariamento de si mesmo", explorando o "potencial econômico turístico" e a imagem de "favela S.A." para encaixá-la como "mercadoria exótica" em algum nicho multiculturalista de mercado. As UPPs visam os poderosos agentes de mercado, na medida em que turbinam a especulação imobiliária no "asfalto" e no interior das próprias favelas e asseguram mão de obra

---

[12] Citado em Eduardo Tomazine Teixeira, A "doutrina da pacificação", 13 jan. 2011. Disponível em: <http://passapalavra.info/2011/01/34214>; acesso em abr. 2013.

abundante e barateada. Toda essa verve mercadológica e privatista é parte constitutiva do rebaixamento da forma política a um "departamento da grande empresa em que o mundo se transformou"[13].

É importante lembrar que a renitente intervenção militar brasileira no Haiti, executada por intermédio da Minustah, mantém vinculações diretas com o laboratório carioca de "administração" socioespacial armada, com forte viés militarizado e identificado, conforme foi dito, como espaço de execução de "técnicas contrainsurgentes". Por mais de uma vez, tal intervenção militar foi considerada pelas autoridades brasileiras uma oportunidade privilegiada de as Forças Armadas (re)adestrarem-se para os "conflitos urbanos internos" (com as emergentes "atribuições policiais", ora assumidas, ora disfarçadas) em nome da chamada "garantia de lei e ordem". As incursões militares na Vila Cruzeiro e no Complexo do Alemão, no fim de novembro de 2010, valeram-se da experiência no Haiti, que inclui, por exemplo, uso intensivo de patrulhamento e buscas e apreensões em residências. Não por acaso o comandante das operações, general Fernando Sardenberg, foi um dos comandantes da Minustah. Esses vasos comunicantes entre Haiti e Rio expressam a confusão tendencial de "violência bélica" com exercício do "poder de polícia", isto é, a normalização e a normatização de incursões bélicas como "operação de polícia" e a normalização e a normatização de operações de polícia como "incursões bélicas". Isso reflete a demanda em curso de um *know-how* de execução e gestão da "guerra" em espaço e ambiência civis. Diante desse cenário, as polícias tendem a se "militarizar" e as Forças Armadas a se "policializar" (sem perder a vértebra militar), promovendo ações conjugadas (sob o comando das Forças Armadas). Incursões nas comunidades pauperizadas da cidade do Rio de Janeiro – assim como a atual gestão diretamente policial/militar de alguns desses espaços urbanos – seguem essa tendência. Mas a última grande incursão na Vila Cruzeiro e no Complexo do Alemão e a gestão militarizada desses espaços con-

---

[13] Marildo Menegat, *Depois do fim do mundo: a crise da modernidade e a barbárie* (Rio de Janeiro, Relume Dumará/Faperj, 2003), p. 220.

densaram essa propensão num grau inaudito e apresentaram características novas.

Merecem registro algumas iniciativas institucionais voltadas para a (re)adaptação de atribuições e organização das Forças Armadas brasileiras. Diante do insistente clamor de setores diversos da sociedade brasileira e várias convocações das Forças Armadas para que exercessem, no âmbito interno do país, o "poder de polícia", o Exército transformou a 11ª Brigada de Infantaria Blindada em 11ª Brigada de Infantaria Leve – Garantia de Lei e Ordem, pautado no Decreto n. 5.261, de 3 de novembro de 2004. Sediada em Campinas, a brigada incumbe-se de atuar em missões de "garantia de lei e ordem". Ou seja, o governo federal criou, por decreto, uma brigada de infantaria para *intervir* (a despeito das tergiversações e dos eufemismos, esse é o termo adequado) nos estados da federação, sem a necessidade de um decreto de intervenção. Numa federação, os entes federados não possuem soberania – esse atributo indivisível é da República Federativa do Brasil –, mas gozam de autonomia, conforme prescrições constitucionais. Por isso, a invasão da União na esfera autônoma dos entes federados caracteriza ilegalidade e desestabilização institucional (ou, pelo menos, deveria caracterizar, segundo os cânones constitucionais)[14]. No fim de 2008, o Ministério da Defesa anunciou a "Nova estratégia de defesa nacional", composta por uma regulamentação da "Garantia de lei e ordem" que dá mais espaço às Forças Armadas para "combater a criminalidade" e exercer o "papel de polícia" nas ruas das cidades brasileiras. Representantes do Exército anunciaram a existência de um "Plano de segurança integrada" na esteira da ocupação militar da Vila Cruzeiro e do Complexo do Alemão, formalizando a possibilidade de atuar não apenas no Rio de Janeiro, mas em qualquer outro estado da federação.

Vale lembrar que é atribuição das polícias militares a "polícia ostensiva" e a "preservação da ordem pública", conforme registrado no artigo 144, § 5. Esse artigo discrimina, com exatidão, os órgãos que

---

[14] O capítulo VI do título III da Constituição Federal de 1988 (artigos 34, 35 e 36) trata da *intervenção*.

devem garantir a "segurança pública". São eles: polícia federal, polícia rodoviária federal, polícia ferroviária federal, polícias civis, polícias militares e corpos de bombeiros militares. Todavia, a atribuição constitucional das Forças Armadas de "garantia dos poderes constitucionais e, por iniciativa de qualquer destes, da lei e da ordem" (artigo 142) enseja lacunas que, entre outras mensagens criptografadas, indicam: se os movimentos sociais organizados não se comportarem de modo adequado, elas saem da caserna e voltam a reprimir – na verdade, saem em bloco da caserna e voltam a reprimir de maneira concentrada, já que as Forças Armadas, de modo difuso e pontual, direto ou indireto, volta e meia envolvem-se na repressão de movimentos sociais organizados.

Devemos sublinhar aqui a dissipação dos termos convencionais da guerra moderna, assentados em Estados declaradamente em situação de beligerância, com Forças Armadas bem delimitadas, digladiando-se em territórios (relativamente) distantes das populações civis, isto é, a progressiva corrosão dos limites entre "combatentes" e "não combatentes", espaços "beligerantes" e "não beligerantes", além da proliferação de atores não estatais. Os civis deixaram de ser vítimas para tornar-se cada vez mais objeto das operações militares. Na Primeira Guerra Mundial, cerca de 5% dos mortos eram civis; na Segunda Guerra, esse número elevou-se para 66%; já nas últimas três décadas do século XX, estima-se que de 80% a 90% dos afetados por guerras sejam civis[15]. As atuais operações militares em diversas partes do mundo não se pautam mais pela distinção entre "combatentes" e "civis não combatentes" e muitas vezes transformam extensas faixas hiperpovoadas em "teatro de guerra". Por outro lado, os próprios conflitos envolvem cada vez mais atores não estatais. O vasto rol de incursões ao redor do planeta são intervenções sem tempo e espaço nitidamente delimitados e sem prazo para acabar: não se trata mais de uma "declaração de guerra" numa ponta e de

---

[15] Eric Hobsbawm, "A epidemia da guerra", *Folha de S.Paulo*, 14 abr. 2002. Disponível em: <http://www1.folha.uol.com.br/fsp/mais/fs1404200204.htm>; acesso em abr. 2013.

um "tratado de paz" na outra. A rigor, nem são feitas para serem vencidas, mas apenas para serem tautologicamente executadas. Logo, subjaz a tais procedimentos não exatamente uma vitória militar nos termos delineados pelas relações (modernas) de poder entre os Estados, mas sim uma inviabilização e paralisia para fins de tutela (a ser exercida ao longo do tempo). Tanto a "guerra contra as drogas" quanto a "guerra contra o terrorismo", por exemplo, não são, exatamente, para serem vencidas, o que torna irrelevante ao *establishment* político internacional se estamos em tempos de "guerra" ou de "paz". A despeito das promessas de "paz perpétua" e "prosperidade universal", depois da derrocada do socialismo real o mundo enredou-se numa globalização de conflitos armados, de agregados de violência (denominados por diferentes vias), em que aparatos militares (e paramilitares) foram intensamente reguarnecidos.

Compondo o assombroso quadro das transformações bélicas encontra-se a privatização/terceirização. Avolumam-se pelo mundo as companhias militares privadas ou *private security contractors* (eufemismo para exército de mercenários), que abrigam cerca de mil empresas somente nos Estados Unidos e cerca de 3 mil ao redor do mundo, com crescimento de 300% ao ano desde 2001[16]. Algumas pesquisas estimam que esse rentável ramo empresarial movimente cerca de US$ 100 bilhões ao ano (para outras, de 150 a 200 bilhões ao ano)[17] e empregue de 19,5 a 25,5 milhões de pessoas[18]. Ocorre um processo de concentração dessas empresas, e várias delas já possuem cotação em bolsas de valores, atraindo empresas de outras áreas. É possível encontrar laços entre exploração de recursos naturais (como petróleo e minério) e essas companhias militares priva-

---

[16] Dario Azzelini, "A guerra no século XXI ou a terceirização da guerra", *Carta Maior*, 10 out. 2009. Disponível em: <http://www.cartamaior.com.br/templates/materiaMostrar.cfm?materia_id=16184>; acesso em abr. 2013.
[17] Idem.
[18] Vivian Fernandes, "Estados depositam segurança global nas mãos de mercenários", *Brasil de Fato*, 22 dez. 2011. Disponível em: <http://www.brasildefato.com.br/content/seguran%C3%A7a-global>; acesso em abr. 2013.

das[19]. Nos pulverizados conflitos armados do continente africano, palco de encarniçadas disputas territoriais, essas vinculações sempre tiveram papel de destaque na garantia da rapinagem dos recursos naturais. A *war on drugs* iniciada pelos Estados Unidos no continente americano, cujas manifestações são o Plano Colômbia e as iniciativas Mérida e Carsi, conta com a incisiva atuação das companhias militares privadas[20]. Outro exemplo nítido é a gestão das "guerras"

---

[19] A título ilustrativo, vale analisar o caso colombiano. Grande parte da produção de petróleo na Colômbia é realizada com o apoio de mercenários. A petrolífera colombiana Ecopetrol, que atua em conjunto com a norte-americana OXI, contratou os serviços da companhia militar AirScan (da Flórida) para investigar e mapear possíveis "grupos insurgentes" nas cercanias de campos petrolíferos e oleodutos, como o de Caño Limón. Sabe-se que a British Petroleum também contratou serviços análogos de investigação e mapeamento. Como lembra Azzelini ("A guerra no século XXI ou a terceirização da guerra", cit.), um dos desdobramentos desse tipo de serviço foi o bombardeio da vila de Santo Domingo pelo Exército colombiano, em 1998, causando dezenas de mortes de civis. A motivação foi o combate a "forças insurgentes" na região. A concentração fundiária e a implantação do *agrobusiness* (à custa de uma vasta expropriação de terras de pequenos camponeses) sustentaram-se (e ainda se sustentam) numa lógica belicista, com participação intensa de empresas paramilitares "formais" (como a AirScan) e grupos paramilitares "informais" (como o sanguinário Autodefesas Unidas da Colômbia). No norte da Colômbia, o setor bananeiro contrata os serviços de segurança dos paramilitares "informais" e chega a pagar uma porcentagem por cacho de banana vendido (idem).

[20] Pelas iniciativas Mérida e Carsi, os EUA financiam e treinam as forças policiais e militares para o "combate ao tráfico de drogas" no México e em países da América Central. O orçamento de 2008, 2009 e 2010 dos EUA, destinado ao México, à América Central e aos países caribenhos, atingiu, respectivamente, US$ 1,3 bilhão, US$ 258 milhões e US$ 32 milhões (Annie Bird, "Estados Unidos querem aumentar presença militar em Honduras", *Brasil de Fato*, 28 set./3 nov. 2010). O suporte financeiro norte-americano às Forças Armadas colombianas alcançou US$ 4,35 bilhões entre 2000 e 2009. Possuindo cerca de 44 milhões de habitantes e um território de aproximadamente 1,2 milhão de quilômetros quadrados, a Colômbia apresenta atualmente um contingente militar de mais de 210 mil indivíduos, enquanto a Argentina, que tem cerca de 40 milhões de habitantes e 2,7 milhões de quilômetros quadrados, tem um efetivo próximo a 72 mil e o Brasil, com mais de 190 milhões de habitantes e 8,5 milhões de quilômetros quadrados, possui um efetivo de pouco mais de 300 mil. Os Estados Unidos utilizarão no mínimo sete bases na Colômbia (quatro já existentes e três em fase de acabamento), além de outras no Peru (espe-

no Iraque e Afeganistão: a quantidade de mercenários que atuam nesses países foi estimada em 250 mil, com um aumento de cerca de 23% no segundo semestre de 2009 no Iraque e de cerca de 29% no Afeganistão[21]. Na chamada "zona verde" iraquiana, as empresas estrangeiras em geral possuem mercenários em suas folhas de pagamento. Suas atribuições são diversas: desde a distribuição de correspondência até a operação de armamento altamente sofisticado (como aviões não tripulados e radares), passando pela montagem de acampamentos militares e vigilância de prisões. A coordenação das atividades de mercenários e militares beneficia-se do fato de que grande parte das empresas paramilitares foi fundada por ex-membros das Forças Armadas norte-americanas (ou de países tradicionalmente aliados) e tem participação acionária e administrativa de políticos[22]. A seleção de membros entre ex-integrantes dos aparatos repressivos das ditaduras militares do continente americano e do regime de *apartheid* na África do Sul é a tônica. No Brasil, foram descobertas as atividades da First Line Consultoria, que utilizava equipamentos oficiais das Forças Armadas e do Centro de Instrução do Gericinó e recrutava e treinava militares da reserva, sobretudo oriundos das tropas de elite (Comandos, Comandos Anfíbios, Mergulhadores de Combate, Brigada de Infantaria Paraquedista etc.)[23].

---

cificamente na região de Ayacucho, centro da guerra contra o Sendero Luminoso na década de 1980, Santa Lucía, rio Nanay e Iquitos). No Equador, a base aérea de Manta será fechada e transferida para Palanquero, em Puerto Salgar, a 120 milhas ao norte de Bogotá. Além disso, com a restauração da Quarta Frota no Atlântico Sul, em 2008, os EUA ampliaram sua (contumaz) ronda pelo continente (Luiz Alberto Muniz Bandeira, "Colômbia mais militarizada", *Brasil de Fato*, 13-19 ago. 2009).

[21] Tatiana Merlino, "Milícias controlam 170 áreas do Rio, aponta CPI", *Brasil de Fato*, 18-24 dez. 2008.

[22] A "política de porta giratória" está na raiz do mercado privado da "guerra" – o caso Blackwater é bem ilustrativo. Ver Jeremy Scahill, *Blackwater: a ascensão do exército mercenário mais poderoso do mundo* (São Paulo, Companhia das Letras, 2008).

[23] Maurício Dias e Rodrigo Martins, "Mercenários *made in Brazil*", *CartaCapital*, 31 jan. 2007.

Há uma nítida funcionalidade nessa opção "privatista" para os países agressores. Em primeiro lugar, as baixas nas fileiras mercenárias passam despercebidas, contribuindo para escamotear o número de mortos em combate e não suscitar reações sociais ou custos políticos incômodos. No Iraque, calcula-se que morreram no mínimo 2 mil empregados de empresas paramilitares. Em segundo lugar, os países agressores não se responsabilizam em geral pela atuação das empresas de segurança privada e eximem-se de responder a tribunais de justiça nacionais ou estrangeiros, atribuindo os supostos "excessos" às empresas.

Para ressaltar melhor esse fenômeno de terceirização/privatização, é importante enfocar a organização da segurança no interior dos Estados-nações. De acordo com dados da Polícia Federal, existem no Brasil 1.498 empresas legalizadas de segurança privada, com mais de 500 mil vigilantes, e 240 novas empresas solicitam registro a cada ano[24]. Calcula-se que as empresas privadas de segurança tenham movimentado cerca de R$ 15 bilhões no Brasil[25]. No Rio de Janeiro, as empresas legalizadas de segurança privada possuem 242.811 vigilantes, efetivo que excede em mais de quatro vezes o número de policiais civis, militares e federais no estado, e empregam um arsenal de 21.751 armas[26]. Nos Estados Unidos, a acumulação do poder vigilante, repressivo e punitivo em vigor foi mediada pela terceirização/privatização. Segundo Nils Christie, esse fenômeno também é constatável na Europa, ainda que em escala inferior à dos Estados Unidos[27]. Assim, nota-se como o "policiamento privado" é peça relevante da "indústria do controle do crime"[28], que busca colher legitimidade com o emprego de um grande número de agentes públicos (ou ex-agentes públicos).

A organização da segurança no interior dos Estados-nações abarca um fenômeno amplo: a profusão de vários níveis e modalidades de

---

[24] Eduardo Sales de Lima, "Limbo legal da segurança particular", cit.
[25] Idem.
[26] "Falta de estrutura é admitida pela PF". Disponível em: <http://www.marcelo freixo.com.br/site/noticias_do.php?codigo=313>; acesso em abr. 2013.
[27] Nils Christie, *A indústria do controle do crime* (Rio de Janeiro, Forense, 1998).
[28] Idem.

preparação para a "guerra" entre os "cidadãos de bem" da chamada "sociedade civil", indicando uma naturalização do convívio com a violência. Entre outros exemplos, podemos destacar a expansão da posse (legal e ilegal) de armas, o aprendizado de técnicas de defesa pessoal, a blindagem de casas e automóveis, a utilização de câmeras de vigilância, o isolamento em condomínios fechados, a contratação de seguranças privados, a formação de milícias e gangues para a eliminação dos "indesejáveis". A procura por clubes de tiros no Brasil aumentou em cerca de 500% nos últimos anos. De 2005 a 2008, foram concedidos 4.979 registros para atiradores (que devem ser filiados a um clube) e, de 2008 até meados de 2011, 40.223. Segundo o Exército, responsável pela fiscalização desses clubes, em 2004 havia 14 clubes de tiro oficialmente registrados no país e, em 2011, 534[29].

Em 2006, a Comissão Parlamentar de Inquérito (CPI) sobre o tráfico de armas calculou que havia no país 17,3 milhões de armas em posse de civis. Segundo dados mais recentes do Sistema Nacional de Armas (Sinarm), até setembro de 2010 havia cerca de 16 milhões de armas de fogo em circulação no Brasil: 8,4 milhões de armas legais (52,4%) e 7,6 milhões de ilegais (47,6%). Desse total, aproximadamente 14 milhões (87%) estão nas mãos de civis e cerca de 2 milhões (13%) estão com o Estado[30]. No Rio de Janeiro, mais de 1 milhão de armas legais e ilegais estão em circulação, ou seja, 5,7% do total de armas em posse de civis no Brasil. Das armas apreendidas no estado, 75,3% são revólveres e pistolas (calibres 38 e 32, representando 52% do total). Destas, 79,6% são de uso permitido[31]. Estima-se que 260 mil armas estejam nas mãos de empresas de segurança privada (36% desse estoque estão em São Paulo). A fiscalização é de respon-

---

[29] Willian Vieira, "O tiro saiu pela culatra", *CartaCapital*, 20 jul. 2011, p. 36-41.

[30] A pesquisa "Estoques e distribuição de armas de fogo no Brasil" (Viva Rio, 2010) mapeou o total de armas de fogo em circulação no país, segundo quantidade e grupo de usuários, utilizando dados do Sinarm.

[31] Segundo levantamento realizado por pesquisadores do Viva Rio. Citado e destacado pelo deputado estadual Marcelo Freixo em "CPI no rastro da violência", disponível em: <http://www.marcelofreixo.com.br/site/noticias_do.php?codigo=188>; acesso em abr. 2013.

sabilidade federal, mas o controle é precário, o que facilita o desvio das armas. Além do mais, o artigo do Estatuto do Desarmamento que previa o uso de munição marcada por parte das empresas privadas de segurança acabou derrubado; com isso, é impossível saber se um projétil utilizado em um crime saiu do estoque de uma empresa de segurança[32]. É oportuno lembrar o resultado do referendo sobre a proibição do comércio de armas de fogo e munições no país, realizado em outubro de 2005. O artigo 35 do Estatuto do Desarmamento, que dizia "é proibida a comercialização de arma de fogo e munição em todo o território nacional, salvo para as entidades previstas no art. 6 desta Lei", foi impedido de entrar em vigor. A votação foi arrasadora: 59,1 milhões de votos contrários à proposta de proibição do comércio de armas de fogo e munições, conforme redigido no artigo 35 do Estatuto, e 33,3 milhões de votos favoráveis.

Segundo considerações do projeto de pesquisa Small Arms Survey, do Instituto de Estudos Internacionais de Genebra, o Brasil é um dos maiores fabricantes de armas de pequeno porte (como revólveres e pistolas) e o sexto maior exportador desse tipo de arma. As armas brasileiras de pequeno porte estão em diversos países, como Estados Unidos e Austrália. Dados fornecidos pelo Exército indicam uma produção anual de 2,3 milhões de armas, das quais 1,7 milhão é exportado e 531 mil permanecem no país. Com isso, a cada ano, o Brasil despeja no mercado nacional a mesma quantidade de armas recolhidas durante a Campanha do Desarmamento, realizada pelo Ministério da Justiça entre 2004 e 2005[33]. O exame

---

[32] Nesse sentido, durante a audiência da CPI, foi apresentada uma proposta de portaria ao Exército que obriga as fábricas a marcar a munição, não só aquela destinada às forças públicas de segurança, mas também a voltada para o comércio e a exportação, garantindo a possibilidade de rastreamento. A nova portaria previa ainda a marcação de máquinas de recarga de munição, largamente empregadas por empresas de segurança, clubes de tiro e atiradores esportivos. "Diálogo entre Exército e Polícia Civil", disponível em: <http://www.marcelo freixo.com.br/site/noticias_do.php?codigo=294>; acesso em abr. 2013.

[33] "Em produção de armas, o Brasil é o 1º mundo", *Paraná Online*, 25 mar. 2007-19 jan. 2013; disponível em: <http://www.parana-online.com.br/canal/rural/news/232150/>; acesso em abr. 2013. Mariana Araujo, "Contra as armas",

das armas de fogo apreendidas demonstra que a maioria é de uso permitido para civis e de fabricação nacional. As armas estrangeiras não chegam a 20% do total de apreensões, e a maior parte das armas de uso restrito ingressou no país por compras realizadas em lojas do Paraguai – portanto legais até chegarem às lojas. Essas armas eram preponderantemente de origem brasileira e norte-americana[34]. É importante ressaltar ainda que, em geral, as munições apreendidas têm origem nacional. Há aqui, portanto, uma tênue separação entre o "legal" e o "ilegal".

No tocante aos gastos militares mundiais, cabe destacar que, após um breve período de redução entre 1987 e 1998, eles retomaram o ritmo de crescimento. E dispararam depois dos episódios do 11 de Setembro de 2001, na esteira da "guerra contra o terrorismo". Estima--se que em 2000 os gastos militares no mundo eram de US$ 1,05 trilhão e em 2011 de US$ 1,62 trilhão. Embora astronômicas, essas cifras dizem respeito apenas a uma parte dos gastos bélicos, uma vez que é comum a camuflagem desse tipo de dispêndio. Os Estados Unidos lideram com larga vantagem o ranking dos gastos militares mundiais, com US$ 711 bilhões no ano de 2011. A China é o segundo colocado, com US$ 143 bilhões. Completam a lista Rússia (U$ 71,9 bilhões), Reino Unido (US$ 62,7 bilhões), França (US$ 62,5 bilhões), Japão (US$ 59,3 bilhões), Índia (US$ 48,9 bilhões), Arábia Saudita (US$ 48,5 bilhões), Alemanha (US$ 46,7 bilhões) e Brasil (US$ 35,4 bilhões). Assim, o Brasil ingressa, em 2011, no *top ten* dos gastos militares mundiais[35].

Observatório de Favelas; disponível em: <http://www.observatoriodefavelas.org.br/observatoriodefavelas/noticias/mostraNoticia.php?id_content=1005>; acesso em abr. 2013.

[34] A pesquisa "Seguindo a rota das armas: desvio, comércio e tráfico ilícitos de armamento pequeno e leve no Brasil", realizada em setembro de 2010 pela Organização da Sociedade Civil de Interesse Público (Oscip) Viva Comunidade, aponta a procedência, a proporção e o tipo de armas estrangeiras e brasileiras apreendidas na ilegalidade.

[35] Conferir "Military Expenditure", disponível em: <http://www.sipri.org/yearbook/2012/04>, acesso em abr. 2013; e "Military Expenditure and Arms Pro-

A propósito, por que tantas armas são produzidas no mundo? O combate ao narcotráfico e ao terrorismo internacional não pode justificar a produção de armas nucleares e caças altamente sofisticados. A dissipação sistemática e permanente de riqueza material em guerras e na preparação para elas transformou-se num mecanismo crucial de mobilização das imensas forças produtivas, transformadas em destrutivas pelo seu transbordamento. Em face dos influxos tecnológico-científicos, o recurso ao mero armazenamento de meios de destruição não é suficiente. A Guerra do Vietnã sinalizou uma sinistra inversão: fundamentalmente, tratou-se de uma guerra para queimar riqueza material – e, com ela, mais de 50 mil norte-americanos, mais de 4 milhões de vietnamitas e grande parte da floresta da região. A lógica da economia de guerra permanente turbinou esse conflito[36], que veiculou um fenômeno ao qual podemos chamar de *imperialismo de destruição*: regiões inteiras utilizadas para o consumo destrutivo da máquina econômica do capitalismo. O caráter inteiramente irracional das ações militares no Kosovo, por exemplo, como bem notou Ellen Wood[37], expressa a terrível lógica que passou a prevalecer no capitalismo. Destruir tornou-se um *télos*. E, de certo modo, esse também é o pavoroso conteúdo que se encontra por trás das intervenções no Iraque e no Afeganistão – combinado com um conjunto articulado de interesses, como os petrolíferos e, segundo o pesquisador e professor Michel Chossudovsky, os do domínio da produção de heroína[38].

---

duction", disponível em: <http://www.sipri.org/yearbook/2001/04>, acesso em abr. 2013.

[36] Seymour Melman, *Pentagon Capitalism: The Political Economy of War* (Nova York, McGraw-Hill, 1970).

[37] Ellen Wood, *Em defesa da História: marxismo e pós-modernismo* (Rio de Janeiro, Zahar, 1999).

[38] Para Chossudovsky, o efeito da guerra no Afeganistão seria o restabelecimento de "um narcorregime, dirigido por um governo fantoche apoiado pelos Estados Unidos". "É útil recordar que a história do tráfico de droga no Crescente Dourado [Afeganistão, Paquistão e Irã] está intimamente ligada às operações clandestinas da CIA na região. Antes da guerra soviético-afegã (1979-1989), a pro-

Sem a muleta da produção destrutiva da "economia política da guerra", o sistema capitalista já teria ruído há tempos. Enormes parcelas da classe trabalhadora mundial encontram-se ligadas (direta e indiretamente) à produção de bens e serviços para as Forças Armadas, polícias, companhias militares privadas etc. Portanto, a guerra e a preparação permanente para ela são um elemento indispensável para a subsistência de milhões de pessoas. Os Estados Unidos fornecem os mais flagrantes exemplos. Segundo dados da National Science Foundation, 52,7% dos recursos destinados ao desenvolvimento científico (cerca de US$ 46 bilhões) são canalizados apenas para o setor militar[39]. De acordo com os cálculos de Tremblay referentes a 2006[40], o Departamento de Defesa dos Estados Unidos empregava 2.143.000 pessoas, enquanto os empreiteiros do sistema de defesa privado empregavam 3.600.000 trabalhadores. No total, havia 5.743.000 postos de trabalho, além de uns 25 milhões de veteranos de guerra. Em suma, nos Estados Unidos cerca de 30 milhões de pessoas (20% da população economicamente ativa) recebiam direta ou indiretamente rendimentos provenientes de despesas públicas militares – e, nesse levantamento, não se inclui o imenso contingente de indivíduos vinculados de maneira direta ou indireta ao aparato vigilante, repressivo e punitivo de combate ao crime. No tocante à mobilização militarizada da sociedade civil (em compasso com Estado e empresas privadas), formou-se nos Estados Unidos

---

dução de ópio no Afeganistão e no Paquistão era praticamente inexistente [...]. Nessa época, as autoridades americanas recusaram-se a investigar vários casos de tráfico de droga dos seus aliados afegãos. Em 1995, o antigo diretor das operações da CIA no Afeganistão, Charles Cogan, admitiu que a CIA tinha efetivamente sacrificado a guerra à droga pela Guerra Fria" (Michel Chossudovsky, "A única vitória no Afeganistão é a do ópio: a democracia revela-se uma droga menos poderosa", *resisir.info*, 18 jun. 2004; disponível em: <http://resistir.info/chossudovsky/afeganistao_opio.html>; acesso em abr. 2013).

[39] Maurizio Simoncelli, "O poder das armas", *30 Dias*, n. 11, 2007. Disponível em: <http://www.30giorni.it/articoli_id_16548_l6.htm>; acesso em abr. 2013.

[40] Rodrigue Tremblay, "The Five Pillars of the U.S. Military-Industrial Complex", *The New American Empire*, 25 set. 2006. Disponível em: <http://www.thenewamericanempire.com/tremblay=1038.htm>; acesso em abr. 2013.

um alentado e espraiado conglomerado de espionagem, com 1.271 agências estatais e 1.931 empresas privadas, localizadas em cerca de 10 mil pontos do país e empregando 850 mil cidadãos. Assim, numa população de 300 milhões de pessoas, aproximadamente uma em cada 350 pessoas é espiã[41]. Forjou-se, por conseguinte, um poderoso "bloco histórico" de destruição que visa sua própria perpetuação. A Terra e seus habitantes estão se tornando cobaias de um mega-aparato tecnológico-científico e militar-econômico, movido pelo cego impulso de (auto)expansão incessante que transformou o planeta inteiro em "bucha de canhão". O laboratório deixa de ser uma "esfera separada" para se (re)integrar, de forma negativa e catastrófica, ao mundo:

> As áreas de teste não são suficientes para experimentar os sistemas de armamento. Para verificar sua confiabilidade, eles precisam ser testados em situações extremas, ou seja, durante conflitos. Pensemos nas bombas inteligentes experimentadas em larga escala no primeiro conflito iraquiano ou nos aviões teleguiados, na segunda operação no Iraque e no Afeganistão. E não é só isso. Algumas armas, por sua natureza, não podem ser testadas nas áreas de teste; é o caso, por exemplo, dos projéteis de urânio empobrecido: ainda hoje são pouco conhecidas as consequências para a saúde de civis e militares que se submetem a sua radioatividade. Para armas desse tipo, não se usam áreas de teste [...].[42]

Mais do que a "militarização da segurança pública", portanto, podemos captar largas doses de "militarização na vida social", expressa numa "militarização do cotidiano". Nesse sentido, o foco de análise deve incidir especialmente sobre o Estado, mas não se restringir a ele. O Estado coloca-se como polo catalisador da militarização em virtude das atribuições transversais que incorporou ao longo do desenvolvimento das relações sociais capitalistas de produção (em especial, depois do advento do *capital monopolista*) e, mais especificamente, das condições e incumbências que adquiriu no quadro global

---

[41] Yuri Martins Fontes, "O Império está nu", *Brasil de Fato*, 6 jan. 2011. Disponível em: <http://www.brasildefato.com.br/node/5413>; acesso em abr. 2013.

[42] Maurizio Simoncelli, "O poder das armas", cit.

de crise do capital. Mas, quando seguimos os rastros da militarização e das alterações do sistema convencional de coordenadas da guerra moderna e capitalista, constatamos a importância de não fixar o foco no âmbito estatal[43]. Esses rastros aparecem num contexto de crise capitalista, cuja turbulência atinge frontalmente o Estado e da qual se exigem peripécias dignas do barão de Münchhausen: puxar-se pelos próprios cabelos para fora da "areia movediça" que a está tragando. A fim de dar conta dessa demanda contraditória, haja vigilância, coação, repressão, punição etc. Nesse contexto, o Estado envolve-se progressivamente com tarefas de "administração" e "gestão" desse quadro social em processo de desmantelamento. Na medida em que o próprio Estado também é atingido pelo redemoinho da crise, as tarefas de "gestão" adquirem moldes coercitivos, com características militarizadas. A proliferação de programas pontuais de compensação social (baseados sobretudo em remunerações não salariais e, na maioria dos casos, operacionalizados por intermédio do "terceiro setor") compõe esse exercício de gestão da crise e da barbárie social galopantes, indicando um encolhimento das respostas institucionais[44]. Dilata-se assim a desconexão entre as exigências sociais (cada vez maiores) e a contrapartida estatal (progressivamente reduzida e limitada à "administração" da crise) e amplia-se a tendência da política de ser exercida em referência primordial ao vetor "segurança"[45] e incorpo-

---

[43] A propósito, em algumas regiões, o Estado nem mais domina o território correspondente ao Estado-nação e reduz-se a mais uma das várias forças beligerantes que se digladiam por fatias territoriais. No continente africano e asiático isso já não é uma situação incomum.

[44] Sobre o conceito de barbárie, ver Marildo Menegat, *Depois do fim do mundo*, cit., e *O olho da barbárie* (São Paulo, Expressão Popular, 2006).

[45] Com isso, a instrumentalização e a exploração da sensação (difusa) de medo, temor, pavor ou, pelo menos, insegurança em consequência da violência nas cidades brasileiras – em especial nas grandes metrópoles, onde até os "pobres" procuram se proteger dos "mais pobres" – servem não apenas de vetor de propaganda política, mas também de plataforma política propriamente dita. Aliás, na última eleição para o governo do Rio de Janeiro, essa tendência manifestou-se amplamente. Tanto a campanha eleitoral quanto as exíguas discussões políticas gravitaram em torno das UPPs.

rar projetos compensatórios de atuação social, numa atmosfera de exaltação do "empreendedorismo" e da "autossustentabilidade".

No caso do Brasil, vale comparar os gastos internos com "segurança pública" em 2009 (excetuadas as despesas do poder Judiciário, mas incluídas as despesas com prisões) e os gigantescos gastos chineses (inclusive despesas com tribunais) em 2010. A China gastou o equivalente a R$ 117 por habitante e o Brasil, R$ 281[46]. Segundo dados do Fórum Brasileiro de Segurança Pública, houve um aumento de mais de 100% no total de despesas efetuadas com segurança pública entre 2003 e 2008: União, estados, Distrito Federal e municípios gastaram cerca de R$ 22,5 bilhões em 2003 e declararam gastos de aproximadamente R$ 41,2 bilhões em 2008. Em 2009, os gastos foram de R$ 45,6 bilhões e, em 2010, de R$ 47,6 bilhões[47]. O dispêndio da União com segurança pública cresceu 202% entre 2003 e 2009, enquanto as despesas dos estados e do Distrito Federal, no mesmo período, aumentaram 96%. O Rio de Janeiro registrou um gasto de R$ 3,7 bilhões em 2009 e de R$ 3,9 bilhões em 2010. Os municípios declararam um gasto de cerca de R$ 2 bilhões na área da segurança pública em 2009, o que corresponde a um aumento de 168% em comparação com 2003. Trata-se de uma soma elevada, se levarmos em conta que somente nos anos 2000 os municípios passaram a ter papel mais ativo na área da segurança, vinculado, em grande medida, à manutenção de guardas municipais, defesa civil e/ou subvenções do serviço de policiamento estadual[48]. Há uma tendência em expansão no país, autorizada pelo Estatuto do Desarmamento para municípios com mais de 50 mil habitantes, de introduzir armas

---

[46] Eduardo Sales de Lima, "Limbo legal da segurança particular", cit.

[47] Ver *Anuário 2010*, Fórum Brasileiro de Segurança Pública, 2010, p. 48-9 (disponível em: <http://www2.forumseguranca.org.br/node/24104>; acesso em abr. 2013), e *Anuário 2011*, Fórum Brasileiro de Segurança Pública, 2011, p. 42-3 (disponível em: <http://www2.forumseguranca.org.br/node/26939>; acesso em abr. 2013).

[48] Contudo, outras despesas, como com "políticas urbanas" (limpeza, iluminação pública etc.), ajudaram a compor a atuação dos municípios nas políticas de segurança.

de fogo nas guardas municipais, mediante um convênio com a Polícia Federal. A Pesquisa de Informações Básicas Municipais (Munic), do Instituto Brasileiro de Geografia e Estatística (IBGE), realizada em 2009, indica que, dos 865 municípios brasileiros com guarda municipal, 16,3% possuem agentes munidos com armas de fogo[49]. Na pesquisa de 2006, esse porcentual era de 14,1%. No Sudeste, 101 dos 318 municípios com guarda municipal adotaram armas de fogo. Em São Paulo, 93 municípios têm guardas municipais armados.

Segundo o Sistema de Informações Penitenciárias (InfoPen), elaborado pelo Departamento Penitenciário Nacional (Depen), havia cerca de 140 mil pessoas em cárcere no Brasil em 1995; em dezembro de 2005, eram 361.402; no primeiro semestre de 2009, 469.807; e, em junho de 2011, 513.802. O país atingiu, em 2011, o terceiro lugar no ranking mundial de encarceramento, ficando atrás dos Estados Unidos e da China. Cerca de 60% desses encarcerados são negros. Em sua maioria, os atos ilícitos cometidos são "ofensivos ao patrimônio" ou relacionados a drogas e foram praticados por jovens de 18 a 21 anos. Estão disponíveis no país cerca de 300 mil vagas em cárcere, portanto há mais de 500 mil presos apinhados nos presídios. Ainda cumprem penas em delegacias mais de 57 mil indivíduos. O Rio de Janeiro participa dessa intensificação punitiva com uma população carcerária de 179,83 detentos por 100 mil habitantes: em junho de 2011, o estado registrou 28.791 presidiários. Diariamente, cerca de 70 pessoas são levadas a um dos presídios superlotados do estado, segundo informações da Polícia Interestadual[50]. O Brasil engrossa uma tendência global de encarceramento em massa e segregação punitiva, como diminuição da maioridade penal, recrudesci-

---

[49] Ver *Perfil dos municípios brasileiros (2009)* (Rio de Janeiro, IBGE, 2010), p. 102. Disponível em: <http://www.ibge.gov.br/home/estatistica/economia/perfilmunic/2009/munic2009.pdf>; acesso em abr. 2013.

[50] Gabriela Pacheco, "Com 3.000 presos em excesso, Rio precisa de mais 7 presídios para resolver superlotação", *R7*, 19 ago. 2011. Disponível em: <http://noticias.r7.com/rio-de-janeiro/noticias/com-3-000-presos-em-excesso-rio-precisa-de-mais-7-presidios-para-resolver-superlotacao-20110819.html>; acesso em abr. 2013.

mento da pena privativa de liberdade, expansão da tipificação penal e estabelecimento de condenações obrigatórias mínimas. Mesmo os países europeus, tradicionalmente "menos punitivos", também tiveram aumentos consideráveis em sua população carcerária. Aliás, o recrudescimento punitivo foi uma das exigências precípuas para a inclusão na União Europeia[51].

A protuberante formatação coercitiva do Estado insere-se num turbulento processo de acumulação alarmante de uma reserva de violência na vida cotidiana. Essa acumulação inclui uma teia capilarizada de *violência econômica*[52] formada pela vasta rede de usurpações, violações e constrangimentos da exploração da força de trabalho, cujos tentáculos alcançam trabalhadores "formais", "semiformais" e "informais" em escalas distintas. E, mais do que a um processo quantitativo, refere-se à lógica de acumulação capitalista, que pode ser dimensionada pela hipertrofia do complexo industrial-militar e sua ligação com a maioria dos ramos produtivos do capitalismo tardio, pelo inchaço da dimensão estatal coercitiva e suas ressonâncias em outras dimensões da organização estatal, pelo agigantamento do mercado privado de segurança e seus impactos econômicos e políticos, pela avassaladora experiência cultural da violência e sua naturalização no interior da sociedade civil etc. Emanada das próprias *condições econômicas* capitalistas[53], a violência econômica opera cotidianamente como uma *muda coação*, que num contexto social assolado pela crise amplifica-se e entrelaça-se mais com a *violência extraeconômica*[54]. As engrenagens da produção de mercadorias, marcadas pela *abstração* perante o conjunto da vida social, catapultam os trabalhadores a cometer atos prejudiciais à sociedade e à natureza, passíveis de serem reprovados por eles próprios. Entretanto, essas engrenagens continuam a funcionar, propulsando os mecanismos sistêmicos de

---

[51] Loïc Wacquant, *As prisões da miséria* (Rio de Janeiro, Zahar, 2001).
[52] Karl Marx, *O capital*, Livro I (São Paulo, Boitempo, 2013).
[53] Idem, *O capital*, Livro II (São Paulo, Boitempo, no prelo).
[54] Idem, *O capital*, Livro I, cit.

adesão constituídos pelo imbricamento entre a violência econômica e a extraeconômica.

A enxurrada de homicídios no Brasil, manchada pela seletividade econômica, étnica e espacial, aloja-se no andamento do processo democrático. Dado o enredamento crescente da violência com os regimes democráticos, cria-se um problema nestes tempos de "ode à democracia": a manutenção da própria democracia como um persistente *estado de exceção* sob os influxos das leis férreas da acumulação capitalista. Ocorre um espalhamento da "exceção" (incrustada na "regra"), em nome da defesa da própria "regra", cuja reprodução, contudo, é cada vez mais envolvida pela "exceção" (e dependente dela). Esquisito, não? Mas os experimentos de regulação social armada no Rio de Janeiro têm muito a revelar sobre essa esquisitice... Assim, se ao longo do século XX o processo de militarização institucional e da sociedade civil representou em geral um sismógrafo dos abalos do poder legalmente instituído e um nutriente da ascensão dos regimes ditatoriais, a militarização atual desenvolve-se associada a um fortalecimento institucional e ideológico do chamado regime democrático. É por aí que as coisas caminham, ou melhor, correm na estilizada "Cidade Olímpica", autoproclamada "maravilhosa". Com "guerra", "pós-guerra" ou "sem guerra", o Rio de Janeiro oferece experimentos de regulação social armada com intensas doses militaristas.

7
COMPLEXO DOS RELATOS

Pedro Rocha de Oliveira

I.

Na época em que Luiza era interna, a pior punição na Fundação Nacional do Bem-Estar do Menor (Funabem) era o isolamento. Na primeira vez que foi para o castigo, ficou sentada no escuro, chorando à beça. Na segunda vez, procurou um interruptor e, quando viu, estava cercada de livros. Depois dessa descoberta, adotou como estratégia de sobrevivência fazer-se castigar de propósito para poder refugiar-se ali. Leu muito.

Para sair da Funabem, era preciso comprovar endereço fixo. A mãe de Luiza conseguiu, com um amigo, um quarto na rua Capitão Tanajura Guimarães, no morro da Caixa D'Água, na Penha. As duas se mudaram para lá.

Na vizinha Vila Cruzeiro, já no fim dos anos 1970, Luiza se envolveu com o Cineclube. Operado hegemonicamente pelo Partidão e utilizando como espaço ora a igreja, ora a praça, o Cineclube passava desde *Garrincha, alegria do povo* até *O homem que virou suco*. Nessa época, Luiza se apaixonou pelo cineasta Glauber Rocha, literalmente. Numa ocasião, vestiu-se toda para uma seção de autógrafos com ele na Cinelândia. Porém, imaginando que ficaria muito vermelha esperando na fila, resolveu não ir. Mas o basismo católico, mesclado ao conteúdo político, dava densidade social para a experiência cultural: a menina que teve vergonha de pegar o autógrafo, enquanto participante cada vez mais ativa do Cineclube, travou relações nas outras comunidades da região, experimentou com a capacidade organizativa do grupo, e este acabou tomando as feições de um movimento de moradores, o Sangue Novo.

A base do Sangue Novo estava no Parque Proletário. O início de sua atuação se deu numa época em que o Estado nem reconhecia a existência da comunidade. Se construíam um quebra-molas para proteger as crianças que brincavam na rua, o Estado vinha e tirava. Desde o início do movimento, concebido numa reunião de núcleo do Partido dos Trabalhadores (PT), a luta principal foi atender à demanda dos próprios moradores por luz e água, serviços que eram prestados pela Comissão de Luz, a qual comprava luz direto da Light, e pela associação de moradores, que fazia transação semelhante com a Companhia Estadual de Águas e Esgotos (Cedae). A Comissão de Luz cobrava pelo quilowatt cerca de 20% a mais na favela do que a Light cobrava do consumidor no asfalto. O manobreiro que controlava a água, pago pela associação, era detentor de um poder especial e estipulava se o Beco 4 ia ter água e se o Beco 5, ali do lado, também. Como não se reconhecia que havia moradores ali, uma negociação direta com as empresas era muito difícil. A prioridade era conseguir água, mas a Cedae ignorava todos os apelos da comunidade. Com a eletricidade foi diferente. Quando o Sangue Novo começou a mostrar poder de mobilização, a Light estipulou que entraria oficialmente na favela se o movimento pudesse funcionar como uma entidade realmente representativa: para isso, ele precisava obter a aprovação de 50% dos moradores mais um. Então, a partir de 1982, foram dois anos e meio batendo de porta em porta, conversando com cada morador, pegando o nome do dono da casa. Ao mesmo tempo, todo domingo, na missa do padre Carlos, uma representante do movimento dava os avisos. O tom político das divulgações era incrementado pelo emprego de técnicas do Teatro do Oprimido.

Foi nessa época que o Sangue Novo atingiu seu pico de mobilização. Quando os 50% mais um da Light foram alcançados, as reuniões do movimento contavam em média com trezentos participantes, e houve uma assembleia, na praça São Lucas, que registrou 3 mil pessoas. A Light entrou na comunidade em 1984, dissolvendo a Comissão de Luz. Sentindo certa maturidade, o movimento lançou uma chapa para disputar a eleição para a associação de moradores (que ainda controlava a distribuição de água, e o faz até hoje). Era a perspectiva de colocar o movimento social dentro de um órgão legítimo, constituído. A chapa chamava-se Vermelho ou Nada.

O movimento tinha um núcleo de mais de vinte militantes que não haviam ainda deixado de ser garotas e garotos, um núcleo que funcionava de forma não hierárquica. Na época do lançamento da chapa, quase todos eram filiados ao PT. Luiza, que, como outros do Sangue Novo, também era membro da Democracia Socialista (DS), estava entre os que haviam participado da fundação do partido, quando cantava com os companheiros:

> O novo partido é o PT, é do trabalhador é o PT, é do povo oprimido é o PT, é de quem tem valor. Nele o trabalhador tem vez e tem voz, pois é construído por nós. O PT é a sua organização para acabar com a exploração. Companheiros, vamos lutar no PT, nos organizar.

O PT tinha núcleos nos principais bairros e favelas ao longo da linha de trem que sobe pela Zona Norte do Rio: Ramos, morro do Alemão, Inhaúma, Engenho da Rainha, Brás de Pina... E, no tocante à DS, a mobilização da população favelada contribuiu para levar para dentro da organização uma experiência que ela não tinha, embora fosse capaz de oferecer muito aos militantes em termos de formação teórico-ideológica. Ao mesmo tempo, o Sangue Novo, por intermédio da DS, fazia contatos com o movimento sindical, produzindo e distribuindo panfletos clandestinamente entre os milhares de operários da região – coureiros, borracheiros, metalúrgicos etc. – e realizando debates sobre violência doméstica e exploração feminina com as trabalhadoras da fábrica de *lingerie* que ficava na Penha.

Em 1984, quando o Sangue Novo lançou a chapa para a associação de moradores, o PT já tinha eleito seu primeiro vereador no Rio, Benedita da Silva, com o lema "Mulher, negra e favelada". Nas eleições da Vila Cruzeiro, entretanto, Bené apoiou a Chapa Verde, de um pastor também filiado ao PT, mas que não tinha relação com os movimentos sociais. A Chapa Verde ganhou as eleições por onze votos. A derrota pareceu tão amarga que o Sangue Novo nem pediu recontagem. Durante uma reunião, com dedo em riste, uma companheira de Luiza perguntou à vereadora por que ela tinha ido meter o bedelho na Vila Cruzeiro. Para o Sangue Novo, nessa época, parlamento era parlamento, movimento era movimento.

Essa concepção de uma política feita pelo próprio povo também causava conflitos com o Partido Democrático Trabalhista (PDT), que há muito estava presente no morro. O Sangue Novo tinha uma atuação de baixo para cima: mesmo para pedir um orelhão, era preciso exercitar a mobilização, reunir, fazer abaixo-assinado. O PDT, ao contrário, tendia a atuar de cima para baixo, num movimento institucionalizante. Durante o primeiro governo estadual de Leonel Brizola, foi criado na Vila Cruzeiro um conselho comunitário, uma espécie de colegiado para o qual eram chamadas as principais lideranças da comunidade. Com isso, as melhorias tomavam a feição de dádivas do governo, em vez de conquistas populares. Quando Brizola fez um comício na Vila Cruzeiro, na praça São Lucas, dizendo que ia dar o título da terra para os moradores, o Sangue Novo apareceu para gritar: "Isso não é favor, é obrigação, nós já tínhamos direito por usucapião".

Em 1990, Marcelo Dias, membro do movimento e da DS, saiu candidato a deputado estadual pelo PT com o lema "Negro, operário e socialista". Quando foi eleito, membros da DS fundaram a organização não governamental (ONG) Casa de Cultura Solano Trindade, cuja função principal era articular as demandas assistencialistas que surgiriam naturalmente em consequência do mandato de Marcelo. Por ser movimentista e ter um corte político, ideológico, a Solano Trindade se esforçou para superar a dimensão individual das demandas, de modo que sua realização não tivesse a forma de uma ação de deputado eleito, mas fosse resultado da mobilização. Mesmo assim, tratava-se de um distanciamento marcante com o que ocorria na década anterior, quando as reuniões de núcleo do PT podiam ser interrompidas para fazer um mutirão para reconstruir uma laje que tivesse acabado de cair na casa de alguém, o que terminava num angu comunitário feito pela moradora agradecida. Por outro lado, ainda não havia os milhares de organizações que hoje compõem o que Luiza chama de "mundo alegre das ONGs", fundadas por grupos pequenos de pessoas que representam apenas a si próprias.

Também por outras razões, o cenário na Vila Cruzeiro e adjacências já era completamente diferente na década de 1990. Na mesma época em que a comunidade lançou um militante negro às esferas do poder Legislativo, o tráfico de drogas inibiu a ação política local: em 1994, quando Luiza e outros militantes se dispuseram a inscrever uma chapa para disputar a associação dos moradores, os traficantes os chamaram para conversar e colocaram as armas na mesa. Ficou óbvio que uma nova relação de poder havia se estabelecido na favela. A chapa não foi lançada.

A bem da verdade, mesmo no auge do Sangue Novo, Luiza e os companheiros nunca tiveram dúvida de que o tráfico de drogas era um poder de fato ali. Mas, nos anos 1980, os traficantes não se metiam nos assuntos do movimento social. Na greve geral de 1983, por exemplo, depois de uma caminhada organizada pelo Movimento Pró-CUT que fechou todas as lojas da Penha, o tráfico desceu dizendo que ia juntar um pessoal para invadir um supermercado. Os militantes argumentaram que aquilo prejudicaria o movimento, que havia muita criança na área, podia sair tiro, e assim o saque foi evitado. Nessa época, em que carro de polícia era joaninha e os traficantes eram crias da casa, o diálogo ainda era possível; por exemplo, quando havia um ato, o Sangue Novo só tinha de comunicar ao tráfico, e certa vez, no Vidigal, Luiza até pediu ao dono do morro que os aviões vendessem a droga um pouco mais para cima.

Um dos traficantes memoráveis desse primeiro período era o Cavalo, do Quatro Bicas. Se, por exemplo, uma grávida estava prestes a dar à luz, podia chamar o Cavalo que ele arrumava um carro para levá-la ao hospital. Se um marido batia na mulher e ela se queixava ao Cavalo, o marido recebia uma surra e era avisado de que, se fizesse de novo, seria morto. A pena de morte valia também para roubo de bujão de gás: não podia ter ladrão ali, e a filosofia era dar exemplo. Escadinha e Robertinho de Lucas eram da mesma cepa: traficantes mais velhos, nascidos e criados nas favelas onde atuavam, e que estavam ligados a elas por um trabalho de assistência social e pelo poder que exerciam com base em certo código de moral. É claro que eram figuras perversas, que praticavam torturas e outros horrores, mas ainda viam os moradores como aliados – e vice-versa.

Mas entre 1987 e 1991 e, depois, entre 1995 e 1999, nos mandatos dos governadores Moreira Franco e Marcello Alencar, desencadearam-se processos de mudança nesse esquema. Brizola, governador de 1983 a 1987 e de 1991 a 1994, evitava mandar a polícia aos morros. Moreira Franco recrudesceu a violência policial nas favelas, com impactos sobre a atividade política. E Marcello Alencar, no regime que ficou conhecido como "faroeste", ao mesmo tempo que admitia pela primeira vez a existência de um poder paralelo nas favelas, dava prêmios aos policiais que matassem traficantes. Como o tráfico tinha, até então, o papel de mantenedor de uma ordem precária, a intervenção do Estado, em meados dos anos 1990, trouxe um aumento da violência. Aparentemente, os alvos principais eram os traficantes que se davam melhor com a comunidade. Nessa mesma época, a guerra entre as facções do tráfico e dentro delas se acirrou. Cavalo, que era do Comando Vermelho, foi morto pela própria facção, metralhado durante um churrasco em sua homenagem. Cada vez mais, os donos dos morros passavam a ser estrangeiros que mantinham com a população uma relação que era só coação, sem consenso nenhum. Elias Maluco, ligado ao assassinato do jornalista Tim Lopes e preso em 2002, é um exemplo desse perfil.

Mais ou menos na mesma época, os grupos de extermínio começaram a atuar na região. O organizador de um desses grupos, notoriamente ligado à Polícia Militar (PM), assumiu a associação de moradores do Parque Proletário pouco antes de representantes do tráfico tomarem a da Vila Cruzeiro. Em 1996, Luiza foi convidada a se retirar da Penha.

É assim que, escaldada nesse tipo de intervenção estatal e paraestatal, a população da região não tem nenhum motivo para acreditar que as ocupações policial-militares no Complexo do Alemão e na Vila Cruzeiro vão mudar de fato a vida na favela. Nem mesmo se houver eleições na associação de moradores para tirar de lá os braços do tráfico. No máximo, o comércio ilegal de drogas se tornou mais discreto, mas seu poder ainda é sentido: como não se pode dar tiro enquanto o

Exército estiver presente, moradores que colaboram com as forças de ocupação são mortos à faca. O que se acredita é que, depois da Copa do Mundo e das Olimpíadas, o Exército e a polícia sairão de lá e deixarão os eventuais "x-9" nas mãos do tráfico.

Ao mesmo tempo que, por causa do quadro de violência constante e armada na favela, a mobilização social se tornou praticamente impossível, o próprio PT, que foi fundamental para promover essa mobilização, também mudou de perfil. No fim dos anos 1990, as reuniões de núcleo ocorriam com menos frequência, as organizações de base já não eram tão importantes. A partir de 2001, as eleições internas passaram a ser feitas sem nenhum debate político e a ser marcadas unicamente pelas urnas, abertas das nove às cinco. Muitos que tinham vindo do movimento social tornaram-se políticos profissionais: apesar de terem ascendido socialmente graças a uma história de vida, romperam os laços com ela.

Luiza continua na DS e no PT. Não virou política profissional. Insiste que tem esperança na humanidade, mas concorda que essa esperança é algo muito abstrato se comparada com o que sentia quando a população favelada se mobilizava politicamente. Nada nos moldes do processo que ela viveu na favela parece poder acontecer hoje[1].

II.

Zezinho chegou ao Rio em 1969, com nove anos de idade, vindo de Jacaraú, na Paraíba. Foi morar no morro Santa Marta. Depois, foi para o subúrbio e para o Recanto Familiar, uma favela pequenininha que fica na Rua Humaitá, 270, na Zona Sul do Rio. Morou ali por 26 anos. Tornou-se presidente da associação de moradores do Recanto em 1978, com dezoito anos. Em 1981, a comunidade foi registrada em cartório e, em 1985, tornou-se uma das primeiras favelas do Brasil com escritura definitiva, obtida como resultado da mobilização dos moradores, da união com outras co-

---

[1] Relato baseado em entrevista concedida por Luiza Rocha a Felipe Brito, Marildo Menegat e Pedro Rocha de Oliveira em 18 de julho de 2011.

munidades e também da política do prefeito Marcello Alencar, do PDT. Não foi um acontecimento isolado: 22 comunidades cariocas erguidas em terras que pertenciam ao Instituto de Administração Financeira da Previdência e Assistência Social (Iapas, atual INSS) receberam escritura naquele ano e nos seguintes. Estimulando o movimento pela garantia de moradia, o PDT pensava reorganizar a população depois do hiato da ditadura militar. Zezinho, que está no partido desde sua fundação, participou ativamente desse processo. E de vários outros.

Em 1980, ano em que conheceu Leonel Brizola, Zezinho e outros militantes montaram um esquema para mobilizar estudantes e professores de medicina e aproveitar, em várias comunidades, os remédios produzidos no laboratório em que ele trabalhava. Nesse laboratório, como em todos os outros, os remédios que não eram vendidos até um ano antes do fim da validade iam para o lixo. Munido de um rádio, Zezinho transformou-se na "Estação Laboratório". Ao mesmo tempo, desenvolvia o projeto Madeira Nunca Mais, no Recanto Familiar: os moradores economizavam um pouquinho por mês, colocavam o dinheiro numa conta e, quando o valor era suficiente para construir uma casa, sorteavam quem seria o beneficiado, que já podia se despedir do barraco de tábuas. A Igreja colaborava, contratando um pedreiro e um carpinteiro profissionais, mas os próprios moradores trabalhavam em mutirão no grosso da construção, fazendo cimento, carregando pedra e tijolo. Assim, entre 1980 e 1983, construíram mais de vinte casas no Recanto Familiar, além do sistema de esgoto da comunidade.

A organização de mutirões não era incomum nessa época e tornou-se política pública. Em 1982, Zezinho participou de um encontro promovido pelo governador Leonel Brizola, na Universidade do Estado do Rio de Janeiro, com representantes de 615 comunidades, para discutir como estimular e formalizar essa capacidade de trabalho e organização dos moradores das favelas. Em 1985, a partir de tais discussões, foi criado o Projeto Mutirão. A ideia era contratar a comunidade para melhorar a própria comunidade: por um lado, abria-se uma frente de emprego; por outro, fazia-se a obra pública.

A verba da Secretaria de Ação Social era 1,8% do orçamento do estado, uma mixaria que não dava pra nada, não pagava as empresas para fazer as obras. A secretaria contratava técnicos para o acompanhamento, mas a realização era por conta dos moradores. Assim, entre 1982 e 1986, foram feitas obras em 482 comunidades (água, luz e esgoto). Em muitas, as redes em funcionamento hoje são daquela época: ainda se podem ver o poste de eucalipto e a carcomida caixinha de luz feita de zinco.

Esse era um modelo de atuação estatal mediada pelo diálogo. As assembleias das associações de moradores contavam com representantes da Secretaria de Ação Social ou da Secretaria de Obras. Discutia-se o que a comunidade precisava, a decisão aprovada era colocada em ata e levada para o governador, que mandava executar. Mas, desde então, a relação com o Estado mudou muito. Agora, é imposição. Por isso, Zezinho teve muitas razões para lutar desde os anos 1990. Uma delas foi a construção da avenida Governador Carlos Lacerda, a chamada Linha Amarela, durante o primeiro mandato do prefeito Cesar Maia, para ligar a Baixada de Jacarepaguá à Ilha do Fundão. Passando por dezessete bairros, a Linha Amarela demorou três anos para ser construída, e seu plano original envolvia a remoção de comunidades inteiras, especialmente na região de Jacarepaguá, Barra da Tijuca e Recreio. Houve muito confronto, assembleia, passeata e discussão. Só na Câmara dos Vereadores foram cerca de vinte manifestações. Em 1994, Zezinho e os companheiros planejaram fechar por vinte minutos as seis entradas da Barra da Tijuca, usando quatro caminhões cheios de pneus e mobilizando uma multidão de moradores descontentes. Um dia depois de tomarem essa decisão, Brizola chamou Zezinho para conversar. Contou que havia tomado conhecimento de duas coisas por intermédio do serviço de inteligência: a primeira era o plano de fechar a Barra; a segunda era que, se a Barra fosse fechada, Zezinho seria morto. A situação estava muito difícil: já tinham matado o presidente da associação de moradores da Vila Autódromo e a secretária da associação da Via Parque, além de espancar e quebrar os braços e as pernas do vice-presidente de Marapendi. Assim, o plano foi abandonado. Mas a comunidade fez uma série de ocupações na Secretaria de Ação Social e na sede da Região Administrativa da Barra, cujo subprefeito era Eduardo Paes, atual prefeito do Rio. Depois de três dias e três noites de ocupação da subprefeitura, foi obtida uma pequena vitória: um documento que dizia que só haveria remoções com a aprovação da Federação das Associações de Favelas do Município do Rio de Janeiro (FAF-Rio) e da associação de moradores da comunidade envolvida.

Das lutas dessa época também resultou a Lei Municipal n. 2333/1995, que determina que a área mínima das casas construídas pela prefeitura para assentamento ou reassentamento seja de 42 metros quadrados. Depois que a comunidade lotou quatro vezes a plateia da Câmara dos Vereadores, a lei foi aprovada em três instâncias. Mas, um dia, por volta das cinco da tarde, Zezinho recebeu uma ligação informando que o prefeito tinha vetado a lei e a Câmara teria de derrubar o veto. Isso não aconteceria sem pressão popular: eles tinham de lotar a Câmara novamente. Naquele dia, a partir das sete da noite, Zezinho fez dezesseis assembleias. Ia a uma comunidade, explicava o que tinha acontecido, saía de lá com um grupo e ia para a próxima. As crianças iam à frente, de bicicleta, batendo de porta em porta, acordando o pessoal. A última assembleia foi em Del Castilho, às quatro e meia da manhã, e já havia umas 5 mil pessoas lá. A reunião foi no campo de futebol. Zezinho subiu em uns caixotes de madeira e, sem microfone nem nada, explicou o que tinha acontecido e convocou uma manifestação para aquele dia, na Câmara. Quando terminou, algumas pessoas se juntaram para tomar um refrigerante e comer um salgado. Então, um sujeito saiu da escuridão, dizendo que o "homi" estava querendo falar com Zezinho.

O "homi" disse que seguiu Zezinho desde as sete da noite e gostou do que viu. Queria saber o que poderia fazer para ajudar. Zezinho respondeu: "Acho que você não pode me ajudar, porque o que eu preciso é de povo lá". O "homi" perguntou se uns ônibus ajudavam. Zezinho disse que sim. O "homi" perguntou se uns caminhões também serviam. Zezinho disse que sim de novo. No fim das contas, combinaram que seis ônibus, quatro caminhões e mais água mineral para todo mundo estariam na frente da Câmara às duas da tarde, porque a votação seria às quatro. "Mas, me diz, como é que você vai conseguir tudo isso para hoje?", perguntou Zezinho. O "homi" disse: "Eu dou meu jeito".

Zezinho foi para casa, tirou um cochilo, passou pela FAF-Rio para aprontar as coisas, comeu um pão com mortadela e foi para a Câmara, onde chegou à uma e meia da tarde. Avisou ao grupo de vereadores a favor da lei que o povo chegaria dali a meia hora. Mas deu duas horas e não chegou ninguém. Às duas e meia, os vereadores começaram a ligar para ele: quando um desligava, ligava outro. Quando deu três e meia, Zezinho se despediu e já ia embora, chorando, quando os ônibus começaram a encostar na Cinelândia, e depois os caminhões, com o povo todo deitado dentro. Era muita gente, todo mundo com faixa, cartaz, apito. Eles entraram na Câmara, mas ainda ficou uma multidão do lado de fora. Então aquele grupo de vereadores chamou Zezinho para uma reunião: disse que, mesmo com todo mundo ali, não havia como ganhar, porque o prefeito tinha entrado em acordo com a Câmara, os vereadores estavam todos no esquema. Zezinho se reuniu com os presidentes das associações de moradores na sala ao lado. Decisão tomada: durante a votação, os presidentes pulariam do alto das galerias; quando visse os presidentes fazendo aquilo, o povo pularia também. Zezinho sugeriu aos vereadores que estavam a favor da lei que saíssem pela porta dos fundos. Os vereadores não gostaram, mas a decisão já havia sido votada e aprovada. Zezinho propôs então um caminho alternativo: "Na época de eleição a gente não faz boca de urna? Então façam boca de urna vocês também. Lutem, briguem para a gente ganhar, porque se a gente perder...". Foi assim que a discussão em plenária começou às quatro horas da tarde e só terminou às onze da noite. Os vereadores choravam no microfone, e o pessoal gritava nas galerias, o prédio estremecia. No fim das contas, só três vereadores votaram contra, e o veto do prefeito foi derrubado. As casas de reassentamento que já estavam construídas tinham 21 metros quadrados, e foi preciso cortar, botar laje e fazer um segundo andar. O prefeito ficou tão revoltado que entregou algumas dessas casas sem escada.

Hoje, entre outras coisas, Zezinho está envolvido numa frente contra remoções, em colaboração com a Pastoral das Favelas. Depois das chuvas de fevereiro e março de 2011, a prefeitura iniciou uma onda de remoções nos "locais de risco". No entanto, muitas dessas comunidades haviam sido objeto de obras da prefeitura no passado, o que tornava a remoção injustificável. Era o caso do morro dos Prazeres, onde Zezinho mora atualmente. Lá, a chuva matou 34 pessoas em um só dia. Depois disso, a prefeitura chegou a cogitar a remoção total da favela. O deslizamento ocorreu justamente onde o programa Favela-Bairro, da gestão de Cesar Maia, havia feito obras de contenção de encosta, em 2005. Com a colaboração de alunos e professores da UFRJ e de defensores públicos, a frente contra remoções está produzindo um laudo para mostrar que as obras da prefeitura foram malfeitas. Por causa disso, a prefeitura aumentou o valor das indenizações pagas a quem perdeu sua casa, mas a especulação imobiliária provocada pelos grandes eventos que o Rio de Janeiro vai sediar fez disparar o preço dos imóveis e a indenização não é suficiente. Outro alvo da prefeitura foi a favela do Parque da Cidade, dessa vez por razões ambientais: a administração de Eduardo Paes alega que a comunidade está situada no Parque Nacional da Floresta da Tijuca; no entanto, a administração de Cesar Maia realizou obras do programa Favela-Bairro lá, o que deveria significar que o poder público reconhece a existência e a permanência da comunidade.

O programa Favela-Bairro deu origem a vários problemas. Por um lado, muitas obras foram mal executadas ou utilizaram materiais de baixa qualidade. Em mais de um caso, a comunidade teve de se organizar para remendá-las. Em 2005, a FAF-Rio reuniu 54 comunidades para denunciar o problema ao governo federal, produzindo até mesmo um documentário (*O que o Favela-Bairro não fez na favela*), a partir de material gravado por Zezinho. Por outro lado, a própria condução do programa era problemática. Quando começou, em 1993, o procedimento do prefeito Cesar Maia, recém-saído do PDT, foi se apropriar das demandas que a população já tinha, sem perguntar nada para ninguém. No governo de Brizola, era diferente: a Secretaria de Ação Social propunha levar água a determinada comunidade; em assembleia, a comunidade decidia que era mais importante construir uma escadaria, por exemplo, e o governo acatava a decisão. Hoje, a falta de discussão desmobiliza a comunidade, deixando-a passivamente à espera dos favores do governo. Zezinho conta que soube da existência de um projeto de construção de um teleférico, como o do Complexo do Alemão, que iria da praça Mauá, no centro do Rio, ao morro da Providência e, de lá, ao morro de São Carlos, Pico dos Prazeres e Cristo Redentor. Isso envolve desapropriações, obras pesadas, mas as comunidades não foram consultadas. Não existe diálogo. Numa briga recente, o subprefeito da região disse a Zezinho que não interessa à administração municipal o que o morador vai fazer: a prefeitura vai pagar, dar trinta dias para o morador sair e depois derrubar a casa, e quem não conseguir comprar nada que volte para a Paraíba ou para o Ceará.

Algo parecido caracteriza a política de segurança. Por um lado, é verdade que as comunidades apoiam as Unidades de Polícia Pacificadora (UPPs). Está prevista a instalação de uma UPP na favela da Maré, onde hoje garotos de doze ou treze anos andam com fuzis pendurados nas costas. A população não quer isso, então apoia a UPP. Mas a Maré já tem um Batalhão de Polícia só para ela. Por que é que a UPP vai conseguir resolver o que o batalhão não resolvia? Para Zezinho, parece óbvio que há alguma negociação política por baixo do pano. Mesmo porque é sabido que a venda de drogas continua nas comunidades depois da instalação da UPP. Não só continua, como aumenta, porque agora todos podem subir o morro e as drogas podem baratear, já que o gasto com armas diminuiu. Além disso, se é verdade que os donos de morro tiveram de fugir, os traficantes menos conhecidos permanecem nas comunidades com todos os poderes.

Os moradores de favela no Rio dispõem de uma instituição por meio da qual podem se mobilizar e fazer exigências ao poder público: a FAF-Rio. Zezinho participou de sua fundação, em 1993, foi seu primeiro presidente e ainda cumpriu mais três mandatos. A ideia era descentralizar o poder da Federação de Favelas do Estado do Rio de Janeiro (Faferj), criada nos anos 1960, no contexto de ebulição social que precedeu o golpe militar. Alguns de seus fundadores eram membros do Movimento Revolucionário 8 de Outubro

(MR-8). No entanto, nos anos 1990, o mesmo grupo do Partido do Movimento Democrático Brasileiro (PMDB) a presidia havia quase vinte anos. Algumas associações de moradores começaram o movimento de descentralização, criando várias federações municipais. Quando chegou a hora de criar a federação da capital, membros do grupo que presidia a Faferj montaram uma chapa. Zezinho participou da formação da chapa de oposição, lançada numa reunião em que saiu até tiro. Nas eleições, das quais participaram 293 comunidades, a oposição venceu com mais de dois terços dos votos.

A primeira administração da FAF-Rio possuía um diretor para cada setor: educação, saúde, meio ambiente e assim por diante. Os problemas específicos da comunidade em cada uma dessas áreas eram apresentados aos conselhos municipais pela FAF-Rio. A comunidade estava representada em todas as brigas políticas e era estimulada a se movimentar, fazer assembleias, participar de passeatas. Depois do tiroteio no lançamento da chapa de oposição, para não ter de conviver com a Faferj, a nova diretoria organizou a ocupação de um prédio público na rua Buenos Aires, no centro do Rio. O ato pressionou o governador Nilo Batista a ceder o espaço. Nessa sede, que até hoje pertence à FAF-Rio, eram promovidos encontros constantes entre associações de moradores, e gente que viesse de outros municípios podia se hospedar ali. Toda quarta-feira havia reuniões com a diretoria e, às sextas-feiras, com os presidentes das associações de moradores. Depois das reuniões de sexta-feira, havia um bingo dançante: quem sabia tocar pagode trazia os instrumentos e chamava uns garotos para cantar, e ainda tinha churrasco. O pessoal do Saara fechava as lojas para participar, e o evento varava a noite. Assim, paralelamente à mobilização política, a FAF-Rio promovia uma mobilização cultural. Em 1994, organizou um campeonato de futebol. Zezinho achava que umas dez ou doze comunidades participariam, mas, no fim das contas, 193 se inscreveram. Era muita gente. A abertura do campeonato foi no Maracanãzinho, com a presença de Brizola. No ano seguinte, junto com a Faferj, eles organizaram um concurso de beleza, A Beleza Desce o Morro, que foi realizado na sede da escola de samba Estácio de Sá. Mais de 10 mil pessoas participaram do evento. Depois, houve um concurso de quadrilhas de festa junina que teve até troféu. A abertura foi no Centro Integrado de Educação Pública (Ciep) do Humaitá e o encerramento foi na Vila Santo Antônio, e houve apresentações em várias comunidades. Participavam desses eventos pai, mãe, amigo, o povo todo. Era gente do Babilônia, do Chapéu Mangueira, do Pavão-Pavãozinho, do Cantagalo, do Recanto Familiar, do Laboriaux, da Rocinha, de São Conrado, da Chácara do Céu, do Vidigal, do Santa Marta...

O bom funcionamento da FAF-Rio envolvia, numa ponta, o ativismo constante das associações de moradores e, na outra, a articulação mais ampla promovida pela Faferj e pela Confederação Nacional das Associações de Moradores (Conam). No entanto, com o tempo, isso foi deixando de acontecer. Algumas associações trocaram a representatividade pelo clientelismo político: um vereador, um deputado ou um governador oferece algo para o presidente da associação, que se alia a ele, torna-se um contato privilegiado e centraliza a luta da associação em sua pessoa. A atuação da associação fica resumida ao presidente e ao tesoureiro. Por causa disso, Zezinho participou, através da federação, de vários movimentos para cassar presidentes de associações que não representavam mais a comunidade. Mesmo assim, é difícil. Por exemplo, desde a Constituição de 1988, só pode votar em assembleia quem está em dia com a mensalidade da associação. Mas, em favelas onde vivem às vezes dezenas de milhares de pessoas, os membros pagantes da associação chegam apenas a algumas centenas. A associação, que deveria representar todos os moradores, passa a representar somente os pagantes. O mesmo acontece nas federações. A Faferj tem cerca de 1.800 favelas filiadas, mas só algumas dezenas podem participar de suas eleições. É claro que, independentemente disso, é possível fazer grandes mobilizações nas comunidades, abrir as assembleias para todos, chamar as pessoas para participar, mas isso nem sempre é do interesse das diretorias, que às vezes não querem que o número de filiados aumente para não perderem o controle. Assim, sempre que se vota um projeto, por exemplo, o foco são os pequenos grupos votantes, que sempre entram em acordo com as diretorias.

Nos anos 1990, a Conam conseguiu vitórias importantes, articulando-se nacionalmente. Em 1992, por ocasião da ECO-92, levou 5 mil pessoas a Brasília e conseguiu a aprovação de um programa de mutirões de reflorestamento nos morros do Rio: os próprios moradores foram contratados para plantar as árvores. Só nos fundos de sua casa nos Prazeres, Zezinho plantou uma mata que chega até a Floresta da Tijuca; lá tem manga, jaca, goiaba, laranja, tangerina, pitomba, goiaba, jamelão, acerola, seriguela. Antes, era tudo capim. Mas a situação degringolou depois de 1994, quando a Conam acertou com o governo do Distrito Federal a realização de um show com Roberto Carlos. O Distrito Federal se comprometeu a adquirir parte dos ingressos, e a Conam usaria o lucro para comprar uma sede. Na última hora, porém, o governador recuou, Roberto Carlos desistiu do show porque poucos ingressos haviam sido vendidos, e a Conam teve de pagar a aparelhagem de som e o aluguel do Estádio Mané Garrincha. Resultado: a Conam está *sub judice* até hoje e não conseguiu se reerguer.

Zezinho lembra com saudade da época em que era presidente da FAF-Rio. Desde então, houve uma grande desmobilização. Ele avalia que Lula fez um trabalho excelente como presidente da República, unindo todo mundo. Mas, por outro lado, não houve organização do povo, que se desmobilizou em todos os setores. Não há associações ou sindicatos mobilizados, por isso não há reivindicação: o que vem o povo aceita. Então, se por um lado foi bom, por outro as frentes de luta se apagaram, e tudo se fechou em torno do PT e do PMDB. Nas discussões sobre as alianças no partido, Zezinho foi voto vencido. Mas sair ele não sai[2].

III.

Toda a família de Márcia participou da fundação do PT. Quando ela era criança e havia reunião, seus pais não tinham com quem

---

[2] Relato baseado em entrevista concedida por Zezinho a André Villar, Marcos Barreira, Maurilio Lima Botelho e Pedro Rocha de Oliveira em 18 de janeiro de 2012.

deixá-la, então ela ia com eles e ficava brincando debaixo da mesa. Assim, foi quase obrigada a entrar para a militância. Começou em São Gonçalo. Com treze anos, aderiu à luta de Betinho contra a fome e a miséria. Em 1992, foi cara-pintada. Ainda que jovem, acumulava decepções: naquela época já tinha gente se vendendo e, além disso, era difícil enfrentar as bases, embora às vezes fosse necessário. A sensação de que tinha dedicado toda sua vida à política fez com que logo se declarasse aposentada. Vendeu um negócio que tinha no Rio e abriu outro em Queimados, onde morava a tia. Mudou-se para lá. Teve um filho e uma filha. Espírita kardecista, aproximou-se de um centro, na época uma casinha velha, e começou a trabalhar com os moradores de rua, ainda seguindo a linha do combate à fome, com a qual já tinha certa experiência. Depois fundou o grupo Obreiros de Cristo, dedicado aos soropositivos. Márcia cozinhava almoço e jantar, levava cobertor e chegou a construir um banheiro com as próprias mãos para uma pessoa que era deficiente e não tinha banheiro dentro de casa. O centro cresceu e ela tornou-se sua madrinha de honra.

Isso durou até 31 de março de 2005, quando houve a chacina da Baixada. Entre as vítimas, completamente aleatórias, havia pessoas ligadas ao centro. Márcia pediu ajuda a Lindbergh Farias e voltou ao mundo político para denunciar os assassinos. Ficou marcada tanto entre os policiais que ajudou a prender quanto entre as pessoas que queriam levar adiante denúncias daquele tipo. Entrou para a Rede de Comunidades e Movimentos contra a Violência. Desde então, foi procurada por inúmeras vítimas de violência policial. Hoje, é defensora dos direitos humanos e trabalha exclusivamente com denúncias contra policiais militares, o que lhe rendeu o apelido de "Especialista" entre os policiais.

Em 2006, como integrante da comissão organizadora do Conselho de Segurança Pública, Márcia participou dos debates a respeito do projeto original das UPPs, que lhe pareceu interessante. A ideia era que, depois de pacificada a comunidade, os policiais das UPPs não andariam armados e permaneceriam presentes apenas para evitar a volta do tráfico, funcionando como uma polícia de aproximação, e não de repressão. Mas então o governador do Rio foi a Medellín, de onde decidiu copiar a política de ocupação, inclusive com teleférico. O resultado, muito distante do discutido originalmente, Márcia pôde avaliar por meio das inúmeras denúncias que recebeu.

Em junho de 2011, policiais da UPP do Pavão-Pavãozinho, em Copacabana, saíram bêbados de uma festa, sem farda, e esbarraram com André Ferreira, de dezenove anos, e sua esposa, grávida de oito meses. Pediram os documentos do rapaz, que tinha sido parado por outros policiais momentos antes. Ele foi imobilizado, derrubado e chutado. Por fim, pôde se levantar, mas, depois de dar alguns passos, levou um tiro fatal nas costas. Os policiais não perderam tempo: foram à delegacia e apresentaram o conhecido "kit bandido", uma arma e trouxinhas de maconha. O caso ganhou repercussão pública, e a versão da mídia era que os policiais tinham revidado um ataque. Ao mesmo tempo, o comandante da UPP entrou em contato inúmeras vezes com os familiares de André, oferecendo pessoalmente uma indenização. Eles recusaram e pressionaram para que a investigação fosse levada adiante.

Uma das testemunhas era Maurício Pedro. Quando retornava do trabalho na noite de 27 de julho, foi chamado pelo nome, cercado por policiais e levado à delegacia sob acusação de ter assaltado um turista naquela manhã. Na viatura, um dos policiais avisou: "Fode ele, que ele é testemunha". Na primeira noite que passou na delegacia, Maurício foi obrigado a se despir; depois, foi mandado para o presídio de Água Santa, onde permaneceu até 2 de agosto. O turista supostamente roubado, cujo nome nem consta do registro do caso, teria deixado o país no mesmo dia em que Maurício foi preso. Por pressão da Rede de Comunidades e Movimentos contra a Violência e intervenção da defensoria pública, Maurício foi libertado.

Ainda em junho de 2011, no morro da Coroa, policiais da UPP foram atacados enquanto faziam a patrulha. Um deles foi ferido por uma granada e perdeu uma perna. Márcia foi falar com o comandante da UPP: ela tinha informação de que os policiais teriam ido buscar a mesada com o tráfico – o "arrego" –, pediram mais dinheiro e isso provocou o confronto. O comandante negou veementemente que uma coisa dessas pudesse acontecer ali. Meses depois, estourou o escândalo da corrupção na Coroa, apelidado de "mensalão do tráfico" pela mídia e que envolvia até troca de turnos programada para que os policiais não deparassem com operações de venda de drogas. O comando da UPP da Coroa foi trocado.

Para Márcia, o problema fundamental é a corrupção, o arrego: a maioria das UPPs se acertou com o tráfico. Esse acerto pode ser com o comandante local ou com os policiais que, antes da implantação da UPP, já arregavam a área. E, quando o policial quer mais dinheiro do que o combinado, o resultado são tiroteios, assassinatos, vítimas de balas "perdidas" etc. Márcia conhece vários casos em que escândalos desse tipo, execuções, denúncias de extorsão e tortura levaram à troca do oficial em comando. Mas então o que acontece é que certos oficiais repetem o esquema em seu novo comando, deixando um rastro de sujeira. Em outras palavras, há comandantes que são transferidos com frequência, mas não saem da polícia. Márcia afirma que, nesses casos, são as ligações que eles mantêm com o governo estadual que os protegem. E esse esquema de proteção é facilmente identificado em épocas de eleição, quando os policiais lançam campanha política.

A criação de uma UPP no Complexo do Alemão, cujo projeto foi anunciado pelo governo estadual em setembro de 2011, não tem por que ser diferente, segundo Márcia. Ela recorda alguns fatos relacionados à operação policial-militar na região, em 26 de novembro de 2010. Na época, ela foi procurada pela Secretaria Estadual de Direitos Humanos para realizar uma "intervenção em área de conflito" e entrar no morro com o Exército. Negou-se, porque entendia que não havia conflito nenhum: era mais um caso de jogo de interesses, de negociações. Era sabido que os chefes do tráfico haviam sido retirados da favela pelo Caveirão, o carro blindado do Batalhão de Operações Policiais Especiais (Bope), e por uma viatura da PM de Cabo Frio; havia rumores de que eles haviam comprado a escolta por R$ 75 mil. Os que tinham ficado – para serem mortos – eram os varejistas, os pés-sujos, e Márcia pressionou o secretário para que tal acordo fosse reconhecido, o que ele se negou a fazer.

Mas então diversos moradores da favela começaram a ligar para ela, falando de execuções, de um grande número de mortos, de corpos queimados, e ela teve de ir. No dia seguinte, ajudou uma mãe a pegar um táxi para furar o bloqueio policial e recolher o corpo do filho, que estava sendo devorado por porcos; quando chegaram, já faltavam partes das pernas e do abdome, mas puderam envolvê-lo em um plástico e levá-lo para o Instituto Médico Legal (IML). Era um rapaz excepcional, que não tinha nada a ver com a história.

Foi também no dia 27 de novembro de 2010 que começaram a surgir denúncias, no Hospital de Bonsucesso, de corpos – 167, no total – que haviam sido retirados da favela ocupada e distribuídos pela região, enquanto o comando da ocupação, o governo do estado, a prefeitura e a mídia alardeavam o sucesso da operação. Mas, além desses 167 mortos – que foram enterrados como indigentes e eram varejistas, usuários de drogas e pessoas sem nenhuma relação com o tráfico –, há inúmeros desaparecidos que hoje são considerados mortos pela família.

Nos relatos de Márcia, o que marca a ocupação policial-militar é a violência arbitrária, aleatória e ao mesmo tempo calculada. Em torno da época em que o governo anunciou o plano de criar uma UPP no Complexo do Alemão, um morador do morro, motorista de caminhão, tornou-se um exemplo dessa violência. Ele estava sentado numa calçada com outros moradores, enquanto a polícia civil revistava suas casas, quando foi apontado por um "x-9" – um civil desconhecido, usando um colete da PM – como alguém que teria ligação com o tráfico. Foi carregado pelos policiais para a casa de um vizinho e, das dez às dezessete horas, torturado com choques, golpes e asfixia. Os policiais exigiam informações sobre o gerente do tráfico. Antes de ser solto, foi obrigado a assinar um documento transferindo a posse do seu caminhão e do seu carro para um dos policiais.

Por causa das denúncias que Márcia ajudou a fazer, mais de cinquenta policiais foram presos ao longo dos anos. E, por ter prendido tantos policiais, já foi ameaçada, espancada, torturada e sofreu vários atentados. O primeiro foi em 31 de março de 2006, quando dispararam vários tiros contra ela. Em fevereiro de 2007, foi abordada por dois desconhecidos na porta de casa. Um deles agarrou seu pescoço e perguntou se ela queria morrer, ao que respondeu: "Vai se ferrar!". O homem disparou para o alto, e os dois foram embora apressados. Pouco depois, uma viatura da PM se aproximou da casa. Três policiais fardados e um à paisana desceram. A princípio, Márcia pensou que tinham ouvido o tiro e estavam lá para prestar socorro, mas os quatro ficaram caminhando nas proximidades do portão, olhando para o chão. Estavam procurando a bala. Em outra ocasião, homens invadiram sua casa e atiraram em seu pé; foi quando ela teve de se mudar, perdendo o emprego e a casa. O último atentado ocorreu no mesmo dia em que nos deu esta entrevista: os ocupantes de um carro cinza metálico tentaram atropelá-la duas vezes no centro do Rio.

Em junho de 2008, Márcia foi incluída no Programa Nacional de Proteção aos Defensores dos Direitos Humanos do governo federal, mas saiu quando um dos policiais que fazia sua escolta foi preso por assassinar um garoto de cinco anos. Os dois filhos de Márcia passaram a viver escondidos, depois que policiais denunciados por ela invadiram a casa onde eles moravam, e um deles passa o dia trancado em casa. O ex-marido de Márcia perdeu o emprego por conta de pressões desse tipo. Assim, embora seja membro eleito do Conselho de Direitos Humanos do Estado do Rio de Janeiro, tenha recebido um prêmio federal e seja reconhecida pela Anistia Internacional, faltam a Márcia não apenas condições objetivas para voltar a trabalhar, mas também um lugar para morar: sem dinheiro para pagar o aluguel, está para ser despejada. O Programa de Proteção aos Defensores recomenda que ela se mude para São Paulo, mas ela não quer abandonar os filhos nem o trabalho de denúncia[3].

IV.

Pepenha chegou ao Rio de Janeiro com a família em 1958, quando tinha seis anos. Vinha de Campos dos Goytacazes, no norte do

---

[3] Relato baseado em entrevista concedida por Márcia Honorato a Felipe Brito e Pedro Rocha de Oliveira em 12 de setembro de 2011.

Estado do Rio de Janeiro, onde seu pai possuía um pequeno sítio. Criavam porco, galinha, boi e tinham uma horta. Era uma fartura de comida. Mas não havia luz, nem escola, nem nada. Um dia, o pai anunciou que não criaria as duas filhas ali, como bichos: elas tinham de estudar. Em poucos dias, deu tudo que tinham e partiram.

Chegaram de maria-fumaça à estação Leopoldina, onde o tio os recebeu. Ele vivia com a mulher e os dez filhos numa casa de dois cômodos no Coqueiro, na Vila Cruzeiro. A família de Pepenha foi morar num desses cômodos. O pai comprou um cavalo e passou a vender água e areia no morro para ganhar a vida. Um ano depois, conseguiram dar entrada numa casa. Pepenha guarda até hoje os papéis das prestações.

Aos dez anos, foi trabalhar como babá. O pai se opôs, mas ela insistiu: por um lado, gostava de cuidar de crianças e, por outro, receberia almoço, jantar e merenda. Aos catorze anos, tirou carteira de trabalho e arrumou emprego numa fábrica de *lingerie*. Começou a estudar à noite. Nos anos seguintes, trabalhou em duas outras fábricas. Quando chegava do trabalho, ainda tinha de carregar água. Casou-se em 1968 e trouxe o marido para morar num puxadinho da casa do pai. Foi o marido que pôs luz na casa.

A luz no Complexo do Alemão era muito cara e instável. Era energia da Cabine, gerenciada por policiais, que compravam da Light e revendiam para a comunidade. Era o mesmo pessoal que estava na associação dos moradores e controlava a distribuição de água. A comunidade ficava à mercê de atravessadores para ter serviços básicos, e a tensão era constante, como na vez em que um grupo de donas de casa se juntou para dar vassouradas num dos operadores da água. Aí surgiu o movimento Sangue Novo, que juntou moradores da Vila Cruzeiro e do Parque Proletário, militantes políticos e do movimento negro, donas de casa e trabalhadores, e lançou uma campanha para acabar com a Cabine e fazer a Light vender energia diretamente aos moradores.

Quando lhe falaram do Sangue Novo, Pepenha se assustou: ali, quem mandava na luz era a polícia, e a polícia matava. Os moradores tinham medo. Mas ela acabou se convencendo e entrou para o movimento, apesar dos protestos do marido, para quem aquilo só podia acabar mal. De fato, em 1983, membros do movimento foram convocados pelo Departamento de Investigações Especiais e um companheiro teve de sair da comunidade, ameaçado de morte. Houve também a ocasião em que Pepenha descia do morro com um pequeno grupo e um carro veio por trás, freando bem juntinho deles; depois veio a intimação para comparecer, com mais dois companheiros, ao 16º Batalhão da PM. O marido vaticinou: "Você vai presa e nem cigarro vai ter!". Mas a briga pelo reconhecimento da Light já tinha aparecido na televisão: quando chegaram ao batalhão, dois advogados da Pastoral das Favelas estavam à espera deles. Levados para ver o comandante, foram informados de que haviam sido apontados como baderneiros e comunistas. Pepenha pediu licença para falar: "Se ser comunista é lutar por água e luz, então eu sou comunista, sim". O comandante replicou que, se era por isso, então não tinha problema, mas Pepenha continuou: falou das ameaças que vinham sofrendo dos policiais que controlavam a Cabine. O comandante mandou chamar os policiais e disse que, se alguma coisa acontecesse com os militantes, eles seriam responsabilizados.

Por intermédio do Sangue Novo, Pepenha entrou para o PT. Lembra-se de Lula na Candelária, no centro do Rio, durante a campanha nacional de filiação, em 1981: encantou-se com o discurso daquele operário de macacão, sem faculdade, que, quando falava, era ouvido por engravatados, intelectuais e políticos profissionais. Pepenha também participou ativamente da primeira campanha para vereadora de Benedita da Silva, com quem cruzava às vezes nos encontros de mulheres promovidos pelo partido. Esses encontros foram importantíssimos: além de travar discussões políticas em sua própria linguagem, as mulheres trocavam experiências, dividiam dúvidas e descobertas sobre seu mundo, sua profissão, seu cotidiano, seu corpo. O problema da violência doméstica, infelizmente comum na comunidade, também era abordado. Por causa desses anos de atividade política, Pepenha se tornou uma liderança comunitária reconhecida. Mas, ao contrário de outros companheiros, nunca quis nem sair da comunidade nem se candidatar a nada.

Em 1991, durante o governo de Leonel Brizola, um companheiro do Sangue Novo, que havia passado para o PDT e estava à frente de uma ONG, convidou Pepenha para fazer parte de um projeto de formação artística na comunidade, financiado pelo Banco Interamericano de Desenvolvimento (BID). O trabalho de assistência social e pedagógica colocou-a em contato direto com quase trezentas crianças, alunos e alunas de dança afro. Para muitas delas, o único lazer fora do morro eram as aulas na ONG, sediada no prédio do antigo Grêmio Recreativo dos Industriários da Penha, na praça do Instituto de Aposentadorias e Pensões dos Industriários, na parte baixa da Vila Cruzeiro, ambos relíquias do passado industrial da região. Ali, Pepenha trabalhou seis anos, todos os sábados e domingos. Alguns de seus alunos dançam hoje na Europa, no Japão, nos Estados Unidos. Outros entraram para o tráfico, mas nunca deixaram de respeitá-la.

A ONG cresceu muito durante as gestões municipais de Cesar Maia. Foi na época em que os grupos de dança afro começaram a pipocar, substituindo a estética *soul* do movimento de cultura negra das décadas anteriores. O financiamento do BID já não existia, mas Pepenha continuou trabalhando com formação artística em âmbito muito maior: nas quase duzentas creches que a ONG administrava para a prefeitura. O presidente da ONG, originalmente do PT, migrou para o PMDB e depois para o futuro DEM, acompanhando o prefeito Cesar Maia, que se considerava herdeiro de Brizola. As crianças passeavam bastante, o lanche era muito bom e a formação era de qualidade. Além disso, o trabalho era bem remunerado e com carteira assinada. Por tudo isso, Pepenha se sente muito grata a Cesar Maia. Quanto ao seu posicionamento político, ela jamais o alterou: votar no partido do prefeito era apenas uma espécie de troca e não foi inconciliável com a militância no PT.

O projeto durou até 2009, quando foi extinto pelo prefeito Eduardo Paes (PMDB), e essa é uma das razões pelas quais a administração municipal desagrada a Pepenha tanto quanto a estadual. Segundo ela, há algo de mera fachada na política de segurança do estado, nos soldados do Exército postados na esquina de sua casa, segurando armamentos pesados. O dia em que as polícias estaduais e as Forças Armadas entraram na Vila Cruzeiro, na famosa operação conjunta, foi um dos piores de sua vida. Ela guarda dele memórias fortes e horríveis. Para começar, o tiro de advertência que a ensurdeceu quando o Exército passou avisando as pessoas para entrarem em casa. Quando foi buscar o neto na escola, o olhar arregalado das crianças escondidas lembrava o do gado indo para o matadouro. Ela teve de se arrastar pelas ruas, enquanto as balas riscavam o ar. O caos e a violência da ação foram tão grandes que era impossível entender o que estava acontecendo: fechou-se em casa e assistiu a tudo pela televisão, até que a energia elétrica foi cortada. Soube depois que um compadre, desesperado com aquilo tudo, trancou-se no banheiro de madrugada e enforcou-se. Houve vários casos de infarto. Para Pepenha, é inexplicável que não tenha havido mais derramamento de sangue de inocentes: "só pode ser porque Deus guardou".

É verdade que, depois da ocupação, houve algumas mudanças. Por exemplo, as pessoas estão saindo mais à noite. Antes, os bailes eram promovidos pelo tráfico; agora há shows de Belo, Exaltasamba, Arlindo Cruz, Jorge Aragão. O consumo de crack pelas ruas diminuiu, embora ainda aconteça. As pessoas estão mais felizes, mas a questão é conduzida de tal modo pelas autoridades que não dá para saber até quando isso vai durar. E há os confrontos entre moradores e policiais: na rua dela, um soldado ordenou que um morador abaixasse o som e ele se recusou, o que acabou em confusão; o garoto ficou cheio de buracos nas costas por causa das balas de borracha. Há outras formas de violência, como o Morar Carioca, programa de urbanização da prefeitura que está desapropriando diversas casas – resultado de toda uma vida de trabalho, às vezes de mais de uma geração – para construir praças. Diante desses gestos de autoritarismo, Pepenha confessa que se sente impotente. Na época de Cesar Maia, pelo menos, ela podia chegar até o gabinete do prefeito; hoje, sem movimento social e sem ONG, a comunidade não consegue interferir nas mudanças que são feitas em seu próprio espaço. Antes, quando cismava, o tráfico vinha e tomava a casa de alguém; hoje, é a prefeitura que faz a mesma coisa. É difícil saber o que é ruim e o que é bom. Para viver no meio de tanta arbitrariedade, só se apegando a uma fé, com muita força[4].

Até os cães serão vacinados[5]

Em 2 junho de 1988, a manchete do *Jornal do Brasil* dizia: "Polícia invade e ocupa a Rocinha"[6]. A foto mostra quatro policiais militares carregando o corpo de um sujeito de cueca. O texto destaca o uso de "helicópteros, armas pesadas e cães" pela polícia, relaciona as prisões e as apreensões ("20 quilos de maconha, 86 papelotes de cocaína, 5 revólveres, uma pistola de fabricação soviética e uma metralhadora INA") e anuncia:

> Agora, o governo do estado invadirá a Rocinha com uma bem arquitetada ação social. A partir de hoje, os milhares de moradores da maior favela da América Latina contarão com postos para a emissão de documentos, de saúde e do Sistema Nacional de Emprego. Até os cães do morro serão vacinados.

A estrutura do texto, bem como seu conteúdo, são absolutamente familiares e não foram substancialmente alterados com o passar das décadas: "invadida" e "ocupada" pela enésima vez, mais de vinte anos depois, em novembro de 2011, a Rocinha sofrerá um "choque de paz", seguido de um "choque de ordem"[7] – saúde da família, escolas, rede de água e esgoto, estradas e um "parque ecológico", com "trilhas e área de lazer com quadras, quiosques e mirante, numa área de 8 mil metros quadrados", que consumirá R$ 700 milhões de um

---

[4] Relato baseado em entrevista concedida por Pepenha a Pedro Rocha de Oliveira em 15 de dezembro de 2011.

[5] Nota póstuma de Felipe Brito e Pedro Rocha de Oliveira.

[6] Disponível em: <http://news.google.com/newspapers?nid=0qX8s2k1IRwC&dat=19880602&printsec=frontpage&hl=pt-BR>; acesso em abr. 2013. Agradecemos a Luther Blissett por chamar nossa atenção para essa reportagem.

[7] Isabela Bastos e Laura Antunes, "Depois do Choque de Paz, o choque de ordem", *O Globo*, Rio de Janeiro, 13 nov. 2011. Disponível em: <http://glo.bo/uXLncR>; acesso em abr. 2013.

total de R$ 756 milhões destinados à "urbanização" da favela[8]. São décadas de repetição: uma história congelada, cíclica, produzida por marteladas monótonas e brutais, desferidas em quem poderia, deveria ou precisaria ser sujeito histórico. Os relatos de moradores e antigos líderes comunitários dão testemunho de aspectos dessa quase história e de suas consequências.

Hoje, a propaganda sobre os múltiplos choques permanentemente vigentes no cotidiano social carioca é complementada pela insistência desconcertante e avassaladora com que se evocam as palavras "paz" e "segurança" nesse contexto. A síntese de tal irracionalidade foi dada por Paulo César Amêndola, comentarista de segurança da TV Record, em 13 de novembro de 2011, numa declaração a respeito da supracitada enésima invasão da Rocinha: "Agora a paz será total, permanente, *ad aeternum*". Declarações como essa abundam, e o registro em que são feitas desafia as caracterizações morais ou psíquicas usuais: expressões como "mentira", "delírio", "fantasia" e "histeria" não descrevem de modo adequado o entusiasmo calculado, a empolgação fria e sã com que são emitidas. São manifestações tão profundamente incríveis que não interpelam a faculdade de julgar o verdadeiro e o falso daqueles que as ouvem. Concordar ou não com tais declarações seria supérfluo, ou mesmo pueril.

Junte-se a isso o fato de que é impossível supor que décadas de tradição de uma "prestação de serviços públicos" na forma de arroubos seletivamente violentos não tenham convencido a população carioca de que o choque é a vida normal, e o resultado é a conclusão de que, possivelmente, não se pode empregar a chave tradicional da ideologia mistificadora para ler o acachapante coro oficial de aprovação da administração armada. Sobra para o coro uma dupla função. Por um lado, trata-se de um malabarismo para acionar e resguardar o *big business* em suas feições pós-modernas, com todo o seu

---

[8] Flávia Milhorance, "Rocinha deve ganhar investimentos em obras de até R$ 756 milhões", *O Globo*, 14 nov. 2011. Disponível em: <http://glo.bo/v17nCJ>; acesso em abr. 2013. Esse montante é quase 10% dos R$ 8 bilhões que, segundo se alardeou, serão "investidos" em todas as favelas do Rio até 2020.

anacronismo (tecnicamente sofisticado) de espoliação, que exige o choque; no caso carioca, sobressaem-se atualmente os "megaeventos" esportivos e culturais que arrebanham o Comitê Olímpico, a Fifa, o capital imobiliário, as grandes empresas midiáticas etc. Por outro lado, o coro satisfaz e estimula o sadismo pragmático dos que supõem viver ao mesmo tempo perto e longe das favelas ocupadas – caso dos setores sociais médios, agarrados com unhas e dentes às franjas dos esparsos núcleos de acumulação de capital, imaginando-se (com razão) cercados de multidões de pobres e/ou miseráveis que, por sua simples existência, possibilitam seus privilégios e, ao mesmo tempo, corroem-nos pelas beiradas. Esse é o duplo objetivo que emerge como negação da necessidade de reprimir cognitivamente uma sociedade que a extrema concentração de poder e riqueza tornou eficazmente sitiada por dentro.

A irracionalidade no nível "cultural" expressa, assim, a racionalidade suicida e assassina que, nas bordas da funcionalidade econômica, administra conscientemente, revogando aquilo que o esquema tradicional de compreensão da sociedade burguesa chamava de "sociedade civil" ou "espaço público". A despeito de a Constituição Federal de 1988 assegurar espaços institucionais de participação dos cidadãos nos assuntos do Estado (por intermédio dos Conselhos, por exemplo), o fato é que, diante de olhos bem abertos, cerra-se o espaço para uma reflexão pública que consiga afetar o andar da sociedade burguesa, constrangida por décadas acumuladas de desemprego estrutural, informalização do trabalho, precarização e fragmentação do trabalho formal remanescente, queda tendencial da taxa de lucro, ficcionalização do capital etc. Do outro lado das ondas de TV, o correspondente desse cerramento é o bizarro ceticismo cotidiano que, nas favelas ocupadas, assiste à implementação das gestões territoriais armadas das UPPs e das Forças de Pacificação do Exército e ao conjunto de preparativos de enquadramento da cidade ao *métron* dos megaeventos. Ao serem perguntados se a situação vai melhorar, os habitantes desses territórios ocupados respondem com um dar de ombros, ajuizando corretamente sua própria superfluidade e indiferença historicamente construídas ao longo da formação social brasileira, à base de um emaranhado de violência. Essa superfluidade e essa indiferença marcantes são espelhadas hoje pelo regime democrático vigente, que não apenas transformou a força e o choque numa ferramenta de gestão como outra qualquer, mas aprofundou de forma calculada a compatibilidade com a violência que não é produzida diretamente pelos órgãos oficiais. Vários indícios e depoimentos apontam para a existência de acordos entre o Estado e o tráfico de drogas em algumas dessas comunidades, de modo que, mesmo com Exército e UPP, o comércio varejista de drogas continua funcionando. A ostentação do armamento não estatal foi dirimida, arrumou-se um esquema mais discreto para a compra e venda de drogas ilícitas e de armas, e as silenciosas execuções à faca tomaram o lugar das ruidosas execuções à bala. Por um braço nas associações de moradores, os "donos" de alguns morros têm um canal de interferência e negociação com o Estado, às vezes conseguindo empregos com carteira assinada para seus "soldados" nas obras de urbanização da prefeitura, mas sem obstruir o segundo turno de trabalho na boca.

A tática administrativa do choque renovado e continuado implica uma débil "presença do Estado" por meio da "prestação de serviços sociais". A brutal preponderância da maquiagem nas obras de "urbanização", a insistência explícita e descarada na importância de "melhorar a imagem" da cidade e da polícia, de "melhorar a autoestima" do morador, de fomentar a "sensação de segurança" do carioca, a ideologia do empreendedorismo direcionada aos pobres, junto com o modelo de cidadania fincado no consumo e no endividamento, a produção da imagem da favela como mercadoria cultural exótica *made in Brazil* são indícios de uma situação que não é exatamente (ou não é apenas) uma "situação política" – algo que, antigamente, poderíamos chamar de "uma escolha de governar para as elites", embora o que ocorra, na prática, seja um governo desse tipo. Trata-se muito mais de uma situação de crise crônica da atuação político-estatal, de atrofiamento pelo econômico, de interdição do desenvolvimentismo, mesmo capenga, que, somada ao fechamento da sociedade civil, aponta para o colapso do horizonte civilizatório da sociedade burguesa. É nessa coordenada que se expande uma tendência da política de afunilar-se em "política de segurança", constatável pela hipertrofia do aparato vigilante, coercitivo e punitivo, mas também pela referência, em certa medida, das ações estatais (e privadas) à dimensão da "segurança". Nas comunidades ocupadas, os já numerosos confrontos entre a população e as forças de ocupação são qualificados como ações do "crime organizado" e violentamente reprimidos. Assim, a "presença do Estado" não pode nem mesmo ser lida no registro de um otimismo malabarista de longo prazo, que pudesse ver aí o estabelecimento do quadro "democrático burguês" necessário à reorganização do movimento de massas num futuro distante, porém urgente. Essa democracia é barrada pelo formato esporádico de "choque" da prestação de serviços públicos que se repete há décadas, e que não é acidente de percurso ou simples falta de "vontade política", mas consequência da inviabilidade econômica da alternativa. Com isso, interditam-se o caminho clássico de organizar as massas em torno de conquistas sociais progressivas e a expectativa de resolver problemas sociais por meio de mudanças profundas, calcadas na remodelação de um projeto nacional-desenvolvimentista com fins pretensamente democratizadores. Sob a vigência da regulação armada das UPPs, não é factível projetar uma (re)atualização das mobilizações comunitárias por intermédio de assembleias pulsantes, a não ser que sejam feitas a contrapelo das próprias UPPs, que não foram delineadas para conviver com a "agitação" política popular. Agentes e intelectuais orgânicos da UPP Social poderiam até argumentar astuciosamente que a auto-organização comunitária é dispensável, visto que a pacificação (armada), contando com a mediação de ONGs, fornece canais para o agir comunicativo da comunidade. A propaganda comemorativa dos duzentos anos da Polícia Militar do Rio de Janeiro já estetizava a pretensão da polícia de acionar a cidadania com as próprias mãos, além de resguardá-la. Num contexto em que até a polícia se propõe "promover" a cidadania, como fica o papel da ação coletiva e direta, mediante autonomia organizativa, para reivindicar melhores condições de vida? Com um esforço de imaginação, poderíamos retratar a situação mais ou menos assim: no morro Dona Marta, ao lado do gabinete da capitã Priscila, organiza-se uma assembleia; a assembleia decide que o primeiro passo para reivindicar direitos civis é abolir a regulação social direta pelas armas; a manifestação sai pelas vielas da favela e é reprimida com balas de borracha e spray de pimenta; os manifestantes são acusados de pactuar com os traficantes.

Não é mais possível ao Estado e à grande mídia empresarial manter as favelas "debaixo do tapete", em grande parte pelos impactos (indisfarçáveis) das explosões urbanas, em parte por conquistas arrancadas na luta das comunidades favelizadas. Mas, substancialmente, os favelados continuam amargando a superfluidade e a indiferença. Diante do empresariamento urbano carioca, eivado de dispositivos de exceção, não é possível constatar outra coisa senão a insignificância retumbante da participação do que resta de organização territorial da imensa massa de pauperizados. É como se os favelados pudessem ser ouvidos sem serem vistos, e vistos sem serem ouvidos. A telenovela adolescente da Globo – *Malhação* – incorporou uma favela cenográfica. O público adolescente global não tem mais como se evadir desse fenômeno urbano, embora sob a garantia tácita de ser poupado visualmente do esgoto a céu aberto, que obviamente não figura no cenário televisivo. Entretanto, esse mesmo público, poupado da agressividade estética do valão, mantém-se atado à estrondosa experiência cultural da violência e de sua naturalização, adquirindo uma familiaridade inaudita com a manifestação do Estado por meio de seu aparato repressivo e o alastramento da "lógica da segurança" na sociedade civil, nos trilhos da adesão à violência e seus signos. É interessante lembrar a naturalidade naturalmente artificial com que a apresentadora Ana Maria Braga almoçou a ração de guerra dos militares no Complexo do Alemão e o apresentador Luciano Huck subiu o morro da Rocinha numa viatura de combate, acompanhando os prestigiados policiais militares do Bope.

A história oral dos territórios em questão registra a referida interdição do nacional-desenvolvimentismo de outrora: a desindustrialização dissolve a atuação dos sindicatos; a inviabilização do reformismo, acompanhada da convivência com a violência extraestatal, inibe a organização no próprio espaço da comunidade; a consequente substituição progressiva dos movimentos por instituições do Estado ou dependentes dele submete as iniciativas de organização à canetada do burocrata. Talvez não se trate só da história de uma derrota amarga, mas da erosão em curso das estruturas sociais em que a luta era empreendida – erosão essa que não vai deixando o palco vazio para a próxima cena, mas mergulha o teatro na escuridão abissal e monolítica dos soterrados. Nessa escuridão, com uma turva, porém martelante consciência do colapso, e diante da ausência de movimentação social que aponte para algo além dele, o imaginário coletivo – ao ser inevitavelmente interpelado, entre uma precária distração e outra, pela catástrofe rotinizada – escorre entre os escombros em direção a imagens como as propagadas pelo filme *Tropa de elite*: funcionários do Executivo de farda preta, lançando-se como porta-vozes da indignação moral, achincalhando o governo, os políticos, os juízes, a lei, a justiça, a "porra toda". Sem uma mobilização inspiradora dos espoliados, e diante da erosão social progressiva, a tal "consciência" regride a um autoritarismo cético.

Mas os destinos sinistros dessa consciência e de seu imaginário, bem como o lugar social em que tais aspectos têm significado e são considerados importantes, são o de menos: isso não é novidade, não é um programa de fascistização tal qual o dos anos 1920-1930, é apenas uma repetição de como vão as coisas. O verdadeiro problema é que a violência sistemática e descarada do Estado, o conluio com a violência paraestatal, o servilismo econômico, a assustadora incorporação progressiva de um ultrassofisticado aparato de vigilância e *surveillance*, mais o acúmulo de derrotas que provém de tudo isso, apontam para o fato de que, sob o Estado democrático de direito, é cada vez mais difícil *fazermos* aquilo que não ordenam que façamos (e isso em tempos de exaltação pós-moderna da diferença e das estratégias subjetivas de *ressignificação* das coisas). Um contingente maciço de homens e mulheres foi expulso dos circuitos centrais de acumulação capitalista e mal consegue sobreviver nos periféricos e subterrâneos, já que sua própria existência é relativizada, transformada em mero detalhe dentro de um grande esquema movido a Banco Central e metralhadora. Um quadro social cada vez mais pintado pelas tinturas do desemprego, da informalização das relações trabalhistas, das terceirizações e quarteirizações precarizadoras, da rotatividade no hipertrofiado setor de serviços, dos trabalhos em condições análogas à escravidão, do endividamento, do Bolsa Família, entre outros, aponta para o fato de que categorias sociais como "salário" e "direito", fundamentais para a sociedade capitalista e para os casmurros projetos de modernização na sua periferia, têm apenas uma vigência acidental e arbitrária. São categorias que desmoronam na nossa frente, mas persistem no ambiente e no imaginário social, povoando-os com reluzentes ruínas plastificadas. Nos interstícios da luta para quebrar um galho a fim de conseguir um almoço e vendê-lo para comprar a janta, a força que sobra para reivindicar coletivamente toma a forma, ao menos inicialmente, de murros nas portas dos fundos do Estado, demandando uma resposta que terá alguma conexão com mercado, salário, direito. Seria implausível supor outra coisa, já que a existência social está proscrita sem RG, CPF, acesso a banco e supermercado, mesmo numa época em que todas essas coisas se converteram em verdadeiros espectros. É assim numa sociedade fetichista.

Por outro lado, na medida em que os efeitos sociais e naturais da devastação econômica avançam, vai se tornando cada vez mais necessário (re)conquistarmos a capacidade de prover diretamente nossa subsistência, inventando maneiras de suprir nossas necessidades materiais mais básicas – por exemplo, comida e moradia – sem contar com os espectros. Evidentemente, essa invenção terá de acontecer na marra. Enquanto isso, continuamos nosso lento e sistemático perecimento.

Publicado dois anos e meio após a invasão do Complexo do Alemão pelas polícias do Rio de Janeiro e por forças militares, este livro foi composto em Adobe Garamond, 11/14, e impresso em papel Avena 80 g/m² pela gráfica Forma Certa, para a Boitempo, em fevereiro de 2025, com tiragem de 200 exemplares.